David Badger

1000 Sudoku

leichte Puzzle für Beginner

Sudoku 9x9:

Das Feld ist in neun kleine 3x3-Quadrate unterteilt. Die fehlenden Zahlen sind so zu ergänzen, dass die Ziffern 1 bis 9 in jeder Spalte, jeder Zeile sowie in jedem der 3x3-Quadrate nur einmal vorkommen.

Die kopfstehende Auflösung finden Sie direkt auf jeder Seite.

1-500 leicht
501 bis 1000 medium

3x3-Quadrat

Spalte

3	4	1	8	6	2	7	9	5
2	6	9	4	7	5	3	1	8
8	7	5	3	9	1	2	6	4
1	5	7	9	2	4	6	8	3
4	2	8	6	1	3	5	7	9
6	9	3	7	5	8	4	2	1
9	3	6	1	4	7	8	5	2
5	1	4	2	8	6	9	3	7
7	8	2	5	3	9	1	4	6

Zeile

ISBN 9783748152040
Druck und Bindung: BoD Norderstedt

1

6	1	3	4			2		
8			3			9	1	
5			7	6		4	3	8
2	7	1	9				8	3
	5	4	1	3	8	7	6	2
			2	5	7	1		9
			5	1			2	
						6		1
	2	8	6		4	3	5	7

2

4	1	6		5	2	9		
	9		6		7			
7	3	2				6	4	
9	7		1			8	6	
	8	1		2	6	5	9	4
	2		5	9				
1	4		9	8	3	2	5	6
8			2		1	4		7
		3		7	5	1		

3

3		6	5		4		8	1
2			8		1	6		5
	5	1	3	2	6			9
1	2		6	5	9	8		
5	6	7		1		9		3
	8			3	7	1		6
			7		2		9	8
6	3	2		8		4	1	7
7			1			5		

4

4	7		3	1			5	9
	9				5	7	8	3
		3		6			1	2
9			8					
6	3			5		9	7	1
	5	4	1	9	3	8	2	6
				3			4	5
2	1		5	4	7		6	8
			6	8	1	2	9	

1

6	1	3	4	8	9	2	7	5
8	4	7	3	2	5	9	1	6
5	9	2	7	6	1	4	3	8
2	7	1	9	4	6	5	8	3
9	5	4	1	3	8	7	6	2
3	8	6	2	5	7	1	4	9
7	6	9	5	1	3	8	2	4
4	3	5	8	7	2	6	9	1
1	2	8	6	9	4	3	5	7

2

4	1	6	3	5	2	9	7	8
5	9	8	6	4	7	3	2	1
7	3	2	8	1	9	6	4	5
9	7	5	1	3	4	8	6	2
3	8	1	7	2	6	5	9	4
6	2	4	5	9	8	7	1	3
1	4	7	9	8	3	2	5	6
8	5	9	2	6	1	4	3	7
2	6	3	4	7	5	1	8	9

3

3	7	6	5	9	4	2	8	1
2	4	9	8	7	1	6	3	5
8	5	1	3	2	6	7	4	9
1	2	3	6	5	9	8	7	4
5	6	7	4	1	8	9	2	3
9	8	4	2	3	7	1	5	6
4	1	5	7	6	2	3	9	8
6	3	2	9	8	5	4	1	7
7	9	8	1	4	3	5	6	2

4

4	7	2	3	1	8	6	5	9
1	9	6	4	2	5	7	8	3
5	8	3	7	6	9	4	1	2
9	2	1	8	7	6	5	3	4
6	3	8	2	5	4	9	7	1
7	5	4	1	9	3	8	2	6
8	6	7	9	3	2	1	4	5
2	1	9	5	4	7	3	6	8
3	4	5	6	8	1	2	9	7

5

2		8	4	1	5		7	6
				2	8		1	9
	3	1	6		9		5	2
1		6				2	9	7
				6	4		8	3
7	8	3	1	9	2	6	4	
		4		3		9	2	
3	5	2	9				6	8
					6		3	4

6

3	7		4		9		1	
1	9	6	3		2	8		7
5	4		7	6	1	9	3	2
2		5			3	4		
			1		6			
	8		5	2	7	6		
9	5	3					2	8
6		4		7		3	5	
8	2	7				1	6	

7

4		6	8			5		
8	7			3		2	6	
	5			9				8
		4	9			7	1	2
7	8	2	3	1	5	9	4	
9	6	1		4			3	5
	2	8		6			5	7
			2	5	3			
6	4	5	1	7			2	9

8

	2	4	9	7	3			
			1	4		2		9
7				5	2		8	
		9	8	3	7	5	2	
6	3	7		2	1		9	
2	5	8			9	3		7
3	7			1	6	9	4	8
9	4	6	7	8	5			
				9			6	5

5

2	9	8	4	1	5	3	7	6
6	7	5	3	2	8	4	1	9
4	3	1	6	7	9	8	5	2
1	4	6	8	5	3	2	9	7
5	2	9	7	6	4	1	8	3
7	8	3	1	9	2	6	4	5
8	6	4	5	3	7	9	2	1
3	5	2	9	4	1	7	6	8
9	1	7	2	8	6	5	3	4

6

3	7	2	4	8	9	5	1	6
1	9	6	3	5	2	8	4	7
5	4	8	7	6	1	9	3	2
2	6	5	8	9	3	4	7	1
7	3	9	1	4	6	2	8	5
4	8	1	5	2	7	6	9	3
9	5	3	6	1	4	7	2	8
6	1	4	2	7	8	3	5	9
8	2	7	9	3	5	1	6	4

7

4	1	6	8	2	7	5	9	3
8	7	9	5	3	4	2	6	1
2	5	3	6	9	1	4	7	8
5	3	4	9	8	6	7	1	2
7	8	2	3	1	5	9	4	6
9	6	1	7	4	2	8	3	5
3	2	8	4	6	9	1	5	7
1	9	7	2	5	3	6	8	4
6	4	5	1	7	8	3	2	9

8

8	2	4	9	7	3	6	5	1
5	6	3	1	4	8	2	7	9
7	9	1	6	5	2	4	8	3
4	1	9	8	3	7	5	2	6
6	3	7	5	2	1	8	9	4
2	5	8	4	6	9	3	1	7
3	7	5	2	1	6	9	4	8
9	4	6	7	8	5	1	3	2
1	8	2	3	9	4	7	6	5

9

8	9	1	3	6			4	
6	7					3		9
3		2	9		7	5		1
9		4		5	6	1	3	7
		6		2			9	5
		7	4	1		8		
		8	1	9		6	7	
	6	3	5	7	2		1	
7	1		6	3	8			

10

7		2		5				
1	6	3		9		5	8	7
			6	1		3		2
		9	5	8	6	7		
	3		7				2	
8		4	1	2	3	9	6	
5		6	8	7		1		9
9	8		4	3	5		7	
		7	9		1	4		8

11

1	8				4			
2		9		5		6	8	7
	6	7			9	1		3
6	9	8				3		
7		1	2	9	8		6	
4	2		6	3	1		7	9
9	5	2	4		6	7		
8		4		7		5	9	6
		6	9					4

12

7			1	6	2			
				8		5		1
8				9		2		
5		3		4		6	9	2
	1		6		8	4	3	
6	2		9	3		1	8	7
	7		8	5	3	9	1	6
1	6	8	2		9	3		4
3			4			7		8

9

8	9	1	3	6	5	7	4	2
6	7	5	2	4	1	3	8	9
3	4	2	9	8	7	5	6	1
9	2	4	8	5	6	1	3	7
1	8	6	7	2	3	4	9	5
5	3	7	4	1	9	8	2	6
2	5	8	1	9	4	6	7	3
4	6	3	5	7	2	9	1	8
7	1	9	6	3	8	2	5	4

10

7	9	2	3	5	8	6	1	4
1	6	3	2	9	4	5	8	7
4	5	8	6	1	7	3	9	2
2	1	9	5	8	6	7	4	3
6	3	5	7	4	9	8	2	1
8	7	4	1	2	3	9	6	5
5	4	6	8	7	2	1	3	9
9	8	1	4	3	5	2	7	6
3	2	7	9	6	1	4	5	8

11

1	8	3	7	6	4	9	5	2
2	4	9	1	5	3	6	8	7
5	6	7	8	2	9	1	4	3
6	9	8	5	4	7	3	2	1
7	3	1	2	9	8	4	6	5
4	2	5	6	3	1	8	7	9
9	5	2	4	1	6	7	3	8
8	1	4	3	7	2	5	9	6
3	7	6	9	8	5	2	1	4

12

7	3	5	1	6	2	8	4	9
2	9	6	3	8	4	5	7	1
8	4	1	5	9	7	2	6	3
5	8	3	7	4	1	6	9	2
9	1	7	6	2	8	4	3	5
6	2	4	9	3	5	1	8	7
4	7	2	8	5	3	9	1	6
1	6	8	2	7	9	3	5	4
3	5	9	4	1	6	7	2	8

13

1		6			4	2	7	
		2	1		5		8	
8	7		9	6	2			4
6	8	1			9	7	3	2
	9	5		1		4	6	8
3		4			6		1	
2	6	7		9			4	1
	1		6	5	7	8		
5	3			2				

14

	5	3	4	1	9		6	8
	6				7	9	4	
	7		8			2		1
6	1	7	9					3
5	8		1		3		9	
3	9	4		8	5	1	2	7
		5			8	4	1	
	3		7	2	4	8	5	
		6	5	9				

15

		6	5			4		
7		9	8		6		2	5
5	4	8	9	2	1	7	3	
3	8		4	9	2		7	
		7		6		9	5	
		2				8	4	
	7	3	6	1			8	
2		1	7		4	3		
8		4	2	3		5	1	

16

9		4			8			2
1	2	3	9	4	6			
8			3	2	1	9	6	
	8	1			7	4	9	
	9		6	8			7	
7		5	1	9			2	
5	3	9		1	2	7	8	
4		8		6			3	9
	7	6			9		4	5

13

1	5	6	8	3	4	2	7	9
9	4	2	1	7	5	3	8	6
8	7	3	9	6	2	1	5	4
6	8	1	5	4	9	7	3	2
7	9	5	2	1	3	4	6	8
3	2	4	7	8	6	9	1	5
2	6	7	3	9	8	5	4	1
4	1	9	6	5	7	8	2	3
5	3	8	4	2	1	6	9	7

14

2	5	3	4	1	9	7	6	8
1	6	8	2	3	7	9	4	5
4	7	9	8	5	6	2	3	1
6	1	7	9	4	2	5	8	3
5	8	2	1	7	3	6	9	4
3	9	4	6	8	5	1	2	7
7	2	5	3	6	8	4	1	9
9	3	1	7	2	4	8	5	6
8	4	6	5	9	1	3	7	2

15

1	2	6	5	7	3	4	9	8
7	3	9	8	4	6	1	2	5
5	4	8	9	2	1	7	3	6
3	8	5	4	9	2	6	7	1
4	1	7	3	6	8	9	5	2
6	9	2	1	5	7	8	4	3
9	7	3	6	1	5	2	8	4
2	5	1	7	8	4	3	6	9
8	6	4	2	3	9	5	1	7

16

9	6	4	5	7	8	3	1	2
1	2	3	9	4	6	8	5	7
8	5	7	3	2	1	9	6	4
6	8	1	2	5	7	4	9	3
3	9	2	6	8	4	5	7	1
7	4	5	1	9	3	6	2	8
5	3	9	4	1	2	7	8	6
4	1	8	7	6	5	2	3	9
2	7	6	8	3	9	1	4	5

17

3	9	7	2	8		4		
6	4	1	5	9			7	8
	2	5	1	4	7			6
	3		8		5		6	
9	7	2						
5		6		2	9	7		4
7	6			5		1	2	3
			9		2		8	7
	5	8			1	6		

18

		4	9	2				
3	1		5	4	7		9	
9			3		8	7		
		8	1			9	2	6
	3	1	7			4	8	5
	5	9			4	1	3	7
1		3	6	7				
5	9	2			1	6	7	
4			2		5	8	1	9

19

	9	5	8		7			
4	7	8		5	2	9	1	3
	3	2	9		4	7	5	
3				9		4		6
		9			6	8	3	
		6				5	9	1
8			5	6				
5		3	4		9	1	8	7
9		4		8	1	3	6	

20

			8			7		1
9		7	3		1	4	2	8
8		1		9		5		
6	1		7	3	5		8	
5	9	8		4		1	7	
2	7	3	9	1		6	5	4
1	8			2	3	9		7
			1	8	9			
3			5		4			

3	9	7	2	8	6	4	5	1
6	4	1	5	9	3	2	7	8
8	2	5	1	4	7	3	9	6
1	3	4	8	7	5	9	6	2
9	7	2	6	1	4	8	3	5
5	8	6	3	2	9	7	1	4
7	6	9	4	5	8	1	2	3
4	1	3	9	6	2	5	8	7
2	5	8	7	3	1	6	4	9

17

8	7	4	9	2	6	3	5	1
3	1	6	5	4	7	2	9	8
9	2	5	3	1	8	7	6	4
7	4	8	1	5	3	9	2	6
6	3	1	7	9	2	4	8	5
2	5	9	8	6	4	1	3	7
1	8	3	6	7	9	5	4	2
5	9	2	4	8	1	6	7	3
4	6	7	2	3	5	8	1	9

18

1	9	5	8	3	7	6	2	4
4	7	8	6	5	2	9	1	3
6	3	2	9	1	4	7	5	8
3	8	1	2	9	5	4	7	6
7	5	9	1	4	6	8	3	2
2	4	6	3	7	8	5	9	1
8	1	7	5	6	3	2	4	9
5	6	3	4	2	9	1	8	7
9	2	4	7	8	1	3	6	5

19

4	3	6	8	5	2	7	9	1
9	5	7	3	6	1	4	2	8
8	2	1	4	9	7	5	3	6
6	1	4	7	3	5	2	8	9
5	9	8	2	4	6	1	7	3
2	7	3	9	1	8	6	5	4
1	8	5	6	2	3	9	4	7
7	4	2	1	8	9	3	6	5
3	6	9	5	7	4	8	1	2

20

21

	4		2			3		5
	8		1	9	5	7	4	6
9	5		7	3		8	2	1
6			4		2			8
7	9			1	3	5		2
		8	9		7			4
				4	1			
4	1	9			8		5	
8	6	2		7	9		1	3

22

3		5	6		8		9	7
			5	4	9			
	9	4		2	7		1	
	6	1	4	9		5	7	
9		3						
4	8	7	1	5	2	9	3	6
				6		7	4	9
6		9	7	3			5	2
5	7	2					6	1

23

		4				2	5	7
3	1		8			6	4	9
	2		4					
9	4		6	8	2		1	5
6		3	9	5	1	7	2	4
2		1	7		3			
	7		2	6		1		3
			3		8	5		2
1	3	2	5	7		4		6

24

6	4		3	5	9	2		
		7	4		2	5		
	2	9	1	7				3
	6		8	3	7		2	9
9		4		1	5	6	7	
	8	2		9				
8	5		7		1	9	6	2
	9	6	5				8	1
	7	1		6				4

1	4	7	2	8	6	3	9	5
2	8	3	1	9	5	7	4	6
9	5	6	7	3	4	8	2	1
6	3	1	4	5	2	9	7	8
7	9	4	8	1	3	5	6	2
5	2	8	9	6	7	1	3	4
3	7	5	6	4	1	2	8	9
4	1	9	3	2	8	6	5	7
8	6	2	5	7	9	4	1	3

21

3	2	5	6	1	8	4	9	7
7	1	6	5	4	9	2	8	3
8	9	4	3	2	7	6	1	5
2	6	1	4	9	3	5	7	8
9	5	3	8	7	6	1	2	4
4	8	7	1	5	2	9	3	6
1	3	8	2	6	5	7	4	9
6	4	9	7	3	1	8	5	2
5	7	2	9	8	4	3	6	1

22

8	9	4	1	3	6	2	5	7
3	1	5	8	2	7	6	4	9
7	2	6	4	9	5	8	3	1
9	4	7	6	8	2	3	1	5
6	8	3	9	5	1	7	2	4
2	5	1	7	4	3	9	6	8
5	7	8	2	6	4	1	9	3
4	6	9	3	1	8	5	7	2
1	3	2	5	7	9	4	8	6

23

6	4	8	3	5	9	2	1	7
3	1	7	4	8	2	5	9	6
5	2	9	1	7	6	8	4	3
1	6	5	8	3	7	4	2	9
9	3	4	2	1	5	6	7	8
7	8	2	6	9	4	1	3	5
8	5	3	7	4	1	9	6	2
4	9	6	5	2	3	7	8	1
2	7	1	9	6	8	3	5	4

24

25

	3	5	7	9				2
7		2	4	1	6	9		5
9			2	3	5	7		1
						3		
	5			2	1		4	6
			3	8		2	5	
	1	3			2	5	9	4
	7	4	8	5	9	1	2	3
5	2	9	1	4				

26

7	3						9	
1		4		9	8		5	2
8	5	9		6				7
9		5	3		6		2	4
	7		4		9		8	
	4	8		1	7		6	3
6		7	8	3		1	4	
4	2			5	1	8	7	
5	8	1	9		4			

27

3	5		7	6	8			
1			3	9		5	4	7
7			4		1	3		
5						8		
2	3	8	1	4				
	1		8		5	7		
9	7	1	5	8	6	4	2	3
4	6	5		7	3	1	8	9
	2		9		4			

28

	8	4	6		2	1	7	3
		1	8	4	7		6	2
	7	2	5					
2	4		1		9	3	5	
							2	
7		3			4		8	
8	2			6	1		3	5
4	5	6	9	3		2		7
1				2	5	6	9	8

25

1	3	5	7	9	8	4	6	2
7	8	2	4	1	6	9	3	5
9	4	6	2	3	5	7	8	1
2	9	8	5	6	4	3	1	7
3	5	7	9	2	1	8	4	6
4	6	1	3	8	7	2	5	9
8	1	3	6	7	2	5	9	4
6	7	4	8	5	9	1	2	3
5	2	9	1	4	3	6	7	8

26

7	3	2	1	4	5	6	9	8
1	6	4	7	9	8	3	5	2
8	5	9	2	6	3	4	1	7
9	1	5	3	8	6	7	2	4
3	7	6	4	2	9	5	8	1
2	4	8	5	1	7	9	6	3
6	9	7	8	3	2	1	4	5
4	2	3	6	5	1	8	7	9
5	8	1	9	7	4	2	3	6

27

3	5	4	7	6	8	2	9	1
1	8	6	3	9	2	5	4	7
7	9	2	4	5	1	3	6	8
5	4	7	6	3	9	8	1	2
2	3	8	1	4	7	9	5	6
6	1	9	8	2	5	7	3	4
9	7	1	5	8	6	4	2	3
4	6	5	2	7	3	1	8	9
8	2	3	9	1	4	6	7	5

28

5	8	4	6	9	2	1	7	3
3	9	1	8	4	7	5	6	2
6	7	2	5	1	3	8	4	9
2	4	8	1	7	9	3	5	6
9	1	5	3	8	6	7	2	4
7	6	3	2	5	4	9	8	1
8	2	9	7	6	1	4	3	5
4	5	6	9	3	8	2	1	7
1	3	7	4	2	5	6	9	8

29

		2	9	5	1		3	7
		1	7	4		6	5	8
4		7		8		1		
3	1	8			4		6	5
7	4				5	8		2
			8	1		3	9	4
8				7	9	5	4	
	7		5	2	6		8	
	9	6	4			2	7	

30

5			9	1		2		7
1	2	7	6	5	4			
		4	7	2	8			
7	3			8	6	9	1	4
		9		3	7	5	8	6
					9			3
9		3				6		2
2	7	8	3	6	5	4		1
			4		2	3	7	8

31

5	8	4	2	3	7			1
3		9				2	7	
				5			3	
				1	2		4	9
4		7	5	8		1		6
1		5	6	4		7	8	3
8			1	2			5	4
9	4	1				3		2
2		6		9	4		1	7

32

			8	7	6			
				3	4	8	1	
5	8	6	2			3	7	4
		5	4	2		9	6	3
6			3		7	5		
3	2			6		7	8	1
			6	5	2	1	9	8
9			1	4	3	6	2	
	6	1	7				3	5

29

6	8	2	9	5	1	4	3	7
9	3	1	7	4	2	6	5	8
4	5	7	6	8	3	1	2	9
3	1	8	2	9	4	7	6	5
7	4	9	3	6	5	8	1	2
2	6	5	8	1	7	3	9	4
8	2	3	1	7	9	5	4	6
1	7	4	5	2	6	9	8	3
5	9	6	4	3	8	2	7	1

30

5	8	6	9	1	3	2	4	7
1	2	7	6	5	4	8	3	9
3	9	4	7	2	8	1	6	5
7	3	2	5	8	6	9	1	4
4	1	9	2	3	7	5	8	6
8	6	5	1	4	9	7	2	3
9	4	3	8	7	1	6	5	2
2	7	8	3	6	5	4	9	1
6	5	1	4	9	2	3	7	8

31

5	8	4	2	3	7	6	9	1
3	1	9	4	6	8	2	7	5
7	6	2	9	5	1	4	3	8
6	3	8	7	1	2	5	4	9
4	9	7	5	8	3	1	2	6
1	2	5	6	4	9	7	8	3
8	7	3	1	2	6	9	5	4
9	4	1	8	7	5	3	6	2
2	5	6	3	9	4	8	1	7

32

1	4	3	8	7	6	2	5	9
7	9	2	5	3	4	8	1	6
5	8	6	2	1	9	3	7	4
8	7	5	4	2	1	9	6	3
6	1	9	3	8	7	5	4	2
3	2	4	9	6	5	7	8	1
4	3	7	6	5	2	1	9	8
9	5	8	1	4	3	6	2	7
2	6	1	7	9	8	4	3	5

33

	6	1	4	9	7		2	3
5					3	6	9	1
	3	9	5	1			4	
			2	6	5	4		9
6		3	1			8		
		2			9		6	7
3	1	6					8	
7		5		3	8	2	1	6
9	2	8			1	3		4

34

	6	3	7	2	5		1	
	1	7		4	3	5	2	
5	9	2	8		6	7		3
	4		3		7			
1	8	6					3	
3	7	5	2		1		9	4
	2		1		9		6	
9	5		6			3		1
6	3		4		8			2

35

	8	9	7	3		1		5
3	1	6	5	8	2	9		4
	7	2		1	9		8	6
			8		7	5		
2	5	1			3	7		
8		7		2			9	
1	4		2	7	8			9
6	9						4	7
7		3		9	4		5	

36

	6	1	4	8	9		3	5
4		3	5	6	2		9	
9		5		7	1	2		
8		4	6		3		7	
				5		3		9
			9	2	4	8	1	
3	1	9		4	5			7
	4		8	3	7			1
	5	8				4	2	

33

8	6	1	4	9	7	5	2	3
5	7	4	8	2	3	6	9	1
2	3	9	5	1	6	7	4	8
1	8	7	2	6	5	4	3	9
6	9	3	1	7	4	8	5	2
4	5	2	3	8	9	1	6	7
3	1	6	7	4	2	9	8	5
7	4	5	9	3	8	2	1	6
9	2	8	6	5	1	3	7	4

34

4	6	3	7	2	5	8	1	9
8	1	7	9	4	3	5	2	6
5	9	2	8	1	6	7	4	3
2	4	9	3	6	7	1	5	8
1	8	6	5	9	4	2	3	7
3	7	5	2	8	1	6	9	4
7	2	8	1	3	9	4	6	5
9	5	4	6	7	2	3	8	1
6	3	1	4	5	8	9	7	2

35

4	8	9	7	3	6	1	2	5
3	1	6	5	8	2	9	7	4
5	7	2	4	1	9	3	8	6
9	3	4	8	6	7	5	1	2
2	5	1	9	4	3	7	6	8
8	6	7	1	2	5	4	9	3
1	4	5	2	7	8	6	3	9
6	9	8	3	5	1	2	4	7
7	2	3	6	9	4	8	5	1

36

2	6	1	4	8	9	7	3	5
4	7	3	5	6	2	1	9	8
9	8	5	3	7	1	2	6	4
8	9	4	6	1	3	5	7	2
1	2	6	7	5	8	3	4	9
5	3	7	9	2	4	8	1	6
3	1	9	2	4	5	6	8	7
6	4	2	8	3	7	9	5	1
7	5	8	1	9	6	4	2	3

37

9	7	4			3	6		2
1	3	5	6	4	2	7		9
6			7		1	5	3	4
3					9		5	6
		6	4	3				
4	1	2		6	8			
2	4	1	3			8	9	5
		3	9	1	4	2	6	
			2		5		4	1

38

	1	3	5			8	2	
5	6	9			3	4	1	7
4	8						5	3
3	2				8	1		4
1		7	3		4		6	
	4	6		2		7	3	
	7	1	8	3	2		4	
2		4	6				8	
6	5			9	1	3		

39

8		7	4			1		2
		6	3	7		4	9	
		9	2			8	6	7
				2			4	3
	4			3	6	2		8
	2	3		8	4	9	1	
3		4	5	9	2		8	
1	8	2			3	5		9
6		5	8	1			2	4

40

2				6		5	8	
	6	5	3				2	
	8				2	1	3	6
		9						4
6	1		9		3		7	5
3		2	1					8
9	2	4		3	5		6	1
7		6	8	1	4	9	5	
8	5	1		2	9	7	4	3

37

9	7	4	8	5	3	6	1	2
1	3	5	6	4	2	7	8	9
6	2	8	7	9	1	5	3	4
3	8	7	1	2	9	4	5	6
5	9	6	4	3	7	1	2	8
4	1	2	5	6	8	9	7	3
2	4	1	3	7	6	8	9	5
8	5	3	9	1	4	2	6	7
7	6	9	2	8	5	3	4	1

38

7	1	3	5	4	6	8	2	9
5	6	9	2	8	3	4	1	7
4	8	2	9	1	7	6	5	3
3	2	5	7	6	8	1	9	4
1	9	7	3	5	4	2	6	8
8	4	6	1	2	9	7	3	5
9	7	1	8	3	2	5	4	6
2	3	4	6	7	5	9	8	1
6	5	8	4	9	1	3	7	2

39

8	5	7	4	6	9	1	3	2
2	1	6	3	7	8	4	9	5
4	3	9	2	5	1	8	6	7
9	6	8	1	2	5	7	4	3
7	4	1	9	3	6	2	5	8
5	2	3	7	8	4	9	1	6
3	7	4	5	9	2	6	8	1
1	8	2	6	4	3	5	7	9
6	9	5	8	1	7	3	2	4

40

2	9	3	4	6	1	5	8	7
1	6	5	3	7	8	4	2	9
4	8	7	5	9	2	1	3	6
5	7	9	2	8	6	3	1	4
6	1	8	9	4	3	2	7	5
3	4	2	1	5	7	6	9	8
9	2	4	7	3	5	8	6	1
7	3	6	8	1	4	9	5	2
8	5	1	6	2	9	7	4	3

41

2		7	5		6		1	9
6	8			3		5	2	7
4					2	3		
	7			5	3		9	
5			6	9	7	2		3
9	6		2	4			5	1
	5	8	4	6				
		6	3	7	9	8	4	
3		9		2	5	1		6

42

9	7	2			3	4	6	8
	1		6	7		3	9	2
6	8		4			1		
3	4		1		2			6
			8	6				
	6	8	9	3			1	4
4	2	1			6	8	5	3
		6	3		5			
7	3	5	2	8		6	4	

43

						2		7
		8		7	2	9	3	5
7	3					4	6	8
	8			2	6		4	9
9		6	7	8				1
4	7		9	3		8	2	6
		9	6	4	3	1		2
2	1	3	8		7		9	
6		7		9		5		

44

	6		3			5		
3		5	1	4		6		
	8	2		6		3	4	
			2	7	3			
6		7	8		9			
8	2	9	6		4	7	5	3
	5				6		7	9
	9	6	5	8	1	4		2
1	4	3	9	2		8	6	

41

2	3	7	5	8	6	4	1	9
6	8	1	9	3	4	5	2	7
4	9	5	7	1	2	3	6	8
8	7	2	1	5	3	6	9	4
5	1	4	6	9	7	2	8	3
9	6	3	2	4	8	7	5	1
7	5	8	4	6	1	9	3	2
1	2	6	3	7	9	8	4	5
3	4	9	8	2	5	1	7	6

42

9	7	2	5	1	3	4	6	8
5	1	4	6	7	8	3	9	2
6	8	3	4	2	9	1	7	5
3	4	7	1	5	2	9	8	6
1	5	9	8	6	4	2	3	7
2	6	8	9	3	7	5	1	4
4	2	1	7	9	6	8	5	3
8	9	6	3	4	5	7	2	1
7	3	5	2	8	1	6	4	9

43

5	9	4	3	6	8	2	1	7
1	6	8	4	7	2	9	3	5
7	3	2	5	1	9	4	6	8
3	8	5	1	2	6	7	4	9
9	2	6	7	8	4	3	5	1
4	7	1	9	3	5	8	2	6
8	5	9	6	4	3	1	7	2
2	1	3	8	5	7	6	9	4
6	4	7	2	9	1	5	8	3

44

4	6	1	3	9	8	5	2	7
3	7	5	1	4	2	6	9	8
9	8	2	7	6	5	3	4	1
5	1	4	2	7	3	9	8	6
6	3	7	8	5	9	2	1	4
8	2	9	6	1	4	7	5	3
2	5	8	4	3	6	1	7	9
7	9	6	5	8	1	4	3	2
1	4	3	9	2	7	8	6	5

45

		6	8	3	5		4	7
	2		9	1	4	8	6	3
				6	2		1	9
	5	9		8			2	1
2	3	7			1		8	5
	8	1	2	5	3	9		
		4		2	9	6		8
		2	5		6	1		
					8	7		2

46

		7	4	6		5		1
	2	9	1		5	8		6
		5	3	8		4	9	7
	7		9		4			
			8		7	6		2
	4	1	5	2	6	9		
		8		9	1	7	6	4
	9	6		4			1	5
		4	6	5		2		9

47

7		1	3	8				
9	6		5	7	4	1		8
8				9		4	7	3
	2	8	7	6	9	3		5
3	9			4			1	
5	7		1		3	8		
4	3	9	2	1		5		7
		7	9		8	6	3	
6						2		1

48

3	8			4			5	2
5	2			8				7
1	6	9		7		4		
	1		7		8	5		
8	7			6	3	2	4	1
2		3		1				6
7	5				6	1	9	4
6		1	8				2	5
9	3		1		4		6	8

45

9	1	6	8	3	5	2	4	7
7	2	5	9	1	4	8	6	3
3	4	8	7	6	2	5	1	9
6	5	9	4	8	7	3	2	1
2	3	7	6	9	1	4	8	5
4	8	1	2	5	3	9	7	6
1	7	4	3	2	9	6	5	8
8	9	2	5	7	6	1	3	4
5	6	3	1	4	8	7	9	2

46

3	8	7	4	6	9	5	2	1
4	2	9	1	7	5	8	3	6
1	6	5	3	8	2	4	9	7
6	7	2	9	3	4	1	5	8
9	5	3	8	1	7	6	4	2
8	4	1	5	2	6	9	7	3
5	3	8	2	9	1	7	6	4
2	9	6	7	4	8	3	1	5
7	1	4	6	5	3	2	8	9

47

7	4	1	3	8	2	9	5	6
9	6	3	5	7	4	1	2	8
8	5	2	6	9	1	4	7	3
1	2	8	7	6	9	3	4	5
3	9	6	8	4	5	7	1	2
5	7	4	1	2	3	8	6	9
4	3	9	2	1	6	5	8	7
2	1	7	9	5	8	6	3	4
6	8	5	4	3	7	2	9	1

48

3	8	7	6	4	1	9	5	2
5	2	4	3	8	9	6	1	7
1	6	9	5	7	2	4	8	3
4	1	6	7	2	8	5	3	9
8	7	5	9	6	3	2	4	1
2	9	3	4	1	5	8	7	6
7	5	8	2	3	6	1	9	4
6	4	1	8	9	7	3	2	5
9	3	2	1	5	4	7	6	8

49

7	6	5	8	9	1	3		
	3	1		7		5		
8	9	2	3		5			6
	1	4			2		3	7
				1		6		
6	8	9	7					1
1	5	6				9	2	
	4	3	6	5			7	8
9			1		3	4	6	5

50

5		4	7	2		8	6	
8	7	6					1	
	2	9	8	4	6	5	3	7
	5			6			8	2
6		7	2		5	1	9	3
2			1					
	8				9	4		
4		3	6			9	7	8
9		5		7		3	2	1

51

				7				5
	7		4				2	9
6	8	5	3		9	1	4	7
	6	4			2	5	7	
8				5	4	2		
5	2		6	1		4		
9	5	6			3	7	1	4
7			1	9		3	5	
2		3	5	4		9	8	

52

		7	3	1		8	4	
1	4		6		7	2	9	
8	2	3	4		9		1	
3	7	4			8			
5		2		6				8
	8		2		3	4	5	
	3				5	9		
7	1		8	4	6	5	3	
		6	9	3		7	8	4

52

9	6	7	3	1	2	8	4	5
1	4	5	6	8	7	2	9	3
8	2	3	4	5	9	6	1	7
3	7	4	5	9	8	1	2	6
5	9	2	1	6	4	3	7	8
6	8	1	2	7	3	4	5	9
4	3	8	7	2	5	9	6	1
7	1	9	8	4	6	5	3	2
2	5	6	9	3	1	7	8	4

51

4	9	2	8	7	1	6	3	5
3	7	1	4	6	5	8	2	9
6	8	5	3	2	9	1	4	7
1	6	4	9	3	2	5	7	8
8	3	9	7	5	4	2	6	1
5	2	7	6	1	8	4	9	3
9	5	6	2	8	3	7	1	4
7	4	8	1	9	6	3	5	2
2	1	3	5	4	7	9	8	6

50

5	3	4	7	2	1	8	6	9
8	7	6	5	9	3	2	1	4
1	2	9	8	4	6	5	3	7
3	5	1	9	6	4	7	8	2
6	4	7	2	8	5	1	9	3
2	9	8	1	3	7	6	4	5
7	8	2	3	1	9	4	5	6
4	1	3	6	5	2	9	7	8
9	6	5	4	7	8	3	2	1

49

7	6	5	8	9	1	3	4	2
4	3	1	2	7	6	5	8	9
8	9	2	3	4	5	7	1	6
5	1	4	9	6	2	8	3	7
3	2	7	5	1	8	6	9	4
6	8	9	7	3	4	2	5	1
1	5	6	4	8	7	9	2	3
2	4	3	6	5	9	1	7	8
9	7	8	1	2	3	4	6	5

53

1	3			4		5		6
9		8	5	1	6	3	2	
	4			2		1	7	
	1	7					5	3
5	9		1	7	2	6		
4		6	3		5		1	2
	5	9		8		2	3	1
		4		5	1			
8				3	7		6	5

54

		8		2	7		5	
2	9				5	4	7	1
5		7	1	4	9	2		
9				7			2	5
6	5	4		1	2	8	3	7
3	7		5	6	8			
7		6		3	1	5	9	8
	2		7	9	6			4
1	3				4			

55

5				1	3	6	8	
1		4		7	6	2	9	
	2						1	7
2	1	5		8				3
3	4	6	1		9		5	8
9								2
	6			9	8	5	2	1
4	9		7	5		8	3	6
8	5				2	4	7	9

56

6	2	1	3	5			9	7
5	8				9	6	3	
3	9		6			2		
4		6		8		1		3
	7		1	3	4	8		5
8	1			6		7		
2			8		6	5		
		8	2		5	3	7	6
7				1	3	9		2

56

6	2	1	3	5	8	4	9	7
5	8	4	7	2	9	6	3	1
3	9	7	6	4	1	2	5	8
4	5	6	9	8	7	1	2	3
9	7	2	1	3	4	8	6	5
8	1	3	5	6	2	7	4	9
2	3	9	8	7	6	5	1	4
1	4	8	2	9	5	3	7	6
7	6	5	4	1	3	9	8	2

55

5	7	9	2	1	3	6	8	4
1	3	4	8	7	6	2	9	5
6	2	8	9	4	5	3	1	7
2	1	5	6	8	7	9	4	3
3	4	6	1	2	9	7	5	8
9	8	7	5	3	4	1	6	2
7	6	3	4	9	8	5	2	1
4	9	2	7	5	1	8	3	6
8	5	1	3	6	2	4	7	9

54

4	1	8	3	2	7	9	5	6
2	9	3	6	8	5	4	7	1
5	6	7	1	4	9	2	8	3
9	8	1	4	7	3	6	2	5
6	5	4	9	1	2	8	3	7
3	7	2	5	6	8	1	4	9
7	4	6	2	3	1	5	9	8
8	2	5	7	9	6	3	1	4
1	3	9	8	5	4	7	6	2

53

1	3	2	7	4	9	5	8	6
9	7	8	5	1	6	3	2	4
6	4	5	8	2	3	1	7	9
2	1	7	4	6	8	9	5	3
5	9	3	1	7	2	6	4	8
4	8	6	3	9	5	7	1	2
7	5	9	6	8	4	2	3	1
3	6	4	2	5	1	8	9	7
8	2	1	9	3	7	4	6	5

57

	3	5			7	8	2	1
		7		3	1		5	9
					2	7		
8	6	1		2	4	9	7	5
5		2				6	3	4
4	7					2		8
7	1		4		3	5	9	2
3	4		2		6	1		
		8		1	9	3		6

58

6		4	8	3	7		1	5
1		5						3
2		8				9	6	7
9		3	5	1	8	7		
5		2	4	7	6		3	
7		1				5		4
4		6	7	2		3	9	
3		9	6		1		7	
		7		4	3		5	1

59

	4			6	1	2		8
2		9			4	7	6	
8	6		7			1		
6					7	4	5	
9			4	8		6	7	1
			2	5	6	3	8	
3	8			4				
4	9	6			2	8	1	3
5	2	7	3	1		9		6

60

			5	9	8	3		4
		7			6	8	2	5
		5	2	4	7	1	9	
6			8	2				7
5						2		
7	1	2	4	5	3	6	8	9
		1	9	8	4		6	
2			7		5			
		8	3	6	2	9	5	1

57

9	3	5	6	4	7	8	2	1
6	2	7	8	3	1	4	5	9
1	8	4	5	9	2	7	6	3
8	6	1	3	2	4	9	7	5
5	9	2	1	7	8	6	3	4
4	7	3	9	6	5	2	1	8
7	1	6	4	8	3	5	9	2
3	4	9	2	5	6	1	8	7
2	5	8	7	1	9	3	4	6

58

6	9	4	8	3	7	2	1	5
1	7	5	2	6	9	8	4	3
2	3	8	1	5	4	9	6	7
9	4	3	5	1	8	7	2	6
5	8	2	4	7	6	1	3	9
7	6	1	3	9	2	5	8	4
4	1	6	7	2	5	3	9	8
3	5	9	6	8	1	4	7	2
8	2	7	9	4	3	6	5	1

59

7	4	5	9	6	1	2	3	8
2	1	9	8	3	4	7	6	5
8	6	3	7	2	5	1	9	4
6	3	8	1	9	7	4	5	2
9	5	2	4	8	3	6	7	1
1	7	4	2	5	6	3	8	9
3	8	1	6	4	9	5	2	7
4	9	6	5	7	2	8	1	3
5	2	7	3	1	8	9	4	6

60

1	2	6	5	9	8	3	7	4
9	4	7	1	3	6	8	2	5
8	3	5	2	4	7	1	9	6
6	9	3	8	2	1	5	4	7
5	8	4	6	7	9	2	1	3
7	1	2	4	5	3	6	8	9
3	5	1	9	8	4	7	6	2
2	6	9	7	1	5	4	3	8
4	7	8	3	6	2	9	5	1

61

	9	2	8					
	3	1			9	5	6	8
		7	1	6	3		9	
	2	5		8	6	4	7	1
	6	3		4	7	8	2	9
	7				1	3		6
	5				2	6	8	3
			7	3			4	
3	4			9	5	7	1	

62

1	6		9					
8	3		6		5		2	1
		5			1	3	6	
9		3	7				4	6
5		1		9	6	8	3	
2	4	6	8			7	5	9
3				6	4	2		7
4		7	5	2		6		3
			3	8			1	5

63

4	7		5	6				3
	9			3		7	6	
6				7		2	4	
9		6			4	3	2	7
	4	1	7	2	3	9		6
7	2		6	9			1	4
2	1		3		5			8
	5	7				4	3	
3	6	4	2	8		1	5	

64

5	4		8		7	6		
1	8			9		5	3	4
3		2	4		1	9		8
2	5	8			4	3	1	
		4	3		8	2		
		1			5	8		9
				8	2	7		
	2			4		1	8	3
8	9	5		7	3	4		2

61

6	9	2	8	5	4	1	3	7
4	3	1	2	7	9	5	6	8
5	8	7	1	6	3	2	9	4
9	2	5	3	8	6	4	7	1
1	6	3	5	4	7	8	2	9
8	7	4	9	2	1	3	5	6
7	5	9	4	1	2	6	8	3
2	1	6	7	3	8	9	4	5
3	4	8	6	9	5	7	1	2

62

1	6	2	9	3	8	5	7	4
8	3	4	6	7	5	9	2	1
7	9	5	2	4	1	3	6	8
9	8	3	7	5	2	1	4	6
5	7	1	4	9	6	8	3	2
2	4	6	8	1	3	7	5	9
3	5	8	1	6	4	2	9	7
4	1	7	5	2	9	6	8	3
6	2	9	3	8	7	4	1	5

63

4	7	2	5	6	1	8	9	3
1	9	8	4	3	2	7	6	5
6	3	5	8	7	9	2	4	1
9	8	6	1	5	4	3	2	7
5	4	1	7	2	3	9	8	6
7	2	3	6	9	8	5	1	4
2	1	9	3	4	5	6	7	8
8	5	7	9	1	6	4	3	2
3	6	4	2	8	7	1	5	9

64

5	4	9	8	3	7	6	2	1
1	8	7	2	9	6	5	3	4
3	6	2	4	5	1	9	7	8
2	5	8	9	6	4	3	1	7
9	7	4	3	1	8	2	5	6
6	3	1	7	2	5	8	4	9
4	1	3	6	8	2	7	9	5
7	2	6	5	4	9	1	8	3
8	9	5	1	7	3	4	6	2

65

6	4			8	1		3	
1	3		7				5	8
2		8	9	3	6	4	1	
9				6		1		5
			8	9	5	7	6	4
5			4		7	2	9	3
	6	5		2	9		7	1
7	1					3		9
		3	1	7		5		

66

			4	6	3			
	4			9	8	7	3	
3	9	5				8	4	
7		9			2		6	4
2	1	3	6	4	7			9
4	6		9				1	7
		1		5	9	4	7	8
	2			8	4		5	
5	8	4	3	7		9		1

67

		7	2	1	9	5		8
		9		4	8		1	
2		1		5	3	4	6	
5						2	9	6
9	1	6			7		8	
	2	3			6	1	7	
8	6	5	4	7	1	9		3
7	3		9	8				
1			3		5		4	

68

5	3	8	6	9	7			2
2		4	1			3		7
	1	7	2				8	
7	9			6		1		
3			5			9		4
1	4	2	8	7	9	6	5	3
	5		7	2	6		3	
	2	3		5		7	4	
8	7			4			6	5

65

6	4	7	5	8	1	9	3	2
1	3	9	7	4	2	6	5	8
2	5	8	9	3	6	4	1	7
9	7	4	2	6	3	1	8	5
3	2	1	8	9	5	7	6	4
5	8	6	4	1	7	2	9	3
4	6	5	3	2	9	8	7	1
7	1	2	6	5	8	3	4	9
8	9	3	1	7	4	5	2	6

66

8	7	2	4	6	3	1	9	5
1	4	6	5	9	8	7	3	2
3	9	5	7	2	1	8	4	6
7	5	9	8	1	2	3	6	4
2	1	3	6	4	7	5	8	9
4	6	8	9	3	5	2	1	7
6	3	1	2	5	9	4	7	8
9	2	7	1	8	4	6	5	3
5	8	4	3	7	6	9	2	1

67

6	4	7	2	1	9	5	3	8
3	5	9	6	4	8	7	1	2
2	8	1	7	5	3	4	6	9
5	7	8	1	3	4	2	9	6
9	1	6	5	2	7	3	8	4
4	2	3	8	9	6	1	7	5
8	6	5	4	7	1	9	2	3
7	3	4	9	8	2	6	5	1
1	9	2	3	6	5	8	4	7

68

5	3	8	6	9	7	4	1	2
2	6	4	1	8	5	3	9	7
9	1	7	2	3	4	5	8	6
7	9	5	4	6	3	1	2	8
3	8	6	5	1	2	9	7	4
1	4	2	8	7	9	6	5	3
4	5	1	7	2	6	8	3	9
6	2	3	9	5	8	7	4	1
8	7	9	3	4	1	2	6	5

69

2			3	7	6		8	5
	5	3	4		1	6		9
	6	4	5		9	3		
	8	7	1		2		3	6
4	1	6				9		7
3	2		6		7			
6		8		5			9	3
5	4	2		1				8
1	3			6	8		5	

70

2	1		8	3	6	9		4
9					2		1	8
			1		5	2		
6	4	3	9		7	8	2	5
	7	2					4	
5	8		3				7	
3	9	4		6	1	7		2
8	5		2	7	3		9	1
		1		8	9			

71

		2	8	4		5		1
	4	3		5	1	2		6
5	8				6			4
1		6		8	9		2	
3		8	5	1	7	6	4	9
4				3	2	1		8
	1		9	7	4	8	6	
		9				4	1	2
6	3				8			5

72

	2	1	9		5	3	8	
4				7		5	6	9
9			8				2	
	4	8	7	9	1			6
1		6	2		8			
2		7	6		4		1	5
	6			2	7	1		3
7	5	2	3		9	6	4	8
		4		8	6	7		

72

6	2	1	9	4	5	3	8	7
4	8	3	1	7	2	5	6	9
9	7	5	8	6	3	4	2	1
5	4	8	7	9	1	2	3	6
1	3	6	2	5	8	9	7	4
2	9	7	6	3	4	8	1	5
8	6	9	4	2	7	1	5	3
7	5	2	3	1	9	6	4	8
3	1	4	5	8	6	7	9	2

71

7	6	2	8	4	3	5	9	1
9	4	3	7	5	1	2	8	6
5	8	1	2	9	6	7	3	4
1	5	6	4	8	9	3	2	7
3	2	8	5	1	7	6	4	9
4	9	7	6	3	2	1	5	8
2	1	5	9	7	4	8	6	3
8	7	9	3	6	5	4	1	2
6	3	4	1	2	8	9	7	5

70

2	1	7	8	3	6	9	5	4
9	3	5	7	4	2	6	1	8
4	6	8	1	9	5	2	3	7
6	4	3	9	1	7	8	2	5
1	7	2	6	5	8	3	4	9
5	8	9	3	2	4	1	7	6
3	9	4	5	6	1	7	8	2
8	5	6	2	7	3	4	9	1
7	2	1	4	8	9	5	6	3

69

2	9	1	3	7	6	4	8	5
8	5	3	4	2	1	6	7	9
7	6	4	5	8	9	3	1	2
9	8	7	1	4	2	5	3	6
4	1	6	8	3	5	9	2	7
3	2	5	6	9	7	8	4	1
6	7	8	2	5	4	1	9	3
5	4	2	9	1	3	7	6	8
1	3	9	7	6	8	2	5	4

73

				5		3		4
	5	3	2	8		6	7	
6		7	4		3			
1		8	6		2	7		9
	9					8		6
		6	9		8			3
8	1		3	9	7	4	6	2
	3		5		4		8	7
	6	4		2	1	9	3	5

74

	3		6	1	9			8
	8	2	5					
1	9	7	2			3		6
3	6	1		2	5	8		7
8				6		5		
5		4	3	8		6	2	9
	5		4	9		1		
	1	3	8	5			9	2
9			1	3			6	5

75

7			9	1		2	6	
3	2		7	5	4	1		
4	9		6	8				
9							4	1
1	5		3				2	8
8		4	2	6		9	7	
2		8	4				5	3
	7		1	2	8	4	9	6
6	4	9		3	7			

76

	6	8			9		5	4
4	1		3	6		2		
			7	4	8		1	3
	7	6			3	8	4	2
5	3		8	1	2			6
8			6	7			3	
	5		4			3		7
6		3		8	7	1		9
7		9	2	3	1			

73

9	8	1	7	5	6	3	2	4
4	5	3	2	8	9	6	7	1
6	2	7	4	1	3	5	9	8
1	4	8	6	3	2	7	5	9
3	9	2	1	7	5	8	4	6
5	7	6	9	4	8	2	1	3
8	1	5	3	9	7	4	6	2
2	3	9	5	6	4	1	8	7
7	6	4	8	2	1	9	3	5

74

4	3	5	6	1	9	2	7	8
6	8	2	5	7	3	9	1	4
1	9	7	2	4	8	3	5	6
3	6	1	9	2	5	8	4	7
8	2	9	7	6	4	5	3	1
5	7	4	3	8	1	6	2	9
2	5	6	4	9	7	1	8	3
7	1	3	8	5	6	4	9	2
9	4	8	1	3	2	7	6	5

75

7	8	5	9	1	3	2	6	4
3	2	6	7	5	4	1	8	9
4	9	1	6	8	2	5	3	7
9	6	2	8	7	5	3	4	1
1	5	7	3	4	9	6	2	8
8	3	4	2	6	1	9	7	5
2	1	8	4	9	6	7	5	3
5	7	3	1	2	8	4	9	6
6	4	9	5	3	7	8	1	2

76

3	6	8	1	2	9	7	5	4
4	1	7	3	6	5	2	9	8
9	2	5	7	4	8	6	1	3
1	7	6	9	5	3	8	4	2
5	3	4	8	1	2	9	7	6
8	9	2	6	7	4	5	3	1
2	5	1	4	9	6	3	8	7
6	4	3	5	8	7	1	2	9
7	8	9	2	3	1	4	6	5

77

3		2	1	9	4		5	
4	5				7	2	1	3
1	8		5	3			9	6
				2		5		7
9	3			7				2
	2		3		1	6	4	9
8		3	7	5		9		1
2	7	1		4	8			
				1	3	8		4

78

2		3		6	1			
1	6		4	8	9	5	2	
8		5	7	3	2	6		4
	3					4	8	
	7	1	3		8	9	6	2
		8		4	7			1
	1	2			4	8		
7	5					1		9
	8	4	1	9			7	6

79

1				2	9		8	
9	6	7		4	8	1		
	8	2	5		1	9	4	7
	2			1	3			5
5	1	9			6	8		4
7				8		2	1	6
	3	1	8	5	7			
4				3	2	5		8
8			6		4			1

80

5		6	4	2	1		9	
2			3	8		5	4	7
4	3		9	7	5	2		6
	6	5	2	4	9	7		1
		7	6	5				3
		2	1	3				
	5	3		6	4			
7			5	1	3		6	9
				9		4		5

77

3	6	2	1	9	4	7	5	8
4	5	9	8	6	7	2	1	3
1	8	7	5	3	2	4	9	6
6	1	8	4	2	9	5	3	7
9	3	4	6	7	5	1	8	2
7	2	5	3	8	1	6	4	9
8	4	3	7	5	6	9	2	1
2	7	1	9	4	8	3	6	5
5	9	6	2	1	3	8	7	4

78

2	4	3	5	6	1	7	9	8
1	6	7	4	8	9	5	2	3
8	9	5	7	3	2	6	1	4
5	3	9	2	1	6	4	8	7
4	7	1	3	5	8	9	6	2
6	2	8	9	4	7	3	5	1
9	1	2	6	7	4	8	3	5
7	5	6	8	2	3	1	4	9
3	8	4	1	9	5	2	7	6

79

1	5	4	7	2	9	6	8	3
9	6	7	3	4	8	1	5	2
3	8	2	5	6	1	9	4	7
6	2	8	4	1	3	7	9	5
5	1	9	2	7	6	8	3	4
7	4	3	9	8	5	2	1	6
2	3	1	8	5	7	4	6	9
4	9	6	1	3	2	5	7	8
8	7	5	6	9	4	3	2	1

80

5	7	6	4	2	1	3	9	8
2	1	9	3	8	6	5	4	7
4	3	8	9	7	5	2	1	6
3	6	5	2	4	9	7	8	1
1	4	7	6	5	8	9	2	3
8	9	2	1	3	7	6	5	4
9	5	3	8	6	4	1	7	2
7	2	4	5	1	3	8	6	9
6	8	1	7	9	2	4	3	5

81

	1			5		2	6	
		7	4	9	6		1	
3		8	2	7	1	5		
7		1	9		5		4	
5			6	4			2	1
6		4	1		7	9	3	
8	3	2	7		4	1	5	
	7	6						
1	4	5	3			6	7	

82

	4		1		6	2	5	7
8	5	6		4	2	9	1	
		2	5	9	3			
7			6	2				9
5		3	4			8	7	
		1	8		7	6	4	5
9	1	5		7				4
4		7	9	6	1			
		8	3			7	9	

83

				1	3	8	2	
	6			7	4	9	5	
1	7	8	5		9			3
6	8	9	7	4	2		3	5
	1			6			9	4
7	4	3		9	5			6
4						5		
8		7	4	5			1	2
	3		2	8	1		7	

84

	9	7	1	3		6	8	5
3	5	1		6	7			
	8	2				3	7	
5		4	3	8	6	7		2
8	3		7			4	5	6
		6			5			8
	7	8	5			9		4
1	4	3	6	9	8			
9			2			8		

81

4	1	9	8	5	3	2	6	7
2	5	7	4	9	6	3	1	8
3	6	8	2	7	1	5	9	4
7	2	1	9	3	5	8	4	6
5	9	3	6	4	8	7	2	1
6	8	4	1	2	7	9	3	5
8	3	2	7	6	4	1	5	9
9	7	6	5	1	2	4	8	3
1	4	5	3	8	9	6	7	2

82

3	4	9	1	8	6	2	5	7
8	5	6	7	4	2	9	1	3
1	7	2	5	9	3	4	8	6
7	8	4	6	2	5	1	3	9
5	6	3	4	1	9	8	7	2
2	9	1	8	3	7	6	4	5
9	1	5	2	7	8	3	6	4
4	3	7	9	6	1	5	2	8
6	2	8	3	5	4	7	9	1

83

9	5	4	6	1	3	8	2	7
3	6	2	8	7	4	9	5	1
1	7	8	5	2	9	6	4	3
6	8	9	7	4	2	1	3	5
2	1	5	3	6	8	7	9	4
7	4	3	1	9	5	2	8	6
4	2	1	9	3	7	5	6	8
8	9	7	4	5	6	3	1	2
5	3	6	2	8	1	4	7	9

84

4	9	7	1	3	2	6	8	5
3	5	1	8	6	7	2	4	9
6	8	2	4	5	9	3	7	1
5	1	4	3	8	6	7	9	2
8	3	9	7	2	1	4	5	6
7	2	6	9	4	5	1	3	8
2	7	8	5	1	3	9	6	4
1	4	3	6	9	8	5	2	7
9	6	5	2	7	4	8	1	3

85

4	2	6		1	3			
	8			4	2		3	
	9	1	6	8	5		2	
	5	7					1	
	1		3	2		5		6
9	6	3	4	5				8
1		8	5		4	9	6	2
	4	2		7		3		5
5	3	9		6				7

86

	1	7	9		8			6
	3		2		5	8	7	1
2		6	7	4	1	9		5
6	9	3				1	5	
4	7						9	2
1		5	3	9		6	8	4
	6		5				2	
	5		6			7	1	8
7	4		8			5		9

87

			9		7	5		6
5	7	2	6		8	1	9	3
8	9							7
	8	7		1	3	6	2	9
9	2	5			6	4		1
	3	1	4	9			5	8
7			2			3	6	
	5		7			9	1	2
	6			5		8		

88

		5	3		1	8		9
4	3	6	9	8		5	7	1
	8		7	5				6
5				4		7	8	
		8	2	1				
		4	8		5	6	1	2
	2	3			6	9	5	4
6	4	1	5	9	8	2		
9	5					1	6	

85

4	2	6	7	1	3	8	5	9
7	8	5	9	4	2	6	3	1
3	9	1	6	8	5	7	2	4
2	5	7	8	9	6	4	1	3
8	1	4	3	2	7	5	9	6
9	6	3	4	5	1	2	7	8
1	7	8	5	3	4	9	6	2
6	4	2	1	7	9	3	8	5
5	3	9	2	6	8	1	4	7

86

5	1	7	9	3	8	2	4	6
9	3	4	2	6	5	8	7	1
2	8	6	7	4	1	9	3	5
6	9	3	4	8	2	1	5	7
4	7	8	1	5	6	3	9	2
1	2	5	3	9	7	6	8	4
8	6	1	5	7	9	4	2	3
3	5	9	6	2	4	7	1	8
7	4	2	8	1	3	5	6	9

87

1	4	3	9	2	7	5	8	6
5	7	2	6	4	8	1	9	3
8	9	6	1	3	5	2	4	7
4	8	7	5	1	3	6	2	9
9	2	5	8	7	6	4	3	1
6	3	1	4	9	2	7	5	8
7	1	4	2	8	9	3	6	5
3	5	8	7	6	4	9	1	2
2	6	9	3	5	1	8	7	4

88

2	7	5	3	6	1	8	4	9
4	3	6	9	8	2	5	7	1
1	8	9	7	5	4	3	2	6
5	1	2	6	4	9	7	8	3
3	6	8	2	1	7	4	9	5
7	9	4	8	3	5	6	1	2
8	2	3	1	7	6	9	5	4
6	4	1	5	9	8	2	3	7
9	5	7	4	2	3	1	6	8

89

		9		6	2	8		7
	7	1						2
	8		7	9	3	6		5
8				3		2	5	6
2		7		5		3		
	5	3	2	8	6	1		4
7			3		4	5	6	9
1	9	6	5		8	4		3
3	4	5		2		7		

90

		3			4	5	1	6
1	4		9					8
	6	7	2	1	5		9	
		1	7	2			4	
4	7		3	5	9	1	8	
	2		6	4			5	
	1			9				
6	3	4	1			9	2	5
5	8	9	4	6	2		3	1

91

4		1	6	3		5		
3	5		8	2	9	1	6	4
	6			4	1		3	8
	9	5	2	7				3
			9			6	5	
		3		5			4	
5	4	6	3	9		2	7	
1		8	7			4	9	5
9			4	1				6

92

7	4	9					2	
5	2		1	9	7	4	6	8
	1	8					7	5
4		7		3	5	2	1	
2	3	5	9	1	4	6	8	7
		6		7	8		4	
		2				1		
	6	1		5		8	9	4
				6	1			2

89

5	3	9	1	6	2	8	4	7
6	7	1	8	4	5	9	3	2
4	8	2	7	9	3	6	1	5
8	1	4	9	3	7	2	5	6
2	6	7	4	5	1	3	9	8
9	5	3	2	8	6	1	7	4
7	2	8	3	1	4	5	6	9
1	9	6	5	7	8	4	2	3
3	4	5	6	2	9	7	8	1

90

2	9	3	8	7	4	5	1	6
1	4	5	9	3	6	2	7	8
8	6	7	2	1	5	4	9	3
3	5	1	7	2	8	6	4	9
4	7	6	3	5	9	1	8	2
9	2	8	6	4	1	3	5	7
7	1	2	5	9	3	8	6	4
6	3	4	1	8	7	9	2	5
5	8	9	4	6	2	7	3	1

91

4	8	1	6	3	7	5	2	9
3	5	7	8	2	9	1	6	4
2	6	9	5	4	1	7	3	8
6	9	5	2	7	4	8	1	3
7	1	4	9	8	3	6	5	2
8	2	3	1	5	6	9	4	7
5	4	6	3	9	8	2	7	1
1	3	8	7	6	2	4	9	5
9	7	2	4	1	5	3	8	6

92

7	4	9	5	8	6	3	2	1
5	2	3	1	9	7	4	6	8
6	1	8	4	2	3	9	7	5
4	8	7	6	3	5	2	1	9
2	3	5	9	1	4	6	8	7
1	9	6	2	7	8	5	4	3
8	7	2	3	4	9	1	5	6
3	6	1	7	5	2	8	9	4
9	5	4	8	6	1	7	3	2

93

3	8						5	7
1	6		8	5	2		9	
	5	9	3	7				
		1	5		3			4
9				4	6		7	5
4	3	5				8		
7		3	6	2	8		4	1
8	4	2	7			6	3	9
5	1	6			9		8	

94

7	1		5				3	6
			1				2	
3		6			7	9	1	
	2	7	9	8	4			1
	9		3			4	5	8
8	3	4	6	5			7	
2	8	3	4	1	6			5
4				3	5		8	
1		5	2		8		4	3

95

6		5	3		8			
4	9		6	7				5
2	3	1	4	5		6	8	7
	1	6	9	8				4
	8		5	1		7	6	2
3	5					1	9	8
5	2		1		4			
1	6			9	5	4		
	4		2	6				9

96

	6		8		9	4		3
	4	3	7	2				
	2	9	4			5	7	
2	1	5	9			8	3	
9					2		5	
4	3		5		8	7	9	2
7			2	8		3		5
3	8	2			5		4	
6	5		1	9	3			7

93

3	8	4	9	6	1	2	5	7
1	6	7	8	5	2	4	9	3
2	5	9	3	7	4	1	6	8
6	7	1	5	8	3	9	2	4
9	2	8	1	4	6	3	7	5
4	3	5	2	9	7	8	1	6
7	9	3	6	2	8	5	4	1
8	4	2	7	1	5	6	3	9
5	1	6	4	3	9	7	8	2

94

7	1	2	5	4	9	8	3	6
9	4	8	1	6	3	5	2	7
3	5	6	8	2	7	9	1	4
5	2	7	9	8	4	3	6	1
6	9	1	3	7	2	4	5	8
8	3	4	6	5	1	2	7	9
2	8	3	4	1	6	7	9	5
4	6	9	7	3	5	1	8	2
1	7	5	2	9	8	6	4	3

95

6	7	5	3	2	8	9	4	1
4	9	8	6	7	1	2	3	5
2	3	1	4	5	9	6	8	7
7	1	6	9	8	2	3	5	4
9	8	4	5	1	3	7	6	2
3	5	2	7	4	6	1	9	8
5	2	9	1	3	4	8	7	6
1	6	7	8	9	5	4	2	3
8	4	3	2	6	7	5	1	9

96

1	6	7	8	5	9	4	2	3
5	4	3	7	2	6	9	1	8
8	2	9	4	3	1	5	7	6
2	1	5	9	6	7	8	3	4
9	7	8	3	4	2	6	5	1
4	3	6	5	1	8	7	9	2
7	9	1	2	8	4	3	6	5
3	8	2	6	7	5	1	4	9
6	5	4	1	9	3	2	8	7

97

	7	2		3	1	5		9
	3	5	2	6	4		8	
	8					2		
7		4	5	8				
8		9	1		3	6	7	
2	1				6	8	9	
5	9			4	2		1	
		7	3		5	9	2	
3	2	1		9	8	4		7

98

2	7		6			1	5	
	4	1	8	5		7		
8	6	5		7	1		4	9
			3	9	2	4	1	
4	1		5			8	9	
3	9				8	5	2	7
7		4						5
	2			3	5		7	4
6				8	4	2	3	1

99

		5	1	7			4	2
	8						3	7
6	2	7				8	1	9
2	7						6	
5		8	2	3		7	9	4
	1			9	7		8	5
3			4	6		9	7	8
8	4	2	7		9		5	6
	9	6		8	5	4		

100

			2		8		7	1
		3	1	7				4
		2		6	3			9
	7	9	8		6		3	
		6	5		2			7
	5	1		3		4		
3	6				7	1	4	5
5	2				1	7	9	
	9	7	3		4	2	8	6

97

4	7	2	8	3	1	5	6	9
9	3	5	2	6	4	7	8	1
1	8	6	9	5	7	2	4	3
7	6	4	5	8	9	1	3	2
8	5	9	1	2	3	6	7	4
2	1	3	4	7	6	8	9	5
5	9	8	7	4	2	3	1	6
6	4	7	3	1	5	9	2	8
3	2	1	6	9	8	4	5	7

98

2	7	3	6	4	9	1	5	8
9	4	1	8	5	3	7	6	2
8	6	5	2	7	1	3	4	9
5	8	7	3	9	2	4	1	6
4	1	2	5	6	7	8	9	3
3	9	6	4	1	8	5	2	7
7	3	4	1	2	6	9	8	5
1	2	8	9	3	5	6	7	4
6	5	9	7	8	4	2	3	1

99

9	3	5	1	7	8	6	4	2
1	8	4	9	2	6	5	3	7
6	2	7	5	4	3	8	1	9
2	7	9	8	5	4	1	6	3
5	6	8	2	3	1	7	9	4
4	1	3	6	9	7	2	8	5
3	5	1	4	6	2	9	7	8
8	4	2	7	1	9	3	5	6
7	9	6	3	8	5	4	2	1

100

6	4	5	2	9	8	3	7	1
9	8	3	1	7	5	6	2	4
7	1	2	4	6	3	8	5	9
4	7	9	8	1	6	5	3	2
8	3	6	5	4	2	9	1	7
2	5	1	7	3	9	4	6	8
3	6	8	9	2	7	1	4	5
5	2	4	6	8	1	7	9	3
1	9	7	3	5	4	2	8	6

101

	2	8		1				
1	9	7	4	2	6	5	8	3
	3	4	8		5	7		
	8	3		7	4			9
9			2	6	8	4		
		6	1				7	2
7		2			1			
		5	9		3	2		7
3		9		8	2	1		

102

		4		1	5	7	8	
		5		6	7	2	1	
1		8	4	3	2	6	9	5
			7	4	1		6	8
7		9	5	2				
								2
	9	7	1	8		4		6
3		2		7		1	5	9
				5	9	8	3	

103

6		7	8		4			3
	8	4	2			6	1	5
		2	3		5	8		
2				4		9	8	1
	4					3	6	
		1			3	5		4
	3			7	2		5	6
	1	5	6				2	8
	2	6				7	3	9

104

1	7		3		6			
			1	9		2		
4	8		2					
	1				4	5	2	
9	5	4	7	6		3		
2	3		5	8	1			7
7	9	1	6	2	3		8	5
3			7	9		6		
		8	4	1	5	7	9	

101

5	2	8	3	1	7	9	4	6
1	9	7	4	2	6	5	8	3
6	3	4	8	9	5	7	2	1
2	8	3	5	7	4	6	1	9
9	7	1	2	6	8	4	3	5
4	5	6	1	3	9	8	7	2
7	4	2	6	5	1	3	9	8
8	1	5	9	4	3	2	6	7
3	6	9	7	8	2	1	5	4

102

6	2	4	9	1	5	7	8	3
9	3	5	8	6	7	2	1	4
1	7	8	4	3	2	6	9	5
2	5	3	7	4	1	9	6	8
7	6	9	5	2	8	3	4	1
8	4	1	3	9	6	5	7	2
5	9	7	1	8	3	4	2	6
3	8	2	6	7	4	1	5	9
4	1	6	2	5	9	8	3	7

103

6	5	7	8	1	4	2	9	3
3	8	4	2	9	7	6	1	5
1	9	2	3	6	5	8	4	7
2	7	3	5	4	6	9	8	1
5	4	9	7	8	1	3	6	2
8	6	1	9	2	3	5	7	4
9	3	8	4	7	2	1	5	6
7	1	5	6	3	9	4	2	8
4	2	6	1	5	8	7	3	9

104

1	7	2	3	4	6	8	5	9
5	6	3	1	9	8	2	7	4
4	8	9	2	5	7	6	3	1
8	1	7	9	3	4	5	2	6
9	5	4	7	6	2	3	1	8
2	3	6	5	8	1	9	4	7
7	9	1	6	2	3	4	8	5
3	4	5	8	7	9	1	6	2
6	2	8	4	1	5	7	9	3

105

2		4		6	8			3
	8	5					2	9
9		3		1			8	
	3		1		6	2		4
6			4	5		9	3	8
7		8	3		9		6	1
		6	2			7		5
4		2					9	
		7	6	4		8	1	

106

2		9				7		
1	6				7	3		4
8	3		5	4	6	2	9	1
7		8		3		1		6
3	9	1		5	2	4		
	2		1		8	9		
	1	2		6			4	
	7	4	8	1	5			
		3			4		1	9

107

9	4	2		7	3			1
5				1	2			
6		7		8	5	2	3	9
		9		6	4			
1			7		9		4	
2	6			5		3	9	
7	5	1		9	8			
3		8		4			5	2
		6			7	9	1	

108

	7	3				2		
	4	8		6	2		7	1
1	2			8	7	4		
4	3	5	6			9		7
7	1	2	8	3		6		
6	8				5	1		2
		4	2			7		6
			4			5	9	3
3		7	9			8	2	

105

2	7	4	9	6	8	1	5	3
1	8	5	7	3	4	6	2	9
9	6	3	5	1	2	4	8	7
5	3	9	1	8	6	2	7	4
6	2	1	4	5	7	9	3	8
7	4	8	3	2	9	5	6	1
8	1	6	2	9	3	7	4	5
4	5	2	8	7	1	3	9	6
3	9	7	6	4	5	8	1	2

106

2	4	9	3	8	1	7	6	5
1	6	5	2	9	7	3	8	4
8	3	7	5	4	6	2	9	1
7	5	8	4	3	9	1	2	6
3	9	1	6	5	2	4	7	8
4	2	6	1	7	8	9	5	3
5	1	2	9	6	3	8	4	7
9	7	4	8	1	5	6	3	2
6	8	3	7	2	4	5	1	9

107

9	4	2	6	7	3	5	8	1
5	8	3	9	1	2	6	7	4
6	1	7	4	8	5	2	3	9
8	7	9	3	6	4	1	2	5
1	3	5	7	2	9	8	4	6
2	6	4	8	5	1	3	9	7
7	5	1	2	9	8	4	6	3
3	9	8	1	4	6	7	5	2
4	2	6	5	3	7	9	1	8

108

5	7	3	1	9	4	2	6	8
9	4	8	5	6	2	3	7	1
1	2	6	3	8	7	4	5	9
4	3	5	6	2	1	9	8	7
7	1	2	8	3	9	6	4	5
6	8	9	7	4	5	1	3	2
8	9	4	2	5	3	7	1	6
2	6	1	4	7	8	5	9	3
3	5	7	9	1	6	8	2	4

109

8							2	5
3	7	2	5			9		6
4		6	1				7	8
1			4	9			8	
	8	4			7	1	5	
2	3			1			4	
6		8		7	2	5	3	1
	2			5	1			
	1	9	3	4		7	6	2

110

			3		8	4		
		6	1	4	5	3	8	
4		8	2		9	6		
1				8			9	
	4	7	5	9				
		9	4	2				
	6	5	7	3	2	9	4	1
	1		9	5	4			2
2	9			1	6			3

111

3	7		2	1			9	8
9		8		4		7		5
	6		9	7	8		3	2
7	5			8	3		6	
	8	3		5	2			
1		2				5		3
4	9		8	2	1			6
8	1			3		9		
			7				4	

112

9			1		4	6		
1		6		3		7	9	
		8		9			2	1
	2			7		9		4
7	5	9	8			3	1	2
					3	5	8	7
2	1	7		5				
3			4	6	2	1	7	
6					8	2		5

109

8	9	1	7	3	6	4	2	5
3	7	2	5	8	4	9	1	6
4	5	6	1	2	9	3	7	8
1	6	5	4	9	3	2	8	7
9	8	4	2	6	7	1	5	3
2	3	7	8	1	5	6	4	9
6	4	8	9	7	2	5	3	1
7	2	3	6	5	1	8	9	4
5	1	9	3	4	8	7	6	2

110

5	7	1	3	6	8	4	2	9
9	2	6	1	4	5	3	8	7
4	3	8	2	7	9	6	1	5
1	5	2	6	8	3	7	9	4
6	4	7	5	9	1	2	3	8
3	8	9	4	2	7	1	5	6
8	6	5	7	3	2	9	4	1
7	1	3	9	5	4	8	6	2
2	9	4	8	1	6	5	7	3

111

3	7	4	2	1	5	6	9	8
9	2	8	3	4	6	7	1	5
5	6	1	9	7	8	4	3	2
7	5	9	1	8	3	2	6	4
6	8	3	4	5	2	1	7	9
1	4	2	6	9	7	5	8	3
4	9	7	8	2	1	3	5	6
8	1	6	5	3	4	9	2	7
2	3	5	7	6	9	8	4	1

112

9	7	2	1	8	4	6	5	3
1	4	6	2	3	5	7	9	8
5	3	8	6	9	7	4	2	1
8	2	3	5	7	1	9	6	4
7	5	9	8	4	6	3	1	2
4	6	1	9	2	3	5	8	7
2	1	7	3	5	9	8	4	6
3	8	5	4	6	2	1	7	9
6	9	4	7	1	8	2	3	5

113

3		5		7		9		4
		6	4					2
		4		3		8	6	
9	6	3		2	5			
4		1	6		7	2		8
	7	8		4	3			
		7	3	8		4	2	6
					4	5	9	
6	4		5	1	2			3

114

	4	3						2
	5	8	9		4			
9	7	6	3		2		8	4
				6		1		7
		2	7	5	1	4		
4	1	7			9	8		5
7	3		6	2		9		8
6		9			7		5	
5	8		1	9				

115

8	2	6			1		9	5
1		4	5		7			2
7		5	6		2			3
3	1	7				2		
4		2			3		6	1
9			2					7
5				2	9			6
6	7		1		8			4
	8		4			3	7	9

116

6		4	9	8			3	2
	9				3	4		
2	8			1	4		7	9
	1	2		5		7		4
		5				9	1	3
3		9	1	7	6			5
1		7	5			6		
				6		3		
4	5	6		3	1	2		

113

3	8	5	2	7	6	9	1	4
1	9	6	4	5	8	3	7	2
7	2	4	9	3	1	8	6	5
9	6	3	8	2	5	1	4	7
4	5	1	6	9	7	2	3	8
2	7	8	1	4	3	6	5	9
5	1	7	3	8	9	4	2	6
8	3	2	7	6	4	5	9	1
6	4	9	5	1	2	7	8	3

114

1	4	3	5	8	6	7	9	2
2	5	8	9	7	4	6	1	3
9	7	6	3	1	2	5	8	4
3	9	5	4	6	8	1	2	7
8	6	2	7	5	1	4	3	9
4	1	7	2	3	9	8	6	5
7	3	1	6	2	5	9	4	8
6	2	9	8	4	7	3	5	1
5	8	4	1	9	3	2	7	6

115

8	2	6	3	4	1	7	9	5
1	3	4	5	9	7	6	8	2
7	9	5	6	8	2	1	4	3
3	1	7	9	6	4	2	5	8
4	5	2	8	7	3	9	6	1
9	6	8	2	1	5	4	3	7
5	4	3	7	2	9	8	1	6
6	7	9	1	3	8	5	2	4
2	8	1	4	5	6	3	7	9

116

6	7	4	9	8	5	1	3	2
5	9	1	7	2	3	4	8	6
2	8	3	6	1	4	5	7	9
8	1	2	3	5	9	7	6	4
7	6	5	2	4	8	9	1	3
3	4	9	1	7	6	8	2	5
1	3	7	5	9	2	6	4	8
9	2	8	4	6	7	3	5	1
4	5	6	8	3	1	2	9	7

117

	9					8	5	6
	8		5	4	3			1
5	1			6	8		2	3
3		5	4	1	9	2	7	8
	4		8		7	6		
2						9	1	4
	2	9	6		5			
7	5		2				8	
				9	1			2

118

	6	2	5	9				7
	8	3		4		9		5
4	9	5			7		2	8
	1	6	8			5	9	3
	7	9				1		4
	4	8		1	3	7		2
6		4	3		9	8		
9	3				2			
		7	4		1			

119

	4		2		9	7		
8				1	6		3	9
1	2		5	3			8	6
4	6						2	5
		1	6	7			4	3
9			8	4		1		
2	1	6		5		3	7	8
	9							2
7		8	1		3		9	

120

7	9	8	2			1	5	3
5	2	4	7		3	8		9
		3			5			
	7			5			1	
3		9	1					
	4	1	3	6		7	9	
9			5	3	4		7	1
	6	5		2		9		
	3	7	6				2	8

117

4	9	3	1	7	2	8	5	6
6	8	2	5	4	3	7	9	1
5	1	7	9	6	8	4	2	3
3	6	5	4	1	9	2	7	8
9	4	1	8	2	7	6	3	5
2	7	8	3	5	6	9	1	4
1	2	9	6	8	5	3	4	7
7	5	6	2	3	4	1	8	9
8	3	4	7	9	1	5	6	2

118

1	6	2	5	9	8	3	4	7
7	8	3	2	4	6	9	1	5
4	9	5	1	3	7	6	2	8
2	1	6	8	7	4	5	9	3
3	7	9	6	2	5	1	8	4
5	4	8	9	1	3	7	6	2
6	2	4	3	5	9	8	7	1
9	3	1	7	8	2	4	5	6
8	5	7	4	6	1	2	3	9

119

6	4	3	2	8	9	7	5	1
8	7	5	4	1	6	2	3	9
1	2	9	5	3	7	4	8	6
4	6	7	3	9	1	8	2	5
5	8	1	6	7	2	9	4	3
9	3	2	8	4	5	1	6	7
2	1	6	9	5	4	3	7	8
3	9	4	7	6	8	5	1	2
7	5	8	1	2	3	6	9	4

120

7	9	8	2	4	6	1	5	3
5	2	4	7	1	3	8	6	9
6	1	3	9	8	5	2	4	7
8	7	6	4	5	9	3	1	2
3	5	9	1	7	2	4	8	6
2	4	1	3	6	8	7	9	5
9	8	2	5	3	4	6	7	1
1	6	5	8	2	7	9	3	4
4	3	7	6	9	1	5	2	8

121

6			7				4	2
4	5	9	6			8	7	
	2		3				1	5
	8			7	9	3	5	4
2	4	7						9
5			4			7	2	6
	7	2	1	6	5	4	3	
	6	4	8		7	5		
					3		6	7

122

		2	3			7		
7	4	1	5		8	9	3	6
		8		6			5	2
	7	3					1	5
5	1	9				6		
	8					4	9	3
8	9	4	6	5	7		2	
1		7	2	8	3	5		9
					1		6	7

123

6		1		9	5		7	2
		2		8		6	5	
5	4		1	2	6	9	8	3
9	7							
1			9	5	8	2		7
		4	7	6	1		3	
4		9		7			1	
			6			3	2	8
	2			1			9	4

124

		4	2		3			
9	3						5	4
1		6		4	5			
	5		4		8	1		7
		8	9		1	3	2	
6		2	5	3	7		9	
2			8	7	9			
	4	5	6	1			7	
	9		3	5	4		8	2

121

6	3	1	7	5	8	9	4	2
4	5	9	6	1	2	8	7	3
7	2	8	3	9	4	6	1	5
1	8	6	2	7	9	3	5	4
2	4	7	5	3	6	1	8	9
5	9	3	4	8	1	7	2	6
9	7	2	1	6	5	4	3	8
3	6	4	8	2	7	5	9	1
8	1	5	9	4	3	2	6	7

122

6	5	2	3	1	9	7	8	4
7	4	1	5	2	8	9	3	6
9	3	8	7	6	4	1	5	2
4	7	3	8	9	6	2	1	5
5	1	9	4	3	2	6	7	8
2	8	6	1	7	5	4	9	3
8	9	4	6	5	7	3	2	1
1	6	7	2	8	3	5	4	9
3	2	5	9	4	1	8	6	7

123

6	8	1	3	9	5	4	7	2
3	9	2	4	8	7	6	5	1
5	4	7	1	2	6	9	8	3
9	7	8	2	3	4	1	6	5
1	6	3	9	5	8	2	4	7
2	5	4	7	6	1	8	3	9
4	3	9	8	7	2	5	1	6
7	1	5	6	4	9	3	2	8
8	2	6	5	1	3	7	9	4

124

5	8	4	2	9	3	7	1	6
9	3	7	1	8	6	2	5	4
1	2	6	7	4	5	8	3	9
3	5	9	4	2	8	1	6	7
4	7	8	9	6	1	3	2	5
6	1	2	5	3	7	4	9	8
2	6	3	8	7	9	5	4	1
8	4	5	6	1	2	9	7	3
7	9	1	3	5	4	6	8	2

125

6		5			8	7	3	4
			3			2		6
3	9		6		7		8	5
2				1	9			7
		9			6	8		
	7						4	
9	6	4	8			3		2
		1	9	2		4		
8	2	3		6	4	5	7	9

126

	9	7		3	5			
		5						
			9	2	1	7	5	
9		3	2		4	1	7	8
	5	2	7	8		9	3	
	7	4		1	9	5		2
	3	9				4	8	
	4		8				2	5
6	2				7		1	9

127

	9	6	5	3	7			4
1	3		9	4			6	5
		8					7	
		5						
8		9	2		1	4	5	
4		1	8	5		6		
7	1	2	3					
			4			5	2	7
6	5		7	2	9	1	3	8

128

		9		1	3	7	6	
2		6			7		8	
	8		2		5		4	
4	9	5	1	3		8		7
6						9		5
1	7		9			6		4
3	2	1		7	9	4	5	
		4		2	8			
8			3			2		6

125

6	1	5	2	9	8	7	3	4
4	8	7	3	5	1	2	9	6
3	9	2	6	4	7	1	8	5
2	3	8	4	1	9	6	5	7
5	4	9	7	3	6	8	2	1
1	7	6	5	8	2	9	4	3
9	6	4	8	7	5	3	1	2
7	5	1	9	2	3	4	6	8
8	2	3	1	6	4	5	7	9

126

2	9	7	6	3	5	8	4	1
3	1	5	4	7	8	2	9	6
4	8	6	9	2	1	7	5	3
9	6	3	2	5	4	1	7	8
1	5	2	7	8	6	9	3	4
8	7	4	3	1	9	5	6	2
5	3	9	1	6	2	4	8	7
7	4	1	8	9	3	6	2	5
6	2	8	5	4	7	3	1	9

127

2	9	6	5	3	7	8	1	4
1	3	7	9	4	8	2	6	5
5	4	8	1	6	2	3	7	9
3	2	5	6	9	4	7	8	1
8	6	9	2	7	1	4	5	3
4	7	1	8	5	3	6	9	2
7	1	2	3	8	5	9	4	6
9	8	3	4	1	6	5	2	7
6	5	4	7	2	9	1	3	8

128

5	4	9	8	1	3	7	6	2
2	1	6	4	9	7	5	8	3
7	8	3	2	6	5	1	4	9
4	9	5	1	3	6	8	2	7
6	3	2	7	8	4	9	1	5
1	7	8	9	5	2	6	3	4
3	2	1	6	7	9	4	5	8
9	6	4	5	2	8	3	7	1
8	5	7	3	4	1	2	9	6

129

4	2	9	6	5	1	8		
	8	6				1		
3	5	1		7	8	4	6	
		3	5		7			2
8	1	5	9			3	7	
			8					
9	3	8				2	4	
1	6				9	7		8
	7	2	1		4		9	

130

					8	5	3	6
	2	6	3		1		8	
5	3	8	4	6	9			1
	7		9		3		6	5
8	5		7	4	6			2
6		3					7	
2	8	7			5	6		3
3							5	9
		5	8		4		1	

131

6				4	3			9
	8	3		7	1	2		6
5		4	8		6		1	
	9	2	7	1	8	6		4
7	4				9	1		
1	6	8	4					3
8	3	9	1	5	4			
	1		3			4		
		7	9					

132

		3		7		8		
6	7	2	8				3	
9	5		3	1	2	4	6	7
	9	1	4		8		5	3
		4		2		7	1	
			7		1	6	9	4
	8			5		3		
5		6		8				2
2	3				6	5		

129

4	2	9	6	5	1	8	3	7
7	8	6	4	9	3	1	2	5
3	5	1	2	7	8	4	6	9
6	4	3	5	1	7	9	8	2
8	1	5	9	4	2	3	7	6
2	9	7	8	3	6	5	1	4
9	3	8	7	6	5	2	4	1
1	6	4	3	2	9	7	5	8
5	7	2	1	8	4	6	9	3

130

1	4	9	2	7	8	5	3	6
7	2	6	3	5	1	9	8	4
5	3	8	4	6	9	7	2	1
4	7	2	9	8	3	1	6	5
8	5	1	7	4	6	3	9	2
6	9	3	5	1	2	4	7	8
2	8	7	1	9	5	6	4	3
3	1	4	6	2	7	8	5	9
9	6	5	8	3	4	2	1	7

131

6	7	1	2	4	3	5	8	9
9	8	3	5	7	1	2	4	6
5	2	4	8	9	6	3	1	7
3	9	2	7	1	8	6	5	4
7	4	5	6	3	9	1	2	8
1	6	8	4	2	5	9	7	3
8	3	9	1	5	4	7	6	2
2	1	6	3	8	7	4	9	5
4	5	7	9	6	2	8	3	1

132

4	1	3	6	7	5	8	2	9
6	7	2	8	9	4	1	3	5
9	5	8	3	1	2	4	6	7
7	9	1	4	6	8	2	5	3
3	6	4	5	2	9	7	1	8
8	2	5	7	3	1	6	9	4
1	8	9	2	5	7	3	4	6
5	4	6	1	8	3	9	7	2
2	3	7	9	4	6	5	8	1

133

5			2					6
3	9	8	7	5			1	
			3	1		9	5	
9	7		5	4		8	2	1
4					2			3
1					7	5		
2				3			8	5
8		4	6	7			3	9
6	3			2	5	1	4	7

134

6	2							5
3		5		6	2		9	
		4	5	1		3	2	6
	4		8	7				
	3		2		6	9	7	8
	7	6	3		1	4	5	
		2	1		3	7	8	
9				2	4		3	
	5			8	7		6	

135

6	1		7	5			9	4
5	4		9	2	1	6		
3	7			6	4	2		1
4	2	7		3		9	6	
8	6	3			9		1	
1						4	3	2
	5	6					2	
		1	3	7	2			
2		4		9		1		

136

		3	6	5	1		8	4
1	8	6		4	2	5	3	
					3	2	1	
3	5	7	4	1			6	
2					8			5
		8	2				9	
4		2	8	3				
9	3	1	5	2		7		8
8	7		1	9	4			

133

5	4	1	2	9	8	3	7	6
3	9	8	7	5	6	4	1	2
7	6	2	3	1	4	9	5	8
9	7	6	5	4	3	8	2	1
4	8	5	1	6	2	7	9	3
1	2	3	9	8	7	5	6	4
2	1	7	4	3	9	6	8	5
8	5	4	6	7	1	2	3	9
6	3	9	8	2	5	1	4	7

134

6	2	8	7	3	9	1	4	5
3	1	5	4	6	2	8	9	7
7	9	4	5	1	8	3	2	6
2	4	9	8	7	5	6	1	3
5	3	1	2	4	6	9	7	8
8	7	6	3	9	1	4	5	2
4	6	2	1	5	3	7	8	9
9	8	7	6	2	4	5	3	1
1	5	3	9	8	7	2	6	4

135

6	1	2	7	5	3	8	9	4
5	4	8	9	2	1	6	7	3
3	7	9	8	6	4	2	5	1
4	2	7	1	3	5	9	6	8
8	6	3	2	4	9	7	1	5
1	9	5	6	8	7	4	3	2
7	5	6	4	1	8	3	2	9
9	8	1	3	7	2	5	4	6
2	3	4	5	9	6	1	8	7

136

7	2	3	6	5	1	9	8	4
1	8	6	9	4	2	5	3	7
5	9	4	7	8	3	2	1	6
3	5	7	4	1	9	8	6	2
2	1	9	3	6	8	4	7	5
6	4	8	2	7	5	3	9	1
4	6	2	8	3	7	1	5	9
9	3	1	5	2	6	7	4	8
8	7	5	1	9	4	6	2	3

137

	1		7	5	9	8	4	2
9	5	2		4		7	3	6
8	4	7	2				9	
	8	1		7		4		9
		3	6			2	7	8
			9		8		1	
	3			8	2		5	
1		5		6		9		
			1			3		7

138

8	7							
5	1				9		2	8
	6		2		8		5	
	8		4	2			9	6
6	2	9				4		
7	4	5	9				8	2
2	9	7		5	4	8	6	1
4	5	6		1		9		
1				9	6			

139

9				2	3	5		
5		6	8					
3	4	2		6				1
7		8	9	3	6	2		4
4	6		1	5	2			
		3				6	5	9
2	9		6					5
	1	5		8			9	
	3		2	9		1	4	6

140

				3	7	2	6	
8		2	9	4	5	1		
3	4	7	1					9
		4	5			9		
2		5			4		1	
	1	3	2		8	7		
4				8	9	3	5	1
5		8	6			4	9	2
		9		5		8		

137

3	1	6	7	5	9	8	4	2
9	5	2	8	4	1	7	3	6
8	4	7	2	3	6	1	9	5
2	8	1	5	7	3	4	6	9
5	9	3	6	1	4	2	7	8
6	7	4	9	2	8	5	1	3
7	3	9	4	8	2	6	5	1
1	2	5	3	6	7	9	8	4
4	6	8	1	9	5	3	2	7

138

8	7	2	1	4	5	6	3	9
5	1	4	6	3	9	7	2	8
9	6	3	2	7	8	1	5	4
3	8	1	4	2	7	5	9	6
6	2	9	5	8	3	4	1	7
7	4	5	9	6	1	3	8	2
2	9	7	3	5	4	8	6	1
4	5	6	8	1	2	9	7	3
1	3	8	7	9	6	2	4	5

139

9	8	1	4	2	3	5	6	7
5	7	6	8	1	9	4	2	3
3	4	2	5	6	7	9	8	1
7	5	8	9	3	6	2	1	4
4	6	9	1	5	2	3	7	8
1	2	3	7	4	8	6	5	9
2	9	4	6	7	1	8	3	5
6	1	5	3	8	4	7	9	2
8	3	7	2	9	5	1	4	6

140

9	5	1	8	3	7	2	6	4
8	6	2	9	4	5	1	3	7
3	4	7	1	2	6	5	8	9
7	8	4	5	6	1	9	2	3
2	9	5	3	7	4	6	1	8
6	1	3	2	9	8	7	4	5
4	2	6	7	8	9	3	5	1
5	7	8	6	1	3	4	9	2
1	3	9	4	5	2	8	7	6

141

9		3	2	8		7	1	5
						9	8	6
			8	4	5			
7	1	4	6		9	3	5	8
5			7	3	1	4	2	
			4	1		8	3	7
	7	2	5		8		9	
		1		7		5	6	2

142

	6			9			7	
9	3		2		7	5	6	1
7	5	1	4	6			8	9
			6					
	7		3	1	9			6
		6		5		4	9	3
5		8	9					7
6	4		1	3	2			
1	9			7	5		4	

143

				8	3			
8		6		2	9		4	
	2	3		7			8	5
		8	6			4	5	
6	9			5	2	8		7
5	1		8			2	3	6
	5			3			6	
	6	2		4	1		9	8
7		1		6	5			4

144

4		7		5		9		
				8	6		1	
	5	1		2	4	3	7	
	1	4				6		3
9		8		6	2		5	
5	3		4	1	8	7	9	2
	6					2		
1		2	6	3				7
	4		2	7	9	5	6	

141

9	4	3	2	8	6	7	1	5
1	2	7	3	5	4	9	8	6
8	5	6	1	9	7	2	4	3
2	3	9	8	4	5	6	7	1
7	1	4	6	2	9	3	5	8
5	6	8	7	3	1	4	2	9
6	9	5	4	1	2	8	3	7
3	7	2	5	6	8	1	9	4
4	8	1	9	7	3	5	6	2

142

8	6	2	5	9	1	3	7	4
9	3	4	2	8	7	5	6	1
7	5	1	4	6	3	2	8	9
3	8	9	6	2	4	7	1	5
4	7	5	3	1	9	8	2	6
2	1	6	7	5	8	4	9	3
5	2	8	9	4	6	1	3	7
6	4	7	1	3	2	9	5	8
1	9	3	8	7	5	6	4	2

143

9	4	5	1	8	3	6	7	2
8	7	6	5	2	9	1	4	3
1	2	3	4	7	6	9	8	5
2	3	8	6	1	7	4	5	9
6	9	4	3	5	2	8	1	7
5	1	7	8	9	4	2	3	6
4	5	9	2	3	8	7	6	1
3	6	2	7	4	1	5	9	8
7	8	1	9	6	5	3	2	4

144

4	8	7	1	5	3	9	2	6
3	2	9	7	8	6	4	1	5
6	5	1	9	2	4	3	7	8
2	1	4	5	9	7	6	8	3
9	7	8	3	6	2	1	5	4
5	3	6	4	1	8	7	9	2
7	6	5	8	4	1	2	3	9
1	9	2	6	3	5	8	4	7
8	4	3	2	7	9	5	6	1

145

		5		3	8			
	4	8	6	9	7	1		
	6		1	4		8	2	7
6		2	5			7		
4	8	1						2
7		9				4		
5		6			3	9	4	
3				5	1		7	6
8	2		4		9	5	1	

146

	3							
8	7		3	2	5		4	9
2			6	8				
7	9	2	8	5		3		4
4		3	1		2			7
1				4		9	2	5
	2		9	6	7	1		
5			2		4	7		6
	6		5	1	8	4	3	

147

	2	8	7	5	9	1	3	
		3			4		8	
	5	7	1		3	2	4	
						8		3
			8				2	7
8		4	2				9	1
	8	2		6	1	3	7	4
		6				9	1	8
	9		3	4		6	5	2

148

5			4	8		7	1	2
4		7					5	8
1	8	9	2	5			6	
9		2				6	3	4
7	4		9	6	2		8	
6	1	8	3					
3		4	7	2	8			5
				1				7
2			5	9	3		4	

145

1	7	5	2	3	8	6	9	4
2	4	8	6	9	7	1	3	5
9	6	3	1	4	5	8	2	7
6	3	2	5	1	4	7	8	9
4	8	1	9	7	6	3	5	2
7	5	9	3	8	2	4	6	1
5	1	6	7	2	3	9	4	8
3	9	4	8	5	1	2	7	6
8	2	7	4	6	9	5	1	3

146

6	3	5	4	7	9	2	8	1
8	7	1	3	2	5	6	4	9
2	4	9	6	8	1	5	7	3
7	9	2	8	5	6	3	1	4
4	5	3	1	9	2	8	6	7
1	8	6	7	4	3	9	2	5
3	2	4	9	6	7	1	5	8
5	1	8	2	3	4	7	9	6
9	6	7	5	1	8	4	3	2

147

4	2	8	7	5	9	1	3	6
9	1	3	6	2	4	7	8	5
6	5	7	1	8	3	2	4	9
2	7	9	4	1	5	8	6	3
1	3	5	8	9	6	4	2	7
8	6	4	2	3	7	5	9	1
5	8	2	9	6	1	3	7	4
3	4	6	5	7	2	9	1	8
7	9	1	3	4	8	6	5	2

148

5	3	6	4	8	9	7	1	2
4	2	7	1	3	6	9	5	8
1	8	9	2	5	7	4	6	3
9	5	2	8	7	1	6	3	4
7	4	3	9	6	2	5	8	1
6	1	8	3	4	5	2	7	9
3	6	4	7	2	8	1	9	5
8	9	5	6	1	4	3	2	7
2	7	1	5	9	3	8	4	6

149

	5		3		2	8	4	
4	2	3		6	8	7	5	
6	7			1		9		
1		6	7		3			4
		7	1	2			8	5
		2				3	1	
2		9	6				7	8
						4	6	
7	6		8		1	5	3	

150

3				1	2	4	8	
1	7		4			2	3	
4			9	5		7	6	
6	4			9	7	3	1	8
7	1	3	6			9	5	
	8		5	3		6		
8		7		2	4			6
5		4						3
	9	1				8	4	

151

9	4		6	2		3	7	8
		7				1	5	6
1			5	7	8			
4		9			3	8	2	
7	5	8		6	2		1	3
		3				6		5
		2		4		7	6	
3			2	1				
6	9				5	4		2

152

	5	4		6				
9							5	1
	1		3	5	9		6	
1	8	2	9	7		5	3	6
4	7		1	3	5			9
3			6		8	1		7
						4		
5	4				2	6	8	
8	3		5	4	6		7	2

149

9	5	1	3	7	2	8	4	6
4	2	3	9	6	8	7	5	1
6	7	8	5	1	4	9	2	3
1	8	6	7	5	3	2	9	4
3	4	7	1	2	9	6	8	5
5	9	2	4	8	6	3	1	7
2	3	9	6	4	5	1	7	8
8	1	5	2	3	7	4	6	9
7	6	4	8	9	1	5	3	2

150

3	5	6	7	1	2	4	8	9
1	7	9	4	8	6	2	3	5
4	2	8	9	5	3	7	6	1
6	4	5	2	9	7	3	1	8
7	1	3	6	4	8	9	5	2
9	8	2	5	3	1	6	7	4
8	3	7	1	2	4	5	9	6
5	6	4	8	7	9	1	2	3
2	9	1	3	6	5	8	4	7

151

9	4	5	6	2	1	3	7	8
8	2	7	9	3	4	1	5	6
1	3	6	5	7	8	2	9	4
4	6	9	1	5	3	8	2	7
7	5	8	4	6	2	9	1	3
2	1	3	8	9	7	6	4	5
5	8	2	3	4	9	7	6	1
3	7	4	2	1	6	5	8	9
6	9	1	7	8	5	4	3	2

152

7	5	4	2	6	1	3	9	8
9	6	3	4	8	7	2	5	1
2	1	8	3	5	9	7	6	4
1	8	2	9	7	4	5	3	6
4	7	6	1	3	5	8	2	9
3	9	5	6	2	8	1	4	7
6	2	7	8	9	3	4	1	5
5	4	9	7	1	2	6	8	3
8	3	1	5	4	6	9	7	2

153

	3	1	8	2	5	4	6	
			6	7				
					1	7		8
3			1				4	7
8			9	4	2	3		
4	9	6		3	7		8	1
9		8			3			5
	7	3	2		6	8		
		4	7			1	3	2

154

3	8	1	5		6		2	4
	9	7		4		8	3	5
			8		9		1	7
9		5	2	8	3	7		
	2	4	6	1	7			9
		3	4		5		8	6
			3	6		1		8
			9			5		3
				5		4		2

155

2		6	4				3	
	3	1		8	5	9		4
					1	7	6	5
					8	3		2
	7	5	1		3			9
3			7		9		1	6
			8	5			9	
5	6	9	3	7			8	1
		3		1	6	2		7

156

1	9					7	5	
		7			4	9	2	1
2		4	1			8		
	6	2	9		7	3		8
4				6				
	8	9	5			6	4	2
							3	5
3	4		7	9	2	1	8	
8		6	3	1		4	7	9

153

7	3	1	8	2	5	4	6	9
2	8	9	6	7	4	5	1	3
6	4	5	3	9	1	7	2	8
3	5	2	1	6	8	9	4	7
8	1	7	9	4	2	3	5	6
4	9	6	5	3	7	2	8	1
9	2	8	4	1	3	6	7	5
1	7	3	2	5	6	8	9	4
5	6	4	7	8	9	1	3	2

154

3	8	1	5	7	6	9	2	4
6	9	7	1	4	2	8	3	5
5	4	2	8	3	9	6	1	7
9	6	5	2	8	3	7	4	1
8	2	4	6	1	7	3	5	9
7	1	3	4	9	5	2	8	6
2	5	9	3	6	4	1	7	8
4	7	8	9	2	1	5	6	3
1	3	6	7	5	8	4	9	2

155

2	5	6	4	9	7	1	3	8
7	3	1	6	8	5	9	2	4
4	9	8	2	3	1	7	6	5
9	1	4	5	6	8	3	7	2
6	7	5	1	2	3	8	4	9
3	8	2	7	4	9	5	1	6
1	2	7	8	5	4	6	9	3
5	6	9	3	7	2	4	8	1
8	4	3	9	1	6	2	5	7

156

1	9	8	6	2	3	7	5	4
6	3	7	8	5	4	9	2	1
2	5	4	1	7	9	8	6	3
5	6	2	9	4	7	3	1	8
4	1	3	2	6	8	5	9	7
7	8	9	5	3	1	6	4	2
9	7	1	4	8	6	2	3	5
3	4	5	7	9	2	1	8	6
8	2	6	3	1	5	4	7	9

157

		2			4		7	6
6								2
	1	4	6	5		8	3	
1				3			2	7
8	9	3	7					4
				1	6	3	9	8
2	6	1		7		9		
	7	5	9	6	3		8	
	8		2	4	1	7		

158

		6		1	7			9
	8	3			9			2
9		5	2		8		6	4
2			3		4	6	9	7
5	4	7	9					8
6		9	8			4		
	9	1		2		5		
		4	1		5		2	
3		2	4	9		8		

159

9	7	2			4	6	3	
	6	1		5		8		
	5				2	4		
	1	4				9		
7		9	5		6		4	2
		5	4	9		7		
		8	7	3	5	2		6
	9	7		6	1	5		4
5	2	6		4		1		

160

5	3	9		2	1			8
		7	5	4		6		
	2			8		1	5	3
		8		6	4	3		2
	1	2		3	7	4		
4		3	1	5				
		1		9		5	7	
3	7	5	2		6	9	8	
8			4			2		

9	5	2	3	8	4	1	7	6
6	3	8	1	9	7	4	5	2
7	1	4	6	5	2	8	3	9
1	4	6	8	3	9	5	2	7
8	9	3	7	2	5	6	1	4
5	2	7	4	1	6	3	9	8
2	6	1	5	7	8	9	4	3
4	7	5	9	6	3	2	8	1
3	8	9	2	4	1	7	6	5

157

4	2	6	5	1	7	3	8	9
1	8	3	6	4	9	7	5	2
9	7	5	2	3	8	1	6	4
2	1	8	3	5	4	6	9	7
5	4	7	9	6	1	2	3	8
6	3	9	8	7	2	4	1	5
8	9	1	7	2	3	5	4	6
7	6	4	1	8	5	9	2	3
3	5	2	4	9	6	8	7	1

158

9	7	2	1	8	4	6	3	5
4	6	1	9	5	3	8	2	7
8	5	3	6	7	2	4	1	9
6	1	4	3	2	7	9	5	8
7	8	9	5	1	6	3	4	2
2	3	5	4	9	8	7	6	1
1	4	8	7	3	5	2	9	6
3	9	7	2	6	1	5	8	4
5	2	6	8	4	9	1	7	3

159

5	3	9	6	2	1	7	4	8
1	8	7	5	4	3	6	2	9
6	2	4	7	8	9	1	5	3
7	5	8	9	6	4	3	1	2
9	1	2	8	3	7	4	6	5
4	6	3	1	5	2	8	9	7
2	4	1	3	9	8	5	7	6
3	7	5	2	1	6	9	8	4
8	9	6	4	7	5	2	3	1

160

161

	3		9		8		4	
		8	3	4	6	2	1	
4		9		1		3		
6	7			9	2		3	8
9	1	2		5				
		3		6			9	2
	9	5	2					
2		7		8	1			3
8	6	1	5			4		7

162

8		5				2	6	9
3	2	1	9			7	5	
		7	2	5	8			
2	3	6		9	7		8	
				8	5			2
5	9							7
7		9	5		2		4	6
6	5							1
4	8	2		6			7	3

163

				3	1		4	
4	2					9	3	5
8				2		1		
	4		6	1			8	9
3	8	2	5		4		1	7
				7			5	
2		4	3	5		8	6	1
5	9		1	6		7	2	4
1		8		4		5	9	

164

3			6	5		9	1	7
1			3				6	2
6	8			1		3		
4		3	5					8
		9	2		1	5		
5	7	2				1	9	6
	3	1	4	2		6	8	9
				8	3	7		
	5	8		6		4		1

161

1	3	6	9	2	8	7	4	5
7	5	8	3	4	6	2	1	9
4	2	9	7	1	5	3	8	6
6	7	4	1	9	2	5	3	8
9	1	2	8	5	3	6	7	4
5	8	3	4	6	7	1	9	2
3	9	5	2	7	4	8	6	1
2	4	7	6	8	1	9	5	3
8	6	1	5	3	9	4	2	7

162

8	4	5	7	1	3	2	6	9
3	2	1	9	4	6	7	5	8
9	6	7	2	5	8	3	1	4
2	3	6	4	9	7	1	8	5
1	7	4	3	8	5	6	9	2
5	9	8	6	2	1	4	3	7
7	1	9	5	3	2	8	4	6
6	5	3	8	7	4	9	2	1
4	8	2	1	6	9	5	7	3

163

6	5	7	9	3	1	2	4	8
4	2	1	7	8	6	9	3	5
8	3	9	4	2	5	1	7	6
7	4	5	6	1	2	3	8	9
3	8	2	5	9	4	6	1	7
9	1	6	8	7	3	4	5	2
2	7	4	3	5	9	8	6	1
5	9	3	1	6	8	7	2	4
1	6	8	2	4	7	5	9	3

164

3	2	4	6	5	8	9	1	7
1	9	5	3	4	7	8	6	2
6	8	7	9	1	2	3	5	4
4	1	3	5	9	6	2	7	8
8	6	9	2	7	1	5	4	3
5	7	2	8	3	4	1	9	6
7	3	1	4	2	5	6	8	9
9	4	6	1	8	3	7	2	5
2	5	8	7	6	9	4	3	1

165

				7		2		
7			5	8		3	6	1
3	4			1	6			5
6		7					8	3
	3			6	8	7	2	4
		4			5		1	9
4	6			5	7		9	2
9	7			4	2			
	8	3	6		1			7

166

	1		7		2		5	
	2	3	1	9	5	8		7
7			3	4	8		6	1
9	3							6
4			2	7		9	8	
5			9				3	4
3		9		5		6	7	2
1	8		4			5		
	5	7				4		

167

6		9	8		7		3	1
				5	4	9		2
4	2						8	5
	1			8	9	6	5	
9	7	8						
	6			3	1	8	9	4
	3	2		9		5	4	6
	9		6		3	2		
		6	5			3	1	9

168

			8	6			9	5
7		1						3
8	6			3	1			2
	3			5			8	6
	2		3				7	4
5		7	4		6	2	3	1
		3	9					
6	9	5	1	8		4		
4	7		6	2	5	3		9

165

1	5	6	9	7	3	2	4	8
7	9	2	5	8	4	3	6	1
3	4	8	2	1	6	9	7	5
6	1	7	4	2	9	5	8	3
5	3	9	1	6	8	7	2	4
8	2	4	7	3	5	6	1	9
4	6	1	3	5	7	8	9	2
9	7	5	8	4	2	1	3	6
2	8	3	6	9	1	4	5	7

166

8	1	4	7	6	2	3	5	9
6	2	3	1	9	5	8	4	7
7	9	5	3	4	8	2	6	1
9	3	8	5	1	4	7	2	6
4	6	1	2	7	3	9	8	5
5	7	2	9	8	6	1	3	4
3	4	9	8	5	1	6	7	2
1	8	6	4	2	7	5	9	3
2	5	7	6	3	9	4	1	8

167

6	5	9	8	2	7	4	3	1
1	8	7	3	5	4	9	6	2
4	2	3	9	1	6	7	8	5
3	1	4	2	8	9	6	5	7
9	7	8	4	6	5	1	2	3
2	6	5	7	3	1	8	9	4
7	3	2	1	9	8	5	4	6
5	9	1	6	4	3	2	7	8
8	4	6	5	7	2	3	1	9

168

3	4	2	8	6	7	1	9	5
7	5	1	2	4	9	8	6	3
8	6	9	5	3	1	7	4	2
1	3	4	7	5	2	9	8	6
9	2	6	3	1	8	5	7	4
5	8	7	4	9	6	2	3	1
2	1	3	9	7	4	6	5	8
6	9	5	1	8	3	4	2	7
4	7	8	6	2	5	3	1	9

169

		6	7	1				8
8		7		2		5	9	4
		9	8	5	4			
6			5	8				3
9	8	2	4					7
5		3			2	8	4	6
3		4	9			7		
7		5	2		1			
	9				5	4	6	2

170

2		4	3	8	1	7	9	5
9	7	3	2	5	4		1	8
	1			9	6		3	
	3		4			9		1
	4			3	9			
			8	1	5		4	6
1		6			8		7	3
	8						6	9
					7	4		

171

3	5				4			
	7					9	3	6
1	8	9	6				5	4
	1	2	8				7	9
9		7		1	3	5		
	3		2	7		4		1
		8	3		2			5
5	9	3	7	6		8	4	
					8	7	9	3

172

	2	4				1	9	
6					4		2	7
3			5	9	2	4		
7	5			2			1	9
	6	3	9		1			8
2	9			5		7	6	
8		6	2		5	9		
1	4		7				3	2
			3	1		6	4	

169

4	5	6	7	1	9	2	3	8
8	1	7	6	2	3	5	9	4
2	3	9	8	5	4	6	7	1
6	4	1	5	8	7	9	2	3
9	8	2	4	3	6	1	5	7
5	7	3	1	9	2	8	4	6
3	2	4	9	6	8	7	1	5
7	6	5	2	4	1	3	8	9
1	9	8	3	7	5	4	6	2

170

2	6	4	3	8	1	7	9	5
9	7	3	2	5	4	6	1	8
8	1	5	7	9	6	2	3	4
6	3	8	4	7	2	9	5	1
5	4	1	6	3	9	8	2	7
7	9	2	8	1	5	3	4	6
1	2	6	9	4	8	5	7	3
4	8	7	5	2	3	1	6	9
3	5	9	1	6	7	4	8	2

171

3	5	6	9	2	4	1	8	7
2	7	4	1	8	5	9	3	6
1	8	9	6	3	7	2	5	4
4	1	2	8	5	6	3	7	9
9	6	7	4	1	3	5	2	8
8	3	5	2	7	9	4	6	1
7	4	8	3	9	2	6	1	5
5	9	3	7	6	1	8	4	2
6	2	1	5	4	8	7	9	3

172

5	2	4	6	8	7	1	9	3
6	8	9	1	3	4	5	2	7
3	1	7	5	9	2	4	8	6
7	5	8	4	2	6	3	1	9
4	6	3	9	7	1	2	5	8
2	9	1	8	5	3	7	6	4
8	3	6	2	4	5	9	7	1
1	4	5	7	6	9	8	3	2
9	7	2	3	1	8	6	4	5

173

	1	5			8			7
2	4	7			6		8	
		8	4		2		1	
	2				1	8		
8		1	7	4		9	3	
5		4		8	9	1	7	
	7	2		1				3
1	5	3			7		9	8
			5	9			2	1

174

9		6						2
		7	1		2		8	
3	2	8			5	9	7	
8			3		9	2	6	
6	9	1	4			8	3	5
	3		5	8		1		7
	6	2	9	3		7		
		3		6	1		5	
		9	7	5	8	6		3

175

6	3	8	9		2			1
4	5		7	8	1	6		2
			3	6				4
5	7	2	6				1	8
9		1	8	5		3		6
8	6				9			5
		6			8			
	8	5	1			4	6	9
				9	6	2		3

176

6					8		4	5
	2			5	9	1		3
		5	4					7
	5	7	3		6	8	2	
9	6	2	8	4	5	7		
3		1		7	2	5	6	
			2			9		8
	7		1			3		6
1	9	6	5			4		

173

6	1	5	9	3	8	2	4	7
2	4	7	1	5	6	3	8	9
3	9	8	4	7	2	6	1	5
7	2	9	3	6	1	8	5	4
8	6	1	7	4	5	9	3	2
5	3	4	2	8	9	1	7	6
9	7	2	8	1	4	5	6	3
1	5	3	6	2	7	4	9	8
4	8	6	5	9	3	7	2	1

174

9	1	6	8	7	3	5	4	2
4	5	7	1	9	2	3	8	6
3	2	8	6	4	5	9	7	1
8	7	5	3	1	9	2	6	4
6	9	1	4	2	7	8	3	5
2	3	4	5	8	6	1	9	7
5	6	2	9	3	4	7	1	8
7	8	3	2	6	1	4	5	9
1	4	9	7	5	8	6	2	3

175

6	3	8	9	4	2	5	7	1
4	5	9	7	8	1	6	3	2
1	2	7	3	6	5	8	9	4
5	7	2	6	3	4	9	1	8
9	4	1	8	5	7	3	2	6
8	6	3	2	1	9	7	4	5
3	9	6	4	2	8	1	5	7
2	8	5	1	7	3	4	6	9
7	1	4	5	9	6	2	8	3

176

6	1	9	7	3	8	2	4	5
7	2	4	6	5	9	1	8	3
8	3	5	4	2	1	6	9	7
4	5	7	3	1	6	8	2	9
9	6	2	8	4	5	7	3	1
3	8	1	9	7	2	5	6	4
5	4	3	2	6	7	9	1	8
2	7	8	1	9	4	3	5	6
1	9	6	5	8	3	4	7	2

177

2	8	9		1				
3				8	2	5		
	5	7					9	2
					7		8	3
6		5	8		4	2	7	9
7		8					6	5
4	6		2	9	8	7	5	
5	7	2			1			
	9			7	3		2	4

178

	6	1	4	3			8	
9		5	6				3	4
4			5	7	2	6	1	9
			3	1			5	7
			2		4	8		
1	9		8					
	5		1	6	3	4		
	1		7	4	8		2	
6	8	4				1		3

179

			2	8		3		7
1		7	5			9	4	
	3		7	9	4			
	1		6	7	8	2		4
9	4		1		2	7	3	
			9					5
	8		3				5	9
	5	3			9	1	7	
2	7			1	5	6		3

180

5	2			7	3	6	1	
	1		8	5		3		
6		3		2	1	5	8	4
3	6				8		9	
				3	4	1	6	8
	8		6			7		3
	3	6					5	7
		7			9	4	2	6
		2	5	6		9		

177

2	8	9	7	1	5	3	4	6
3	4	6	9	8	2	5	1	7
1	5	7	3	4	6	8	9	2
9	2	4	6	5	7	1	8	3
6	1	5	8	3	4	2	7	9
7	3	8	1	2	9	4	6	5
4	6	3	2	9	8	7	5	1
5	7	2	4	6	1	9	3	8
8	9	1	5	7	3	6	2	4

178

7	6	1	4	3	9	2	8	5
9	2	5	6	8	1	7	3	4
4	3	8	5	7	2	6	1	9
8	4	2	3	1	6	9	5	7
5	7	3	2	9	4	8	6	1
1	9	6	8	5	7	3	4	2
2	5	7	1	6	3	4	9	8
3	1	9	7	4	8	5	2	6
6	8	4	9	2	5	1	7	3

179

5	9	4	2	8	1	3	6	7
1	2	7	5	3	6	9	4	8
8	3	6	7	9	4	5	2	1
3	1	5	6	7	8	2	9	4
9	4	8	1	5	2	7	3	6
7	6	2	9	4	3	8	1	5
6	8	1	3	2	7	4	5	9
4	5	3	8	6	9	1	7	2
2	7	9	4	1	5	6	8	3

180

5	2	8	4	7	3	6	1	9
4	1	9	8	5	6	3	7	2
6	7	3	9	2	1	5	8	4
3	6	4	7	1	8	2	9	5
7	9	5	2	3	4	1	6	8
2	8	1	6	9	5	7	4	3
9	3	6	1	4	2	8	5	7
1	5	7	3	8	9	4	2	6
8	4	2	5	6	7	9	3	1

181

					1			
3		2		7			8	
8	7	4				6	9	
7		5		9	4		1	
	2	1	7	6			5	8
9	6	3				2	4	7
	5		3	2		8	6	4
2			6	8		1	7	
	3		4	1	7			9

182

		4	2	3			7	
2	6				9	1	3	
	3		6		1		2	8
	9	8				4	1	7
	7		4		3			2
6			9	1	7	3		
7		6		9	2		4	
					4	7		3
	1	3	7		8	2		6

183

1	8	9			5			4
7			4	8	2		1	9
	3		7	9				
4		8			7	6	3	5
6	7	3		4	8			
			3	6	9	4	8	
8				7		5		
9							4	
3	2	5		1	4	7	6	8

184

3			2	1	4		6	
	7		6	5				3
	6	1	7		3		4	
6		4	1		2	7		
8		2	5	7	9	6	3	
					6	8	2	1
1	9	8		6	7	4		2
					1			
7		3		4			8	

181

5	9	6	8	4	1	7	3	2
3	1	2	9	7	6	4	8	5
8	7	4	5	3	2	6	9	1
7	8	5	2	9	4	3	1	6
4	2	1	7	6	3	9	5	8
9	6	3	1	5	8	2	4	7
1	5	7	3	2	9	8	6	4
2	4	9	6	8	5	1	7	3
6	3	8	4	1	7	5	2	9

182

1	8	4	2	3	5	6	7	9
2	6	5	8	7	9	1	3	4
9	3	7	6	4	1	5	2	8
3	9	8	5	2	6	4	1	7
5	7	1	4	8	3	9	6	2
6	4	2	9	1	7	3	8	5
7	5	6	3	9	2	8	4	1
8	2	9	1	6	4	7	5	3
4	1	3	7	5	8	2	9	6

183

1	8	9	6	3	5	2	7	4
7	5	6	4	8	2	3	1	9
2	3	4	7	9	1	8	5	6
4	9	8	1	2	7	6	3	5
6	7	3	5	4	8	9	2	1
5	1	2	3	6	9	4	8	7
8	4	1	2	7	6	5	9	3
9	6	7	8	5	3	1	4	2
3	2	5	9	1	4	7	6	8

184

3	8	5	2	1	4	9	6	7
4	7	9	6	5	8	2	1	3
2	6	1	7	9	3	5	4	8
6	3	4	1	8	2	7	9	5
8	1	2	5	7	9	6	3	4
9	5	7	4	3	6	8	2	1
1	9	8	3	6	7	4	5	2
5	4	6	8	2	1	3	7	9
7	2	3	9	4	5	1	8	6

185

	1							3
2			8	5	9	7		
	7		2	1		4	8	5
4	8	2			7	6	5	
	9	3		6		1		
7	6	1			5	2	3	4
1	4				8		6	
		8	6			5	9	
			3		1	8	4	2

186

9	1		5		4	8		7
				2	7			4
8				3	9	2	5	
	7	9				4	1	5
1	8	6					7	9
4			9	7		6	8	
	9	1	2		8	7	6	3
		4		1		9		
6		8			3			

187

	4	9			3		5	7
		3					4	
5				8		9	6	
		2		9	8	5	1	6
	8	1			2			9
			7	1		4	2	8
9		4	2	6		1		
	1	6	8	5			7	4
7	5			3	1	6	9	

188

5	7		9	8		6	1	4
9	4	6		1		3	2	8
1		3	4	6	2		5	
7			3		5	8		
4		5	6	7	8		9	
				4				
	1					9	6	
8		9	2		6		7	
3			7	9				

185

8	1	5	7	4	6	9	2	3
2	3	4	8	5	9	7	1	6
9	7	6	2	1	3	4	8	5
4	8	2	1	3	7	6	5	9
5	9	3	4	6	2	1	7	8
7	6	1	9	8	5	2	3	4
1	4	9	5	2	8	3	6	7
3	2	8	6	7	4	5	9	1
6	5	7	3	9	1	8	4	2

186

9	1	2	5	6	4	8	3	7
3	6	5	8	2	7	1	9	4
8	4	7	1	3	9	2	5	6
2	7	9	3	8	6	4	1	5
1	8	6	4	5	2	3	7	9
4	5	3	9	7	1	6	8	2
5	9	1	2	4	8	7	6	3
7	3	4	6	1	5	9	2	8
6	2	8	7	9	3	5	4	1

187

1	4	9	6	2	3	8	5	7
8	6	3	9	7	5	2	4	1
5	2	7	1	8	4	9	6	3
4	7	2	3	9	8	5	1	6
6	8	1	5	4	2	7	3	9
3	9	5	7	1	6	4	2	8
9	3	4	2	6	7	1	8	5
2	1	6	8	5	9	3	7	4
7	5	8	4	3	1	6	9	2

188

5	7	2	9	8	3	6	1	4
9	4	6	5	1	7	3	2	8
1	8	3	4	6	2	7	5	9
7	9	1	3	2	5	8	4	6
4	3	5	6	7	8	1	9	2
6	2	8	1	4	9	5	3	7
2	1	7	8	5	4	9	6	3
8	5	9	2	3	6	4	7	1
3	6	4	7	9	1	2	8	5

189

4			2			5	7	
7	2	5		3	8	9	1	6
			7		5	2		4
8	6		5		2			
	5	9				8		2
2					9	6	5	1
5	4		1	8		3	6	
	8	1	9				2	
	9		3	2	4			5

190

8		9					7	
1	4		8				9	
7	2	3	6	5			8	
		5						8
	8		7	6	2	9	1	5
9			4	8	5	7	3	6
4				9	8		6	
	9			4	6			7
	6	1	2	7				9

191

	9		1	3	7			8
	4	6	9		8	7	2	3
	3					1		
9			2	7	4	3		
2	7	3	8				1	
8	6			1	9			7
					3			
	5	9	7			8		1
6	2	7		8		4	3	9

192

	2				8	3	1	
	3	9		1	5		7	
		6	3			9	8	
3	6	8	7		9			
5	9					7	6	
7				3	4	8	5	9
		1	8	2	7	5		6
6	7		1			4	2	
2				4	6	1		7

189

4	3	6	2	9	1	5	7	8
7	2	5	4	3	8	9	1	6
9	1	8	7	6	5	2	3	4
8	6	4	5	1	2	7	9	3
1	5	9	6	7	3	8	4	2
2	7	3	8	4	9	6	5	1
5	4	2	1	8	7	3	6	9
3	8	1	9	5	6	4	2	7
6	9	7	3	2	4	1	8	5

190

8	5	9	3	1	4	6	7	2
1	4	6	8	2	7	5	9	3
7	2	3	6	5	9	1	8	4
6	7	5	9	3	1	4	2	8
3	8	4	7	6	2	9	1	5
9	1	2	4	8	5	7	3	6
4	3	7	5	9	8	2	6	1
2	9	8	1	4	6	3	5	7
5	6	1	2	7	3	8	4	9

191

5	9	2	1	3	7	6	4	8
1	4	6	9	5	8	7	2	3
7	3	8	4	2	6	1	9	5
9	1	5	2	7	4	3	8	6
2	7	3	8	6	5	9	1	4
8	6	4	3	1	9	2	5	7
4	8	1	6	9	3	5	7	2
3	5	9	7	4	2	8	6	1
6	2	7	5	8	1	4	3	9

192

4	2	7	9	6	8	3	1	5
8	3	9	4	1	5	6	7	2
1	5	6	3	7	2	9	8	4
3	6	8	7	5	9	2	4	1
5	9	4	2	8	1	7	6	3
7	1	2	6	3	4	8	5	9
9	4	1	8	2	7	5	3	6
6	7	5	1	9	3	4	2	8
2	8	3	5	4	6	1	9	7

193

	6		8	9	4			
1	9	2	6				7	
4					1	6		9
2	3	9	1					
				8		3	4	2
8		5		6		1		
6		3	7	1		9		4
9	7				3			6
5	8	4	9			7	1	3

194

7	3	4				5	1	
8	5	6	4	1		2	3	
2			5	8				
		2	1	7	5			3
		1	2		4	9	5	
		5		3	9	1		6
			7		8			1
6	4	8			1			
	9	7	6	4	2			5

195

	4	5	9			6	7	
	8	9	7	6	3	4		5
	6			4	2		3	
6			1			8	2	4
	1				5	3		
	9	2	6		4			1
					6			7
4		6	2			5	8	3
		8		5	7	1		6

196

1		9			4			
		4	8	6		2	1	7
8	7	6	3	2			4	
	9		4	1	6		5	
4	5	2	9	3				6
6	1		2			3	9	
			6		3	4	7	
		1		7			6	3
				4		5		9

193

3	6	7	8	9	4	5	2	1
1	9	2	6	3	5	4	7	8
4	5	8	2	7	1	6	3	9
2	3	9	1	4	7	8	6	5
7	1	6	5	8	9	3	4	2
8	4	5	3	6	2	1	9	7
6	2	3	7	1	8	9	5	4
9	7	1	4	5	3	2	8	6
5	8	4	9	2	6	7	1	3

194

7	3	4	9	2	6	5	1	8
8	5	6	4	1	7	2	3	9
2	1	9	5	8	3	6	7	4
9	6	2	1	7	5	8	4	3
3	8	1	2	6	4	9	5	7
4	7	5	8	3	9	1	2	6
5	2	3	7	9	8	4	6	1
6	4	8	3	5	1	7	9	2
1	9	7	6	4	2	3	8	5

195

3	4	5	9	1	8	6	7	2
2	8	9	7	6	3	4	1	5
1	6	7	5	4	2	9	3	8
6	5	3	1	7	9	8	2	4
7	1	4	8	2	5	3	6	9
8	9	2	6	3	4	7	5	1
5	3	1	4	8	6	2	9	7
4	7	6	2	9	1	5	8	3
9	2	8	3	5	7	1	4	6

196

1	2	9	7	5	4	6	3	8
5	3	4	8	6	9	2	1	7
8	7	6	3	2	1	9	4	5
3	9	8	4	1	6	7	5	2
4	5	2	9	3	7	1	8	6
6	1	7	2	8	5	3	9	4
2	8	5	6	9	3	4	7	1
9	4	1	5	7	2	8	6	3
7	6	3	1	4	8	5	2	9

197

	7	9	5	3	2	6		
		1			8	4	2	
2	8	3				9	7	
3	2	5	1	4	9	8		7
	4			6			5	
	6		2		5	1		
	9	6				3		
		2		5			4	
	3		6	2	1	5	9	

198

	6		8		7			
2			5	4		8	6	
	8				3	5	2	7
8	4	7		3	6	2		
3		2	4				8	
	1	6	2		8	7	4	3
			6	1				
		4	7	9	2	6	5	8
			3			9	7	

199

4	5		7	2		1	9	6
1								7
	7	2		9	3	5		
2		7			9		8	
	1		4		6	2	5	
	4		3	8				1
		5			1	7	3	9
3	2	4	9					5
	9	1	8		5	4	6	2

200

7	4	2		9	1		3	
		6	2	5			1	
			7					9
6		1				9		8
	8	4	1	7	9			
3	2	9	5			1		
		3	4	2	5	7	9	6
		5			7		4	1
4	9	7		1	3	5		2

197

4	7	9	5	3	2	6	8	1
6	5	1	7	9	8	4	2	3
2	8	3	4	1	6	9	7	5
3	2	5	1	4	9	8	6	7
1	4	8	3	6	7	2	5	9
9	6	7	2	8	5	1	3	4
5	9	6	8	7	4	3	1	2
8	1	2	9	5	3	7	4	6
7	3	4	6	2	1	5	9	8

198

5	6	9	8	2	7	3	1	4
2	7	3	5	4	1	8	6	9
4	8	1	9	6	3	5	2	7
8	4	7	1	3	6	2	9	5
3	5	2	4	7	9	1	8	6
9	1	6	2	5	8	7	4	3
7	9	8	6	1	5	4	3	2
1	3	4	7	9	2	6	5	8
6	2	5	3	8	4	9	7	1

199

4	5	3	7	2	8	1	9	6
1	8	9	6	5	4	3	2	7
6	7	2	1	9	3	5	4	8
2	3	7	5	1	9	6	8	4
9	1	8	4	7	6	2	5	3
5	4	6	3	8	2	9	7	1
8	6	5	2	4	1	7	3	9
3	2	4	9	6	7	8	1	5
7	9	1	8	3	5	4	6	2

200

7	4	2	8	9	1	6	3	5
9	3	6	2	5	4	8	1	7
1	5	8	7	3	6	4	2	9
6	7	1	3	4	2	9	5	8
5	8	4	1	7	9	2	6	3
3	2	9	5	6	8	1	7	4
8	1	3	4	2	5	7	9	6
2	6	5	9	8	7	3	4	1
4	9	7	6	1	3	5	8	2

201

4		8	5		6	3		
9	5	7		3	1	4	2	
1					4		8	5
3	4			8				9
8	9		6	2			1	4
7			4	1	9	8		3
	1	4						
6			1					8
5	8		3	6	7			2

202

	6		5	4			7	2
		4				5		6
			1	6	9	4	8	
8	9	3	4	1			6	
		6			2	8	3	1
	2		3	8				7
9				2		6	1	
6		7	8			3	2	4
		8				7	5	9

203

	6				7		4	
5				3		6	2	7
7			6		5	3	1	9
	1			4			9	3
	5		9	1	8		6	
9		6			3			
4	7	2	8		1		3	
6		5	4	7	9			
	9	1		6			7	5

204

9	2	7		1	3			5
		8		4		7		
				8	7		9	2
8	6	4				3	2	
1		2		7	6	9	8	
3	7				8		1	
7				6	4	2	5	9
4	8	5	9					
2			7		1			8

201

4	2	8	5	9	6	3	7	1
9	5	7	8	3	1	4	2	6
1	3	6	2	7	4	9	8	5
3	4	1	7	8	5	2	6	9
8	9	5	6	2	3	7	1	4
7	6	2	4	1	9	8	5	3
2	1	4	9	5	8	6	3	7
6	7	3	1	4	2	5	9	8
5	8	9	3	6	7	1	4	2

202

3	6	9	5	4	8	1	7	2
1	8	4	2	7	3	5	9	6
7	5	2	1	6	9	4	8	3
8	9	3	4	1	7	2	6	5
4	7	6	9	5	2	8	3	1
5	2	1	3	8	6	9	4	7
9	3	5	7	2	4	6	1	8
6	1	7	8	9	5	3	2	4
2	4	8	6	3	1	7	5	9

203

1	6	3	2	9	7	5	4	8
5	8	9	1	3	4	6	2	7
7	2	4	6	8	5	3	1	9
2	1	8	5	4	6	7	9	3
3	5	7	9	1	8	2	6	4
9	4	6	7	2	3	8	5	1
4	7	2	8	5	1	9	3	6
6	3	5	4	7	9	1	8	2
8	9	1	3	6	2	4	7	5

204

9	2	7	6	1	3	8	4	5
5	1	8	2	4	9	7	6	3
6	4	3	5	8	7	1	9	2
8	6	4	1	9	5	3	2	7
1	5	2	3	7	6	9	8	4
3	7	9	4	2	8	5	1	6
7	3	1	8	6	4	2	5	9
4	8	5	9	3	2	6	7	1
2	9	6	7	5	1	4	3	8

205

8	5	1	3					7
6	7		5		1		8	
		3				1		
1	3			4	9		7	2
7			2	8	5			
	8	2	7		3	5		
	2	9			7	6		8
	1	8	4	3	6	7	2	
3	6				8			5

206

4	5	3		1	7			
6				8	4	7	5	1
7			2	5	9		3	6
			5	9			1	
					1		2	
5		7	4		2	8		9
3	7	2		4	6	9	8	
	6	5		7			4	2
		4	8				7	

207

7		6	8			2	3	5
3		8		6	2		9	1
	2	9	3					6
9							8	3
8	7			3		9	1	
1						6	2	7
5		1	6	9	7		4	
6	9			2	3			8
2				5			6	9

208

5		9	2	1		6	3	
6				9	5		8	1
2	1	8	6		3			
7			4	5	1		9	
9	5		8		2	1	4	
		1						8
1		5	3		4			9
8				7	6			3
		7	1		9			6

205

8	5	1	3	6	2	9	4	7
6	7	4	5	9	1	2	8	3
2	9	3	8	7	4	1	5	6
1	3	5	6	4	9	8	7	2
7	4	6	2	8	5	3	9	1
9	8	2	7	1	3	5	6	4
4	2	9	1	5	7	6	3	8
5	1	8	4	3	6	7	2	9
3	6	7	9	2	8	4	1	5

206

4	5	3	6	1	7	2	9	8
6	2	9	3	8	4	7	5	1
7	8	1	2	5	9	4	3	6
2	4	6	5	9	8	3	1	7
9	3	8	7	6	1	5	2	4
5	1	7	4	3	2	8	6	9
3	7	2	1	4	6	9	8	5
8	6	5	9	7	3	1	4	2
1	9	4	8	2	5	6	7	3

207

7	1	6	8	4	9	2	3	5
3	5	8	7	6	2	4	9	1
4	2	9	3	1	5	8	7	6
9	6	4	2	7	1	5	8	3
8	7	2	5	3	6	9	1	4
1	3	5	9	8	4	6	2	7
5	8	1	6	9	7	3	4	2
6	9	7	4	2	3	1	5	8
2	4	3	1	5	8	7	6	9

208

5	7	9	2	1	8	6	3	4
6	3	4	7	9	5	2	8	1
2	1	8	6	4	3	9	7	5
7	8	6	4	5	1	3	9	2
9	5	3	8	6	2	1	4	7
4	2	1	9	3	7	5	6	8
1	6	5	3	8	4	7	2	9
8	9	2	5	7	6	4	1	3
3	4	7	1	2	9	8	5	6

209

	6	9			2	4	7	
				9	7			
		1	4	8		9	3	2
	1	7		3	8	6	4	
8			6		1	7	2	
	4		9		5		1	3
9	3		7		4	1	8	
	7	6		1	9	3	5	
			5	6				

210

3			9		8	2	7	
		5	3	2	1	6		
2	8	6	5	4	7			
		2		9				
		9	4	7	2		8	3
4	7				6		1	2
		1	7					6
9			6		4	3		7
	3	7	2	8	5		9	1

211

1	5				9	2	6	3
					8			7
7	3	6	1					8
9		3	2	5	4		8	
	6		7		1		5	
		4			6	7		
	9					1	2	5
6	8	5		1	2	3	7	4
	2	1	5					6

212

3		1	9			8	2	
			1	3			4	
	5			8		6	1	3
7	2		4	9	6	1		5
8	1	4	5			3		6
5	9		8		3	4		
1	3			2		7	5	
2			7		1		3	
	7	8	3			2		

212

3	4	1	9	6	5	8	2	7
6	8	2	1	3	7	5	4	9
9	5	7	2	8	4	6	1	3
7	2	3	4	9	6	1	8	5
8	1	4	5	7	2	3	9	6
5	9	6	8	1	3	4	7	2
1	3	9	6	2	8	7	5	4
2	6	5	7	4	1	9	3	8
4	7	8	3	5	9	2	6	1

211

1	5	8	4	7	9	2	6	3
2	4	9	3	6	8	5	1	7
7	3	6	1	2	5	9	4	8
9	7	3	2	5	4	6	8	1
8	6	2	7	3	1	4	5	9
5	1	4	8	9	6	7	3	2
4	9	7	6	8	3	1	2	5
6	8	5	9	1	2	3	7	4
3	2	1	5	4	7	8	9	6

210

3	1	4	9	6	8	2	7	5
7	9	5	3	2	1	6	4	8
2	8	6	5	4	7	1	3	9
8	5	2	1	9	3	7	6	4
1	6	9	4	7	2	5	8	3
4	7	3	8	5	6	9	1	2
5	4	1	7	3	9	8	2	6
9	2	8	6	1	4	3	5	7
6	3	7	2	8	5	4	9	1

209

3	6	9	1	5	2	4	7	8
4	2	8	3	9	7	5	6	1
7	5	1	4	8	6	9	3	2
5	1	7	2	3	8	6	4	9
8	9	3	6	4	1	7	2	5
6	4	2	9	7	5	8	1	3
9	3	5	7	2	4	1	8	6
2	7	6	8	1	9	3	5	4
1	8	4	5	6	3	2	9	7

213

1	4		9			5		6
		5	1					
7	9	8			5		1	2
			3	4				
4		6						7
	2		7	5	9	6	4	3
9	1	7	5			2	3	
6	8	4				1	9	5
			4	9	1	7	6	8

214

	1	7	8	5	2	3		
6		4			1			2
	2		4	6	9	1		
		3	6		4			
	7	6		2		9	8	
1			3				6	4
				8	3	4		5
2	4	5		1	7	6	3	
8			5		6		2	

215

	4	8	7	2	1		6	5
					5	7		
		5	9	6			1	4
4	9			3			8	
			8		6			9
	8		4	9		1	3	2
	5	9			4	8		1
	7	4		8	9		5	3
8		2		1		9		7

216

	4	2				9		
1		6	3			2	4	5
	5		4	2	9		1	
		3		9	4	1	5	
		5		3	8	4	9	
4	1							3
						7	3	
5	2	1	9	7		6	8	
7		4		1	6		2	9

216

3	4	2	5	6	1	9	7	8
1	9	6	3	8	7	2	4	5
8	5	7	4	2	9	3	1	6
2	8	3	6	9	4	1	5	7
6	7	5	1	3	8	4	9	2
4	1	9	7	5	2	8	6	3
9	6	8	2	4	5	7	3	1
5	2	1	9	7	3	6	8	4
7	3	4	8	1	6	5	2	9

215

9	4	8	7	2	1	3	6	5
6	2	1	3	4	5	7	9	8
7	3	5	9	6	8	2	1	4
4	9	7	1	3	2	5	8	6
2	1	3	8	5	6	4	7	9
5	8	6	4	9	7	1	3	2
3	5	9	6	7	4	8	2	1
1	7	4	2	8	9	6	5	3
8	6	2	5	1	3	9	4	7

214

9	1	7	8	5	2	3	4	6
6	5	4	7	3	1	8	9	2
3	2	8	4	6	9	1	5	7
5	8	3	6	9	4	2	7	1
4	7	6	1	2	5	9	8	3
1	9	2	3	7	8	5	6	4
7	6	9	2	8	3	4	1	5
2	4	5	9	1	7	6	3	8
8	3	1	5	4	6	7	2	9

213

1	4	3	9	2	7	5	8	6
2	6	5	1	8	4	3	7	9
7	9	8	6	3	5	4	1	2
5	7	9	3	4	6	8	2	1
4	3	6	8	1	2	9	5	7
8	2	1	7	5	9	6	4	3
9	1	7	5	6	8	2	3	4
6	8	4	2	7	3	1	9	5
3	5	2	4	9	1	7	6	8

217

7			8		3	5	6	9
	9	8		1			3	2
	6	2			7		8	
1		5			6	9	2	4
6						8		5
	7	9	5	4	8			
		1	7			2	5	8
8					5	1	9	
		7	2		1	6		

218

			7	8	3	9	2	
2	9	8	1		6			7
	3	4	5				8	6
	8		9		1	2	7	
6	7		2			4	9	
9	5		3			8	6	
8	2				7	3	5	
3		7		9				
5	1			3			4	

219

	9	8	2				6	
			8	7				
	7		5		1	8		2
	3				2			9
	4		3		7	6		1
		1		9	8	3	2	4
5			9		3	4		
	8	2			5	9	3	6
	1	3	4	8		2	7	5

220

		6				8		
		9			8	4	2	
8		1	5	2		6		9
	9	7		8	1	5		
	1		6					
5	8	3		7		1	9	
1	3		4	5	6		7	
	6	8	7			3	5	4
4	7	5	8		9			

217

7	1	4	8	2	3	5	6	9
5	9	8	6	1	4	7	3	2
3	6	2	9	5	7	4	8	1
1	8	5	3	7	6	9	2	4
6	4	3	1	9	2	8	7	5
2	7	9	5	4	8	3	1	6
4	3	1	7	6	9	2	5	8
8	2	6	4	3	5	1	9	7
9	5	7	2	8	1	6	4	3

218

1	6	5	7	8	3	9	2	4
2	9	8	1	4	6	5	3	7
7	3	4	5	2	9	1	8	6
4	8	3	9	6	1	2	7	5
6	7	1	2	5	8	4	9	3
9	5	2	3	7	4	8	6	1
8	2	6	4	1	7	3	5	9
3	4	7	8	9	5	6	1	2
5	1	9	6	3	2	7	4	8

219

1	9	8	2	3	4	5	6	7
6	2	5	8	7	9	1	4	3
3	7	4	5	6	1	8	9	2
8	3	6	1	4	2	7	5	9
2	4	9	3	5	7	6	8	1
7	5	1	6	9	8	3	2	4
5	6	7	9	2	3	4	1	8
4	8	2	7	1	5	9	3	6
9	1	3	4	8	6	2	7	5

220

7	2	6	9	4	3	8	1	5
3	5	9	1	6	8	4	2	7
8	4	1	5	2	7	6	3	9
6	9	7	3	8	1	5	4	2
2	1	4	6	9	5	7	8	3
5	8	3	2	7	4	1	9	6
1	3	2	4	5	6	9	7	8
9	6	8	7	1	2	3	5	4
4	7	5	8	3	9	2	6	1

221

		3	9					
8			5		1	3	2	
			8		7	1		6
	2	8	3	6	4	9	7	1
	9	6	1					5
4		1		5		8	6	
9	8	2		1	5	7	3	
1		5		9	3			2
			4	8	2		1	

222

		3	8			2	9	4
		4		6	9			
	8		2		4	6	5	1
8			7		6		2	9
9		6	3	8		4		5
4	7			5	1	8	3	
5			4	1	7		6	2
6			5		3			
3	2	1						

223

		7		5	4	8	1	9
1	4	9	7	8	6	2		3
	5						6	
6	3		1		7	5		8
			4	9	5	6		
		1	6	3	8		2	4
9					1	3		2
2					3	9	4	
	7	3				1		5

224

2	9	3		7	5			6
6		4	2	9		7		
			6		1	9		2
	3	5	4		7		6	9
	8	2			6	3		4
	7	6		3		5	8	
			5			8	9	
3	2	8		6		1	4	5
						6	2	7

224

2	9	3	8	7	5	4	1	6
6	1	4	2	9	3	7	5	8
8	5	7	6	4	1	9	3	2
1	3	5	4	8	7	2	6	9
9	8	2	1	5	6	3	7	4
4	7	6	9	3	2	5	8	1
7	6	1	5	2	4	8	9	3
3	2	8	7	6	9	1	4	5
5	4	9	3	1	8	6	2	7

223

3	6	7	2	5	4	8	1	9
1	4	9	7	8	6	2	5	3
8	5	2	3	1	9	4	6	7
6	3	4	1	2	7	5	9	8
7	2	8	4	9	5	6	3	1
5	9	1	6	3	8	7	2	4
9	8	6	5	4	1	3	7	2
2	1	5	8	7	3	9	4	6
4	7	3	9	6	2	1	8	5

222

1	6	3	8	7	5	2	9	4
2	5	4	1	6	9	7	8	3
7	8	9	2	3	4	6	5	1
8	3	5	7	4	6	1	2	9
9	1	6	3	8	2	4	7	5
4	7	2	9	5	1	8	3	6
5	9	8	4	1	7	3	6	2
6	4	7	5	2	3	9	1	8
3	2	1	6	9	8	5	4	7

221

7	1	3	9	2	6	4	5	8
8	6	9	5	4	1	3	2	7
2	5	4	8	3	7	1	9	6
5	2	8	3	6	4	9	7	1
3	9	6	1	7	8	2	4	5
4	7	1	2	5	9	8	6	3
9	8	2	6	1	5	7	3	4
1	4	5	7	9	3	6	8	2
6	3	7	4	8	2	5	1	9

225

9	4	5		3		6	7	2
2		1		7		3		
		6		5	2			9
5			3	8	7		6	
6		3		1	4	5		
8		4					2	
3	5	2		9			8	
1		8	7	4	3		5	
4			5	2	8			

226

1	9		4	3	2	5		
2		4	8					1
	8	3	6	7	1		9	2
	4	1			8	7	5	3
			5			6	1	8
			3		6	9	2	
	6	8	7			1		9
	1				3	8	4	5
9	3							

227

		4		9		3		
6				7			9	2
		2	8	6		7		4
		3	1	2		9	4	7
1		5					3	
2	4	7	3	8		6	1	5
7	2				8			3
3	8				7		2	
	5	1	6			8		9

228

5	7	1	3	2	9			
	9	4		8	7	3	1	5
	6	3	1	5				
	8	5				1		7
1	2	6		4	5		3	9
		9			2	6		
	4	8	5	7			9	1
		2	4	9				8
	1					5		

225

9	4	5	8	3	1	6	7	2
2	8	1	6	7	9	3	4	5
7	3	6	4	5	2	8	1	9
5	2	9	3	8	7	1	6	4
6	7	3	2	1	4	5	9	8
8	1	4	9	6	5	7	2	3
3	5	2	1	9	6	4	8	7
1	9	8	7	4	3	2	5	6
4	6	7	5	2	8	9	3	1

226

1	9	6	4	3	2	5	8	7
2	7	4	8	5	9	3	6	1
5	8	3	6	7	1	4	9	2
6	4	1	2	9	8	7	5	3
3	2	9	5	4	7	6	1	8
8	5	7	3	1	6	9	2	4
4	6	8	7	2	5	1	3	9
7	1	2	9	6	3	8	4	5
9	3	5	1	8	4	2	7	6

227

5	7	4	2	9	1	3	8	6
6	3	8	5	7	4	1	9	2
9	1	2	8	6	3	7	5	4
8	6	3	1	2	5	9	4	7
1	9	5	7	4	6	2	3	8
2	4	7	3	8	9	6	1	5
7	2	9	4	1	8	5	6	3
3	8	6	9	5	7	4	2	1
4	5	1	6	3	2	8	7	9

228

5	7	1	3	2	9	4	8	6
2	9	4	6	8	7	3	1	5
8	6	3	1	5	4	9	7	2
4	8	5	9	3	6	1	2	7
1	2	6	7	4	5	8	3	9
7	3	9	8	1	2	6	5	4
6	4	8	5	7	3	2	9	1
3	5	2	4	9	1	7	6	8
9	1	7	2	6	8	5	4	3

229

		6			9	7	8	
7	3					4	6	
	8	4	7	6			1	5
6	2	8		5	4	1		3
	7		1		3		5	
5			2	7	6			8
8	9	1				5	3	
3			4	9			2	1
	4	5		3			9	7

230

6	7	9					2	5
2				4	9	8		1
4				5	2		3	
	8	6		2	4			
					8		4	6
3	4					2	8	
1	3					7	5	8
8	6		2	7	1	3	9	4
		4	8	3	5			

231

			5		4	9	3	
	6	2						
5	3	9			7			4
2	7		9	5	8	6	4	1
	4	6				5		
9		8		4	6			
7			6		2	4	1	
	9	4	7		1		5	
6		1	4	3	5	8		

232

4	2	3				5		
8			9	4		3		
7	5	9	2	3	1	8		
				6		7	8	
3		5	8	9		2	6	1
6	8		5	2			9	
1		4	3					
5	6	7	4			9		2
	3		6	5	9		7	

229

1	5	6	3	4	9	7	8	2
7	3	2	5	1	8	4	6	9
9	8	4	7	6	2	3	1	5
6	2	8	9	5	4	1	7	3
4	7	9	1	8	3	2	5	6
5	1	3	2	7	6	9	4	8
8	9	1	6	2	7	5	3	4
3	6	7	4	9	5	8	2	1
2	4	5	8	3	1	6	9	7

230

6	7	9	1	8	3	4	2	5
2	5	3	7	4	9	8	6	1
4	1	8	6	5	2	9	3	7
5	8	6	9	2	4	1	7	3
9	2	7	3	1	8	5	4	6
3	4	1	5	6	7	2	8	9
1	3	2	4	9	6	7	5	8
8	6	5	2	7	1	3	9	4
7	9	4	8	3	5	6	1	2

231

8	1	7	5	6	4	9	3	2
4	6	2	3	1	9	7	8	5
5	3	9	8	2	7	1	6	4
2	7	3	9	5	8	6	4	1
1	4	6	2	7	3	5	9	8
9	5	8	1	4	6	3	2	7
7	8	5	6	9	2	4	1	3
3	9	4	7	8	1	2	5	6
6	2	1	4	3	5	8	7	9

232

4	2	3	7	8	6	5	1	9
8	1	6	9	4	5	3	2	7
7	5	9	2	3	1	8	4	6
9	4	2	1	6	3	7	8	5
3	7	5	8	9	4	2	6	1
6	8	1	5	2	7	4	9	3
1	9	4	3	7	2	6	5	8
5	6	7	4	1	8	9	3	2
2	3	8	6	5	9	1	7	4

233

3					5		1	8
5				4	1	2	6	
6						7	5	9
		5	2					
4	2		6	8		5		
8	1	6			7		4	2
1	6		8	7	2	3		5
7	5	8			3			6
2			1	5	6		7	

234

	4	6		5	3	8		
8		9	4	1				3
1	3	5	8	6	7	2	4	9
		1		7		4		6
	2	4	5			7	8	
	6		1			9		
	9	2			4		7	
		7		2	1	6		8
	1	8	7		5			

235

			8	2	7	3		1
1		7		3	5	8		
2	8		1	9	6			4
8	6	2		7				3
3	4	1	6					7
		9		1	3			
7	2			8		6	4	9
9		4	5					
	3	8		4		2		

236

	7				1		9	8
4		2	7	8			6	3
		8	2	5	6	4		
5	9	3	4				2	1
1	6				2	8	4	
	8	4			5		7	9
7	4					1	5	6
					4			
8		6				9	3	4

233

3	7	2	9	6	5	4	1	8
5	8	9	7	4	1	2	6	3
6	4	1	3	2	8	7	5	9
9	3	5	2	1	4	6	8	7
4	2	7	6	8	9	5	3	1
8	1	6	5	3	7	9	4	2
1	6	4	8	7	2	3	9	5
7	5	8	4	9	3	1	2	6
2	9	3	1	5	6	8	7	4

234

2	4	6	9	5	3	8	1	7
8	7	9	4	1	2	5	6	3
1	3	5	8	6	7	2	4	9
5	8	1	2	7	9	4	3	6
9	2	4	5	3	6	7	8	1
7	6	3	1	4	8	9	5	2
3	9	2	6	8	4	1	7	5
4	5	7	3	2	1	6	9	8
6	1	8	7	9	5	3	2	4

235

4	5	6	8	2	7	3	9	1
1	9	7	4	3	5	8	6	2
2	8	3	1	9	6	5	7	4
8	6	2	9	7	4	1	5	3
3	4	1	6	5	8	9	2	7
5	7	9	2	1	3	4	8	6
7	2	5	3	8	1	6	4	9
9	1	4	5	6	2	7	3	8
6	3	8	7	4	9	2	1	5

236

6	7	5	3	4	1	2	9	8
4	1	2	7	8	9	5	6	3
9	3	8	2	5	6	4	1	7
5	9	3	4	7	8	6	2	1
1	6	7	9	3	2	8	4	5
2	8	4	1	6	5	3	7	9
7	4	9	8	2	3	1	5	6
3	5	1	6	9	4	7	8	2
8	2	6	5	1	7	9	3	4

237

3	4		5			8	2	1
	2			4		3	7	
1	7		2	3	8		9	
2			8	9		6	5	7
	9	7		1		2		3
	6	5	7		3	4		
6			4			7		
	5		1	8	6			
9					2	1		

238

	7	2	4	5	3	8		
8	1				6	4		
	5		8	1	2			9
			6					3
	2		9		5		8	4
		6	2	3		5	9	7
1	6	7			9		3	8
5	4	9				7		1
2		8				9		

239

1		9		4	6	8		5
	8					6		4
	6							
8			9	3	2		6	
9		6	5		7		4	
	2	7		6	4			9
7	4	5	8			3		6
	3	8	4				2	1
	9	1	6	7	3	4		8

240

4	7	3				1		
			8			9		
6	8			7				
2			7	5	4	8	1	9
7		5	3		8			6
		1		6	9	7	5	
		4	5	9		3	7	
3	2			8		5	9	4
9	5		4	3	7	6		

237

3	4	9	5	6	7	8	2	1
5	2	8	9	4	1	3	7	6
1	7	6	2	3	8	5	9	4
2	3	1	8	9	4	6	5	7
4	9	7	6	1	5	2	8	3
8	6	5	7	2	3	4	1	9
6	1	2	4	5	9	7	3	8
7	5	3	1	8	6	9	4	2
9	8	4	3	7	2	1	6	5

238

9	7	2	4	5	3	8	1	6
8	1	3	7	9	6	4	5	2
6	5	4	8	1	2	3	7	9
7	9	5	6	8	4	1	2	3
3	2	1	9	7	5	6	8	4
4	8	6	2	3	1	5	9	7
1	6	7	5	4	9	2	3	8
5	4	9	3	2	8	7	6	1
2	3	8	1	6	7	9	4	5

239

1	7	9	2	4	6	8	3	5
5	8	2	3	1	9	6	7	4
4	6	3	7	5	8	9	1	2
8	5	4	9	3	2	1	6	7
9	1	6	5	8	7	2	4	3
3	2	7	1	6	4	5	8	9
7	4	5	8	2	1	3	9	6
6	3	8	4	9	5	7	2	1
2	9	1	6	7	3	4	5	8

240

4	7	3	9	2	6	1	8	5
5	1	2	8	4	3	9	6	7
6	8	9	1	7	5	4	3	2
2	3	6	7	5	4	8	1	9
7	9	5	3	1	8	2	4	6
8	4	1	2	6	9	7	5	3
1	6	4	5	9	2	3	7	8
3	2	7	6	8	1	5	9	4
9	5	8	4	3	7	6	2	1

241

		1		3		9		
	9			8	6	5		
2	3	5	4					7
5		3	8		2		7	9
	2	6		1	4			
			3		9	2		6
	6	4	9		3	7		5
	1	2	6		5		9	8
	5	9		4	8		6	

242

7		2	4			5	8	3
						9	7	1
3								6
	8	1	9	3		6		7
9		4	1		5			8
5	3	7	6		8			
	7	9	5			8		2
	5	8		6		3	4	9
4	2			9	1	7	6	

243

3				7		8		4
	7	1	3				2	
2	4	9	5		8	7		
	3	8	7	1	6	2	4	9
4	9	6			2		7	
7			4	3				
6	8		1	2		9		5
		3			5			
	5	7		8	3			

244

	6		3		4			2
	7		1	9	8		3	6
3							1	4
4							7	5
		5	4	2		3	9	8
		7				4	6	1
7	3			4	1	8	5	9
	9	2		3	5	1		7
		1			9		2	

241

6	8	1	5	3	7	9	2	4
4	9	7	2	8	6	5	3	1
2	3	5	4	9	1	6	8	7
5	4	3	8	6	2	1	7	9
9	2	6	7	1	4	8	5	3
1	7	8	3	5	9	2	4	6
8	6	4	9	2	3	7	1	5
3	1	2	6	7	5	4	9	8
7	5	9	1	4	8	3	6	2

242

7	9	2	4	1	6	5	8	3
8	4	6	3	5	2	9	7	1
3	1	5	7	8	9	4	2	6
2	8	1	9	3	4	6	5	7
9	6	4	1	7	5	2	3	8
5	3	7	6	2	8	1	9	4
6	7	9	5	4	3	8	1	2
1	5	8	2	6	7	3	4	9
4	2	3	8	9	1	7	6	5

243

3	6	5	2	7	1	8	9	4
8	7	1	3	9	4	5	2	6
2	4	9	5	6	8	7	1	3
5	3	8	7	1	6	2	4	9
4	9	6	8	5	2	3	7	1
7	1	2	4	3	9	6	5	8
6	8	4	1	2	7	9	3	5
9	2	3	6	4	5	1	8	7
1	5	7	9	8	3	4	6	2

244

1	6	9	3	5	4	7	8	2
2	7	4	1	9	8	5	3	6
3	5	8	7	6	2	9	1	4
4	8	3	9	1	6	2	7	5
6	1	5	4	2	7	3	9	8
9	2	7	5	8	3	4	6	1
7	3	6	2	4	1	8	5	9
8	9	2	6	3	5	1	4	7
5	4	1	8	7	9	6	2	3

245

8		4		2		7		
			3	7	8			
9				5	6	8	1	3
1		3	6		2	5	7	
6				1	4	9	3	
		9			3	1	4	
		8	2	6	7			9
7		6	8		5	4		1
	5		1			6		7

246

6		8	4	7		1		
9		2					7	4
	4		9	2	3	5		8
	1		2	6		8		
		6				4		2
3			5		8	6	1	7
	7	4	3		2		8	
		5		9	4		3	
	9		8		6	7		5

247

5						3	7	
7		6					1	5
3		1	7			6		8
9		7	5				8	
2	5	4	9		1	7	3	6
1	3		4		6		9	
	1	2			7			9
8			6		2			
4		3		1	5	2	6	

248

		8		7	5	3	1	4
		7		4		8		6
6				8		7	2	5
7	5		8		1		6	9
8		2			6		4	
	6		5					7
	9		2				7	8
2				6			5	1
1	8	6		5		4		2

245

8	3	4	9	2	1	7	6	5
5	6	1	3	7	8	2	9	4
9	2	7	4	5	6	8	1	3
1	4	3	6	9	2	5	7	8
6	8	5	7	1	4	9	3	2
2	7	9	5	8	3	1	4	6
4	1	8	2	6	7	3	5	9
7	9	6	8	3	5	4	2	1
3	5	2	1	4	9	6	8	7

246

6	3	8	4	7	5	1	2	9
9	5	2	6	8	1	3	7	4
7	4	1	9	2	3	5	6	8
4	1	7	2	6	9	8	5	3
5	8	6	1	3	7	4	9	2
3	2	9	5	4	8	6	1	7
1	7	4	3	5	2	9	8	6
8	6	5	7	9	4	2	3	1
2	9	3	8	1	6	7	4	5

247

5	2	9	1	6	8	3	7	4
7	8	6	2	3	4	9	1	5
3	4	1	7	5	9	6	2	8
9	6	7	5	2	3	4	8	1
2	5	4	9	8	1	7	3	6
1	3	8	4	7	6	5	9	2
6	1	2	3	4	7	8	5	9
8	7	5	6	9	2	1	4	3
4	9	3	8	1	5	2	6	7

248

9	2	8	6	7	5	3	1	4
5	3	7	1	4	2	8	9	6
6	4	1	3	8	9	7	2	5
7	5	4	8	3	1	2	6	9
8	1	2	7	9	6	5	4	3
3	6	9	5	2	4	1	8	7
4	9	5	2	1	3	6	7	8
2	7	3	4	6	8	9	5	1
1	8	6	9	5	7	4	3	2

249

9		4	8	3	7			2
2	5			6			7	
1	8	7	2			4	6	3
	2			4	1			6
		6					9	
4	9	5	7	2	6		8	
		1		8		9		
8		9	6				4	
5	7		4		9	6	3	8

250

3			5		4		8	
	4		8	7	1			6
	8		3	9	2		5	1
	6	8	7				1	4
	1				6			
4		5		2	9	6	3	
1		9	6				7	3
		6			7		4	9
	3			1	8		6	5

251

		5		4	6		8	
2	1			5	8	4	7	
4			2		7	6	3	
	3			8	1			
6	2		7				9	
						1	4	3
1	5	9	4	7		8	6	
				6		3	5	7
	6	3	8		5	9	1	

252

	8		5	7	4	6		1
5			2	6	3			4
6	4	7	1					5
9					6		7	
	5	8	7		2			6
	2	6	4	1	9	5		
8		9		4			5	
1	6						4	
		4	3			1	6	9

249

9	6	4	8	3	7	5	1	2
2	5	3	1	6	4	8	7	9
1	8	7	2	9	5	4	6	3
3	2	8	9	4	1	7	5	6
7	1	6	3	5	8	2	9	4
4	9	5	7	2	6	3	8	1
6	4	1	5	8	3	9	2	7
8	3	9	6	7	2	1	4	5
5	7	2	4	1	9	6	3	8

250

3	9	1	5	6	4	7	8	2
5	4	2	8	7	1	3	9	6
6	8	7	3	9	2	4	5	1
2	6	8	7	5	3	9	1	4
9	1	3	4	8	6	5	2	7
4	7	5	1	2	9	6	3	8
1	2	9	6	4	5	8	7	3
8	5	6	2	3	7	1	4	9
7	3	4	9	1	8	2	6	5

251

3	7	5	9	4	6	2	8	1
2	1	6	3	5	8	4	7	9
4	9	8	2	1	7	6	3	5
9	3	4	5	8	1	7	2	6
6	2	1	7	3	4	5	9	8
5	8	7	6	9	2	1	4	3
1	5	9	4	7	3	8	6	2
8	4	2	1	6	9	3	5	7
7	6	3	8	2	5	9	1	4

252

3	8	2	5	7	4	6	9	1
5	9	1	2	6	3	7	8	4
6	4	7	1	9	8	3	2	5
9	1	3	8	5	6	4	7	2
4	5	8	7	3	2	9	1	6
7	2	6	4	1	9	5	3	8
8	3	9	6	4	1	2	5	7
1	6	5	9	2	7	8	4	3
2	7	4	3	8	5	1	6	9

253

1				5			8	
6			8	3	7	1	9	
3	2		4			5	7	6
7		5		4	8		1	
							3	7
			7	2	1	6	5	4
	7	6				3		1
5	4	1		9	3	7		8
			1				4	5

254

7	5	8				3	4	
6	2	3	8		4			
		9		3	6	8		
3	8	5	6	2		9	1	
	9					6	2	8
2	1				8		3	7
8	3	4			2		9	
	7			8			6	5
5		2				4		3

255

	4	8	2		1	7		
6		2		9			8	
5				6				3
4	5		9	8	6			
			1	3		6	5	
		3	7		5		1	9
7	8	6		1	2			
	2	4		7	8	1		
1	3		6	4	9	8	2	7

256

	7		1					
	1	9				7		4
8	4	6	7	3		9	5	1
1				8	5			
			6	1				8
		8	4	7				
7		4	3		1	8		9
		2	9	5	6	1	4	7
6		1		4	7	5	2	3

253

1	9	7	6	5	2	4	8	3
6	5	4	8	3	7	1	9	2
3	2	8	4	1	9	5	7	6
7	6	5	3	4	8	2	1	9
4	1	2	9	6	5	8	3	7
8	3	9	7	2	1	6	5	4
9	7	6	5	8	4	3	2	1
5	4	1	2	9	3	7	6	8
2	8	3	1	7	6	9	4	5

254

7	5	8	2	9	1	3	4	6
6	2	3	8	5	4	1	7	9
1	4	9	7	3	6	8	5	2
3	8	5	6	2	7	9	1	4
4	9	7	3	1	5	6	2	8
2	1	6	9	4	8	5	3	7
8	3	4	5	6	2	7	9	1
9	7	1	4	8	3	2	6	5
5	6	2	1	7	9	4	8	3

255

3	4	8	2	5	1	7	9	6
6	7	2	4	9	3	5	8	1
5	1	9	8	6	7	2	4	3
4	5	1	9	8	6	3	7	2
2	9	7	1	3	4	6	5	8
8	6	3	7	2	5	4	1	9
7	8	6	5	1	2	9	3	4
9	2	4	3	7	8	1	6	5
1	3	5	6	4	9	8	2	7

256

5	7	3	1	9	4	6	8	2
2	1	9	5	6	8	7	3	4
8	4	6	7	3	2	9	5	1
1	3	7	2	8	5	4	9	6
4	2	5	6	1	9	3	7	8
9	6	8	4	7	3	2	1	5
7	5	4	3	2	1	8	6	9
3	8	2	9	5	6	1	4	7
6	9	1	8	4	7	5	2	3

257

6	7	5	2	1	8		3	4
4	2				9	5		
3		9			5		2	
	9	2	6	8	3			5
		3		9		8	6	
8		6	5		2	3	1	9
	1	4				2	7	
			8			6		
9					7	4	5	3

258

2					4		3	6
7		4		6	3		5	2
	8			9		4	7	1
	5			8				
6		2	1	4	5		8	9
	4	9			6			7
9			6		1	2	4	
5	2	7	4	3		1		
	6	1				7		

259

5		6	8	4	2	7	1	
4				7		9		8
				5		2		
1			3	8			2	6
	6	4				5	3	7
3	2						9	1
	7	3		9	8	1		
	1			3	4	6	8	
	4	8		1	6	3		5

260

					3	4	1	
9		1	6		7			
4		3	1			8		9
3		8		7		1	9	
		9			5	7	8	
				1	8	3	2	6
8			7		4	6	3	1
			3		9	5	4	
6	3	4	5	8	1			

257

6	7	5	2	1	8	9	3	4
4	2	1	3	6	9	5	8	7
3	8	9	7	4	5	1	2	6
1	9	2	6	8	3	7	4	5
7	5	3	4	9	1	8	6	2
8	4	6	5	7	2	3	1	9
5	1	4	9	3	6	2	7	8
2	3	7	8	5	4	6	9	1
9	6	8	1	2	7	4	5	3

258

2	9	5	7	1	4	8	3	6
7	1	4	8	6	3	9	5	2
3	8	6	5	9	2	4	7	1
1	5	3	9	8	7	6	2	4
6	7	2	1	4	5	3	8	9
8	4	9	3	2	6	5	1	7
9	3	8	6	7	1	2	4	5
5	2	7	4	3	9	1	6	8
4	6	1	2	5	8	7	9	3

259

5	9	6	8	4	2	7	1	3
4	3	2	6	7	1	9	5	8
7	8	1	9	5	3	2	6	4
1	5	9	3	8	7	4	2	6
8	6	4	1	2	9	5	3	7
3	2	7	4	6	5	8	9	1
6	7	3	5	9	8	1	4	2
2	1	5	7	3	4	6	8	9
9	4	8	2	1	6	3	7	5

260

2	5	6	8	9	3	4	1	7
9	8	1	6	4	7	2	5	3
4	7	3	1	5	2	8	6	9
3	2	8	4	7	6	1	9	5
1	6	9	2	3	5	7	8	4
5	4	7	9	1	8	3	2	6
8	9	5	7	2	4	6	3	1
7	1	2	3	6	9	5	4	8
6	3	4	5	8	1	9	7	2

261

7	4	9			2	1	8	
1	3			8	5			4
	8		1		7	9	3	2
	6		4		8			7
4		7					5	
2	1	8	5	7	3		9	
	5	4	7					
	2	3	6	5			7	1
6			8			5		

262

1			8	4				
	4	2	1	6	9	3	7	
		9	3					
4	9	3	7		5			1
					3		4	
7	2			8				5
3		5	2	7	1			
9		4	5	3		1		7
2	1	7	4	9	8	5		

263

7		8		4		3		6
4	5		6			2		
	2	1	3				8	4
8				5		7	6	3
	6		9			8	5	
2		5	8			4		1
		6				9		
		7	1	9	4	6	2	
9		2	7	6		1	3	5

264

5	2		1			8		3
	3	1		5			6	
6	9	4	8	3	2		5	
	1	6		8				
	5		2			9	8	4
4			5		3		1	2
	4	2		9				
			3	4		7	2	
3	7			2	1	4	9	

261

7	4	9	3	6	2	1	8	5
1	3	2	9	8	5	7	6	4
5	8	6	1	4	7	9	3	2
3	6	5	4	9	8	2	1	7
4	9	7	2	1	6	3	5	8
2	1	8	5	7	3	4	9	6
8	5	4	7	3	1	6	2	9
9	2	3	6	5	4	8	7	1
6	7	1	8	2	9	5	4	3

262

1	3	6	8	4	7	2	5	9
5	4	2	1	6	9	3	7	8
8	7	9	3	5	2	4	1	6
4	9	3	7	2	5	6	8	1
6	5	8	9	1	3	7	4	2
7	2	1	6	8	4	9	3	5
3	6	5	2	7	1	8	9	4
9	8	4	5	3	6	1	2	7
2	1	7	4	9	8	5	6	3

263

7	9	8	2	4	5	3	1	6
4	5	3	6	8	1	2	7	9
6	2	1	3	7	9	5	8	4
8	1	9	4	5	2	7	6	3
3	6	4	9	1	7	8	5	2
2	7	5	8	3	6	4	9	1
1	8	6	5	2	3	9	4	7
5	3	7	1	9	4	6	2	8
9	4	2	7	6	8	1	3	5

264

5	2	7	1	6	9	8	4	3
8	3	1	4	5	7	2	6	9
6	9	4	8	3	2	1	5	7
2	1	6	9	8	4	3	7	5
7	5	3	2	1	6	9	8	4
4	8	9	5	7	3	6	1	2
1	4	2	7	9	8	5	3	6
9	6	8	3	4	5	7	2	1
3	7	5	6	2	1	4	9	8

265

	2	4		7	5	6	3	
7		3		9		1	5	2
1		5		3		8		7
						9		5
3		9		1	7		2	
	7	6			9	3		1
	3	8			1			4
	5	1	7	4			6	
6		7		8	2		1	

266

5	3	6	8					1
2	9	4		7		8		
7			5	9				
	8				7	5		6
	4		2		5	9	3	7
9		5	3		4	1		
8	6		7			4		5
4			1		6	3	8	
1	5	9	4	3				

267

4			2	6	5		8	
6	7	2	1	8			4	5
			7	4				1
	8	6		9	2		3	4
7		5				2	9	
		9			4		5	
5			6	3	1			2
	1	3	4	2				
		7		5	8	4	1	

268

	4	8	5		7		1	9
2	5		9		3			4
	9		8	1		2	3	
5	8	3	7		1		2	6
	6		2	3	8	5	7	1
1				5		3	4	8
6	3	5	1					
				7				
4				9	5	8		

265

8	2	4	1	7	5	6	3	9
7	6	3	8	9	4	1	5	2
1	9	5	2	3	6	8	4	7
4	1	2	3	6	8	9	7	5
3	8	9	5	1	7	4	2	6
5	7	6	4	2	9	3	8	1
2	3	8	6	5	1	7	9	4
9	5	1	7	4	3	2	6	8
6	4	7	9	8	2	5	1	3

266

5	3	6	8	4	2	7	9	1
2	9	4	6	7	1	8	5	3
7	1	8	5	9	3	2	6	4
3	8	2	9	1	7	5	4	6
6	4	1	2	8	5	9	3	7
9	7	5	3	6	4	1	2	8
8	6	3	7	2	9	4	1	5
4	2	7	1	5	6	3	8	9
1	5	9	4	3	8	6	7	2

267

4	3	1	2	6	5	9	8	7
6	7	2	1	8	9	3	4	5
9	5	8	7	4	3	6	2	1
1	8	6	5	9	2	7	3	4
7	4	5	3	1	6	2	9	8
3	2	9	8	7	4	1	5	6
5	9	4	6	3	1	8	7	2
8	1	3	4	2	7	5	6	9
2	6	7	9	5	8	4	1	3

268

3	4	8	5	2	7	6	1	9
2	5	1	9	6	3	7	8	4
7	9	6	8	1	4	2	3	5
5	8	3	7	4	1	9	2	6
9	6	4	2	3	8	5	7	1
1	7	2	6	5	9	3	4	8
6	3	5	1	8	2	4	9	7
8	2	9	4	7	6	1	5	3
4	1	7	3	9	5	8	6	2

269

6		4	9	2				
2			4		7			
	5			6			4	
3		9				1	2	
	2	5	7	1		6	9	3
4	6		2	9		8	7	5
		6	5		2			
		2	8	7	6	3	5	1
5	8			3			6	2

270

1	3		5	9				
4	5	2		6	7	9	1	
6	9				1			
		1		7			4	
		3		1			9	6
2		4	6		9	7	3	
3			7		6	1		5
7		5	9	8	4	2		3
8	2				5			9

271

		1			6			2
5	8			7	4			
		3	9			1	8	
1	3	6	7			2		8
4	9	8			2	6		5
2	7	5			8	9		1
3		7		8	1	5		9
6	1	4	5					3
	5						1	

272

	4			6	2	7		
		6	7	4	5	2	9	
7	2	9						
	5				9	1	3	7
4		7		2				
8	9	3	6	7	1	4		5
		1		5		8	4	6
	6		1		4	3		
2		4		3		9	5	

269

6	1	4	9	2	5	7	3	8
2	9	3	4	8	7	5	1	6
7	5	8	3	6	1	2	4	9
3	7	9	6	5	8	1	2	4
8	2	5	7	1	4	6	9	3
4	6	1	2	9	3	8	7	5
1	3	6	5	4	2	9	8	7
9	4	2	8	7	6	3	5	1
5	8	7	1	3	9	4	6	2

270

1	3	7	5	9	8	6	2	4
4	5	2	3	6	7	9	1	8
6	9	8	2	4	1	3	5	7
9	6	1	8	7	3	5	4	2
5	7	3	4	1	2	8	9	6
2	8	4	6	5	9	7	3	1
3	4	9	7	2	6	1	8	5
7	1	5	9	8	4	2	6	3
8	2	6	1	3	5	4	7	9

271

9	4	1	8	3	6	7	5	2
5	8	2	1	7	4	3	9	6
7	6	3	9	2	5	1	8	4
1	3	6	7	5	9	2	4	8
4	9	8	3	1	2	6	7	5
2	7	5	6	4	8	9	3	1
3	2	7	4	8	1	5	6	9
6	1	4	5	9	7	8	2	3
8	5	9	2	6	3	4	1	7

272

3	4	5	9	6	2	7	1	8
1	8	6	7	4	5	2	9	3
7	2	9	3	1	8	5	6	4
6	5	2	4	8	9	1	3	7
4	1	7	5	2	3	6	8	9
8	9	3	6	7	1	4	2	5
9	3	1	2	5	7	8	4	6
5	6	8	1	9	4	3	7	2
2	7	4	8	3	6	9	5	1

273

5				2	8	3		
	8		7		5			
		2	6		1	8	5	
1			8			9	3	5
6	5				9			2
3			4	5	2	1	7	6
8	7	1				5		4
		5		8				3
2	3		5		4	7	1	8

274

7			3	2	4			5
		3		8		4	2	
8	4		5		7	3		9
	2	8					5	
5		4				2		3
9				5			4	6
	8	1			5			4
		5	8	3		9	1	
3	6	9		4	2	5	7	8

275

6	9			1	4	5	2	
	4	7	8	2		9		6
	8	2	6				7	4
	1	9			8	6		
	6		5			7		9
	7	5			9			
7		1		3	6		4	
9	5	4		8	7		6	
			4		1		9	7

276

1	9	7						
2		8				4		9
6	4	3	5	8	9	7		
7	3	9		6	8	2		1
4		5	2	9	1			3
		2		7		9		6
5						6	9	7
	8		7	1	6		2	
3								4

273

5	1	6	9	2	8	3	4	7
9	8	3	7	4	5	6	2	1
7	4	2	6	3	1	8	5	9
1	2	4	8	7	6	9	3	5
6	5	7	3	1	9	4	8	2
3	9	8	4	5	2	1	7	6
8	7	1	2	9	3	5	6	4
4	6	5	1	8	7	2	9	3
2	3	9	5	6	4	7	1	8

274

7	9	6	3	2	4	1	8	5
1	5	3	6	8	9	4	2	7
8	4	2	5	1	7	3	6	9
6	2	8	4	9	3	7	5	1
5	1	4	7	6	8	2	9	3
9	3	7	2	5	1	8	4	6
2	8	1	9	7	5	6	3	4
4	7	5	8	3	6	9	1	2
3	6	9	1	4	2	5	7	8

275

6	9	3	7	1	4	5	2	8
1	4	7	8	2	5	9	3	6
5	8	2	6	9	3	1	7	4
4	1	9	3	7	8	6	5	2
3	6	8	5	4	2	7	1	9
2	7	5	1	6	9	4	8	3
7	2	1	9	3	6	8	4	5
9	5	4	2	8	7	3	6	1
8	3	6	4	5	1	2	9	7

276

1	9	7	6	2	4	5	3	8
2	5	8	1	3	7	4	6	9
6	4	3	5	8	9	7	1	2
7	3	9	4	6	8	2	5	1
4	6	5	2	9	1	8	7	3
8	1	2	3	7	5	9	4	6
5	2	1	8	4	3	6	9	7
9	8	4	7	1	6	3	2	5
3	7	6	9	5	2	1	8	4

277

	6	2		5		3	9	
5				6	9			
7	4		1				5	
9	2		3	4	5	8		1
4		3			8			2
8	5	6					3	
3	7	5	4				8	6
2		1					4	
6		4		7		1	2	5

278

4			5	8	3			1
7				2	1			
5		1			9	4		
	5		1		8	7	3	2
	4						8	
8	2	7		3		9	1	
		5	8	9	4			7
2		4	3	1	6	8		5
		6			7	1		3

279

9		4		1			3	8
		2	3			9		
3	8	1	4			7	2	
8		9				6	5	7
7			8		4	2	9	3
2		6			7	8		1
	9	7				3	6	2
			6	7		1	8	
		8		3	1			9

280

	1	2	7			9	6	3
	6		3	2	9	7		1
	3			8	1		5	
	2	4			3		9	
1	9			7	4			
6	7			9	2		1	5
9					6	3		
2		7			8		4	
3	8	6		1		5		

277

1	6	2	8	5	4	3	9	7
5	3	8	7	6	9	2	1	4
7	4	9	1	3	2	6	5	8
9	2	7	3	4	5	8	6	1
4	1	3	6	9	8	5	7	2
8	5	6	2	1	7	4	3	9
3	7	5	4	2	1	9	8	6
2	9	1	5	8	6	7	4	3
6	8	4	9	7	3	1	2	5

278

4	9	2	5	8	3	6	7	1
7	6	8	4	2	1	3	5	9
5	3	1	7	6	9	4	2	8
6	5	9	1	4	8	7	3	2
1	4	3	9	7	2	5	8	6
8	2	7	6	3	5	9	1	4
3	1	5	8	9	4	2	6	7
2	7	4	3	1	6	8	9	5
9	8	6	2	5	7	1	4	3

279

9	6	4	7	1	2	5	3	8
5	7	2	3	8	6	9	1	4
3	8	1	4	9	5	7	2	6
8	4	9	1	2	3	6	5	7
7	1	5	8	6	4	2	9	3
2	3	6	9	5	7	8	4	1
1	9	7	5	4	8	3	6	2
4	2	3	6	7	9	1	8	5
6	5	8	2	3	1	4	7	9

280

8	1	2	7	4	5	9	6	3
4	6	5	3	2	9	7	8	1
7	3	9	6	8	1	2	5	4
5	2	4	1	6	3	8	9	7
1	9	8	5	7	4	6	3	2
6	7	3	8	9	2	4	1	5
9	4	1	2	5	6	3	7	8
2	5	7	9	3	8	1	4	6
3	8	6	4	1	7	5	2	9

281

			3					7
7	1	2	4			3		8
8	6		2				9	1
3	8					6	4	9
1					3	8	7	5
4	5		7	9		1		
9			8	2		7	1	
6	7	1				9	8	2
2		8	9			5		

282

	3	8	4		5	6	2	9
5	4				2	7	3	
	9		7	3		1		
			2	5	4	8		3
4	8			6	3		7	
3		5	8			4		
				8				6
9	1		5		6		8	7
8		4				9	1	

283

9		2		4	3		1	
5			8		2	7	3	
4		8	5				9	
7	8						2	
2	1			6	8			3
3	9		7	2		8	6	
1	4				7	3	5	
		7	3	1		2	4	
		3	4	5	9			

284

3		4	9			7		6
7	8		6	1	3			9
	9	6		2	7	1	8	
2	3		5		8	9		7
	5		3					
			2			5	3	8
9			8	5	2		7	1
			1		6	3	4	
1	6					8	9	

281

5	9	4	3	8	1	2	6	7
7	1	2	4	6	9	3	5	8
8	6	3	2	7	5	4	9	1
3	8	7	1	5	2	6	4	9
1	2	9	6	4	3	8	7	5
4	5	6	7	9	8	1	2	3
9	3	5	8	2	6	7	1	4
6	7	1	5	3	4	9	8	2
2	4	8	9	1	7	5	3	6

282

7	3	8	4	1	5	6	2	9
5	4	1	6	9	2	7	3	8
6	9	2	7	3	8	1	5	4
1	7	6	2	5	4	8	9	3
4	8	9	1	6	3	5	7	2
3	2	5	8	7	9	4	6	1
2	5	7	9	8	1	3	4	6
9	1	3	5	4	6	2	8	7
8	6	4	3	2	7	9	1	5

283

9	7	2	6	4	3	5	1	8
5	6	1	8	9	2	7	3	4
4	3	8	5	7	1	6	9	2
7	8	6	1	3	4	9	2	5
2	1	5	9	6	8	4	7	3
3	9	4	7	2	5	8	6	1
1	4	9	2	8	7	3	5	6
8	5	7	3	1	6	2	4	9
6	2	3	4	5	9	1	8	7

284

3	1	4	9	8	5	7	2	6
7	8	2	6	1	3	4	5	9
5	9	6	4	2	7	1	8	3
2	3	1	5	4	8	9	6	7
6	5	8	3	7	9	2	1	4
4	7	9	2	6	1	5	3	8
9	4	3	8	5	2	6	7	1
8	2	7	1	9	6	3	4	5
1	6	5	7	3	4	8	9	2

285

	2	7	1				9	
1		4	5	8			2	
	8		9	7			4	
		6	7				3	4
			2		4	8	1	
	4			1			6	
4	7		6	5	1	3	8	
		8			7	9	5	1
5	3	1		2	9			6

286

				4	2	7	9	8
8	9		7	6		4	5	2
		2			9	3		
6	4				8	2		9
			6	2			4	5
				5	4			
	3	4			5		1	6
5		8		1	3			7
	2		8	7	6	5		4

287

3		1		4		6		
5		6			8			
7	2		3		5		4	
	6		5		1		7	4
2				7	3		5	1
	7	5	9	2		8		6
8	5		4			7	6	
6	3	9	7					
		7		3		5	9	2

288

	4		5	1	6			3
				8	4	6	5	
	5	7	3	9	2		8	
			8	5		7	3	6
5	8	1	6		3		4	9
7		6		2	9		1	5
		8				3	9	7
2					7	5		
3		5	9					4

285

3	2	7	1	4	6	5	9	8
1	9	4	5	8	3	6	2	7
6	8	5	9	7	2	1	4	3
8	1	6	7	9	5	2	3	4
7	5	3	2	6	4	8	1	9
9	4	2	3	1	8	7	6	5
4	7	9	6	5	1	3	8	2
2	6	8	4	3	7	9	5	1
5	3	1	8	2	9	4	7	6

286

1	5	6	3	4	2	7	9	8
8	9	3	7	6	1	4	5	2
4	7	2	5	8	9	3	6	1
6	4	5	1	3	8	2	7	9
3	8	9	6	2	7	1	4	5
2	1	7	9	5	4	6	8	3
7	3	4	2	9	5	8	1	6
5	6	8	4	1	3	9	2	7
9	2	1	8	7	6	5	3	4

287

3	9	1	2	4	7	6	8	5
5	4	6	1	9	8	3	2	7
7	2	8	3	6	5	1	4	9
9	6	3	5	8	1	2	7	4
2	8	4	6	7	3	9	5	1
1	7	5	9	2	4	8	3	6
8	5	2	4	1	9	7	6	3
6	3	9	7	5	2	4	1	8
4	1	7	8	3	6	5	9	2

288

8	4	2	5	1	6	9	7	3
9	1	3	7	8	4	6	5	2
6	5	7	3	9	2	4	8	1
4	2	9	8	5	1	7	3	6
5	8	1	6	7	3	2	4	9
7	3	6	4	2	9	8	1	5
1	6	8	2	4	5	3	9	7
2	9	4	1	3	7	5	6	8
3	7	5	9	6	8	1	2	4

289

4	8		9		2	3	6	1
					4	7	5	2
	3			7	6			9
1						9		6
6	9		7		1	5	4	
			6			1	7	
3		9		8	7			
7			4	6		2	3	
2	4				3	8	9	7

290

	8	3					7	9
1		9	6		4		2	8
2	6	5	7	9	8	1		
	2	6				8		
		8		6	2	7	3	4
	4			5		2	9	
	3	7		8	6			5
	5	4	9	1	7			
			3			9	8	7

291

	1		5	9				
9				6	2	3		7
6		4	3	1	8			2
8	6		2		9			1
4		1		5	3			9
7	5		8				6	3
	3	7	1	8			2	4
1			9			7		
		6	7				8	5

292

2	9	1	4	6	7	5	3	
	5	8						6
4		3	5	8		1		
				4	9			1
5	3			1		6		
1	4	7		3	5			2
9		5		2		8		3
	1					7	6	9
		4	9	7		2		5

289

4	8	7	9	5	2	3	6	1
9	6	1	8	3	4	7	5	2
5	3	2	1	7	6	4	8	9
1	7	5	3	4	8	9	2	6
6	9	3	7	2	1	5	4	8
8	2	4	6	9	5	1	7	3
3	5	9	2	8	7	6	1	4
7	1	8	4	6	9	2	3	5
2	4	6	5	1	3	8	9	7

290

4	8	3	5	2	1	6	7	9
1	7	9	6	3	4	5	2	8
2	6	5	7	9	8	1	4	3
3	2	6	4	7	9	8	5	1
5	9	8	1	6	2	7	3	4
7	4	1	8	5	3	2	9	6
9	3	7	2	8	6	4	1	5
8	5	4	9	1	7	3	6	2
6	1	2	3	4	5	9	8	7

291

3	1	2	5	9	7	6	4	8
9	8	5	4	6	2	3	1	7
6	7	4	3	1	8	5	9	2
8	6	3	2	7	9	4	5	1
4	2	1	6	5	3	8	7	9
7	5	9	8	4	1	2	6	3
5	3	7	1	8	6	9	2	4
1	4	8	9	2	5	7	3	6
2	9	6	7	3	4	1	8	5

292

2	9	1	4	6	7	5	3	8
7	5	8	3	9	1	4	2	6
4	6	3	5	8	2	1	9	7
8	2	6	7	4	9	3	5	1
5	3	9	2	1	8	6	7	4
1	4	7	6	3	5	9	8	2
9	7	5	1	2	6	8	4	3
3	1	2	8	5	4	7	6	9
6	8	4	9	7	3	2	1	5

293

	2		9				5	
		1		6	2	7		9
	7	9	5	1		6		2
9		7				5	2	8
		5	8		7			
2	8					4	6	7
7		8			6		1	
5				8		3	7	4
1	3	2	7			8	9	

294

9	8	2	6		4			
	4	3				9	2	
7	1		8	2			4	
	7		9		3	2		5
			7	4		8	6	
1	3			5			7	9
3				6	2	5		
5		7		9		6	3	
8	6				5	1	9	

295

			6					8
9		8		5	3	6	1	2
3				4				
		2	1		8		4	
7	9	1	2			8		
	8		9		5	7		1
6	2			8	1	9		
	3	9		2			6	
1	7	4	3	9	6	2	8	

296

5			8	7		2		
7	2	6						
				1	2	7		4
3			7		5	9	2	
9	8		1		6	4		5
	5	7	2		9		1	3
6			3	5	1	8	4	
1	4	8		2			3	6
2				6				

293

6	2	4	9	7	8	1	5	3
3	5	1	4	6	2	7	8	9
8	7	9	5	1	3	6	4	2
9	1	7	6	3	4	5	2	8
4	6	5	8	2	7	9	3	1
2	8	3	1	5	9	4	6	7
7	4	8	3	9	6	2	1	5
5	9	6	2	8	1	3	7	4
1	3	2	7	4	5	8	9	6

294

9	8	2	6	3	4	7	5	1
6	4	3	5	1	7	9	2	8
7	1	5	8	2	9	3	4	6
4	7	6	9	8	3	2	1	5
2	5	9	7	4	1	8	6	3
1	3	8	2	5	6	4	7	9
3	9	1	4	6	2	5	8	7
5	2	7	1	9	8	6	3	4
8	6	4	3	7	5	1	9	2

295

2	5	7	6	1	9	4	3	8
9	4	8	7	5	3	6	1	2
3	1	6	8	4	2	5	9	7
5	6	2	1	7	8	3	4	9
7	9	1	2	3	4	8	5	6
4	8	3	9	6	5	7	2	1
6	2	5	4	8	1	9	7	3
8	3	9	5	2	7	1	6	4
1	7	4	3	9	6	2	8	5

296

5	1	4	8	7	3	2	6	9
7	2	6	5	9	4	3	8	1
8	9	3	6	1	2	7	5	4
3	6	1	7	4	5	9	2	8
9	8	2	1	3	6	4	7	5
4	5	7	2	8	9	6	1	3
6	7	9	3	5	1	8	4	2
1	4	8	9	2	7	5	3	6
2	3	5	4	6	8	1	9	7

297

8	2		4	7			1	3
			8	2				7
	5	4				9	8	
				4	7	3		
9	4	2	1	6		7		8
	7				2		9	
1			2		8	6	4	5
2	6	5	7		4			1
		8		5			7	9

298

		3	5	2	4			1
1		7		8	9			6
2	4		6			3	5	
		2	9		1			
	6	9					4	7
		5	7	4			9	
	2					5	1	8
5	3	1			8	7	6	4
	8	4	1	6			3	

299

		3	1	8		5		7
4				5				6
5				3	4		8	
2	4	9			8	3	5	
	8		9		5	7	2	
1	5			4	2	6	9	8
9	1	5		2				3
	6	4				2		
		2	5	7	1		6	

300

		8		2		1		7
7	5	3	1		6	2		
	1	6	7	8			4	5
	3	2			4			8
	8				3			2
5		7	2	1		9	3	
6	7			5	2	4		3
	9	5			7			
8	2	4		3	1	5		6

297

8	2	6	4	7	9	5	1	3
3	1	9	8	2	5	4	6	7
7	5	4	3	1	6	9	8	2
5	8	1	9	4	7	3	2	6
9	4	2	1	6	3	7	5	8
6	7	3	5	8	2	1	9	4
1	9	7	2	3	8	6	4	5
2	6	5	7	9	4	8	3	1
4	3	8	6	5	1	2	7	9

298

6	9	3	5	2	4	8	7	1
1	5	7	3	8	9	4	2	6
2	4	8	6	1	7	3	5	9
4	7	2	9	3	1	6	8	5
3	6	9	8	5	2	1	4	7
8	1	5	7	4	6	2	9	3
9	2	6	4	7	3	5	1	8
5	3	1	2	9	8	7	6	4
7	8	4	1	6	5	9	3	2

299

6	2	3	1	8	9	5	4	7
4	9	8	2	5	7	1	3	6
5	7	1	6	3	4	9	8	2
2	4	9	7	6	8	3	5	1
3	8	6	9	1	5	7	2	4
1	5	7	3	4	2	6	9	8
9	1	5	4	2	6	8	7	3
7	6	4	8	9	3	2	1	5
8	3	2	5	7	1	4	6	9

300

9	4	8	3	2	5	1	6	7
7	5	3	1	4	6	2	8	9
2	1	6	7	8	9	3	4	5
1	3	2	6	9	4	7	5	8
4	8	9	5	7	3	6	1	2
5	6	7	2	1	8	9	3	4
6	7	1	8	5	2	4	9	3
3	9	5	4	6	7	8	2	1
8	2	4	9	3	1	5	7	6

301

	3		4	9		1		
1						9	4	3
6	9	4	3		2			5
	7	9	6			3		8
	1	6	9		3	5	2	4
5		3				6		
		7				4	5	9
9	5		2	4				
	4	8	5	6			7	1

302

3					5			
	9	4		3	7	5		
			4	8	1	6		9
5	1		8		3	9	4	2
4					6		8	
	8						6	5
6		7	5	1	2	8		3
9		1	7		8	2	5	
8		5	3	4	9		7	

303

6	7		3	8		4		
		2	1	4		6		5
5		4	6	7				
7			2			3	4	
4		5					6	
2	3	8	7			5		1
8		7						2
9		3	5		8	7	1	6
1	2		9	3		8		4

304

4	3			5	7	6		
	6	9	8					3
5		8	6		2	4		
		3			1	5		8
6		1				9	7	
8	9	7			6		3	
		5			8		4	9
		4		7	5	8	1	
	8		1	4		7	2	5

301

7	3	5	4	9	8	1	6	2
1	8	2	7	5	6	9	4	3
6	9	4	3	1	2	7	8	5
4	7	9	6	2	5	3	1	8
8	1	6	9	7	3	5	2	4
5	2	3	1	8	4	6	9	7
2	6	7	8	3	1	4	5	9
9	5	1	2	4	7	8	3	6
3	4	8	5	6	9	2	7	1

302

3	6	8	9	2	5	4	1	7
1	9	4	6	3	7	5	2	8
7	5	2	4	8	1	6	3	9
5	1	6	8	7	3	9	4	2
4	7	9	2	5	6	3	8	1
2	8	3	1	9	4	7	6	5
6	4	7	5	1	2	8	9	3
9	3	1	7	6	8	2	5	4
8	2	5	3	4	9	1	7	6

303

6	7	1	3	8	5	4	2	9
3	8	2	1	4	9	6	7	5
5	9	4	6	7	2	1	8	3
7	6	9	2	5	1	3	4	8
4	1	5	8	9	3	2	6	7
2	3	8	7	6	4	5	9	1
8	5	7	4	1	6	9	3	2
9	4	3	5	2	8	7	1	6
1	2	6	9	3	7	8	5	4

304

4	3	2	9	5	7	6	8	1
7	6	9	8	1	4	2	5	3
5	1	8	6	3	2	4	9	7
2	4	3	7	9	1	5	6	8
6	5	1	4	8	3	9	7	2
8	9	7	5	2	6	1	3	4
1	7	5	2	6	8	3	4	9
9	2	4	3	7	5	8	1	6
3	8	6	1	4	9	7	2	5

305

4	1	3		2	9	8	7	
	5	7	6	4		3		
	6	9		7		5		4
	2	5	1			4		8
	8	4	2	3		7	1	
	7							
6				8	3	1		7
7				1	5			2
5	4		7		2	9	8	3

306

6		3		2	4	8		
			6		9		2	1
4		2			1	5		
1		7	3	5			8	4
	8				7		1	5
	4	5			8			7
7	5	4		6			9	8
2	3			8		7		6
8			7	4	3			

307

3				8				1
1	8			9	2			5
	2		6		4			
	6			2	3		9	7
2		1	9	5		4	3	6
	3	9				1		8
	4		5	7	1	3		9
9		7	2	3	6			4
					9		1	2

308

	6							5
	4		2		9	3		7
2		9			6			
7	3		9	1		6		
1		4	6	2		7	8	3
6					3			
9	7	2	8		1	4		6
		3	5	6	2	1	7	9
	1	6				2	3	

305

4	1	3	5	2	9	8	7	6
2	5	7	6	4	8	3	9	1
8	6	9	3	7	1	5	2	4
3	2	5	1	9	7	4	6	8
9	8	4	2	3	6	7	1	5
1	7	6	8	5	4	2	3	9
6	9	2	4	8	3	1	5	7
7	3	8	9	1	5	6	4	2
5	4	1	7	6	2	9	8	3

306

6	1	3	5	2	4	8	7	9
5	7	8	6	3	9	4	2	1
4	9	2	8	7	1	5	6	3
1	2	7	3	5	6	9	8	4
3	8	6	4	9	7	2	1	5
9	4	5	2	1	8	6	3	7
7	5	4	1	6	2	3	9	8
2	3	1	9	8	5	7	4	6
8	6	9	7	4	3	1	5	2

307

3	9	6	7	8	5	2	4	1
1	8	4	3	9	2	6	7	5
7	2	5	6	1	4	9	8	3
4	6	8	1	2	3	5	9	7
2	7	1	9	5	8	4	3	6
5	3	9	4	6	7	1	2	8
8	4	2	5	7	1	3	6	9
9	1	7	2	3	6	8	5	4
6	5	3	8	4	9	7	1	2

308

3	6	7	1	8	4	9	2	5
8	4	1	2	5	9	3	6	7
2	5	9	3	7	6	8	1	4
7	3	5	9	1	8	6	4	2
1	9	4	6	2	5	7	8	3
6	2	8	7	4	3	5	9	1
9	7	2	8	3	1	4	5	6
4	8	3	5	6	2	1	7	9
5	1	6	4	9	7	2	3	8

309

9	2	1	6		3	8	4	7
6			7			2		
	3		9			6	1	5
8						7	5	4
5	7				6			1
	9	4		7	5			2
		8	1	6		5		
2	1			9		4	3	
7	5		3				2	

310

2	3				1			
6	5		8			1	3	4
9		4	6		7			
3		1	7			2	4	
7		5				8	1	3
4	2		1	8		6		7
		3			9	7	8	5
	7			1		3		
8	9	2	3		5	4		

311

3	4	8		2				7
1				6	7			8
		2		4	8	3		
8	5	6		1	4	2	9	
9	3	1	8		2			4
	2						1	
5	1	9					8	2
6	8	3	2		1	5	4	
2	7		5	8				

312

2	1	4	5	9		7	8	
					1		9	2
7	9				2	1	5	
				6	8	5	1	9
5	3			4		2	6	
6						3		
1				2	3		4	5
9	2	5	8	1		6	3	
3			6	7		9		

309

9	2	1	6	5	3	8	4	7
6	8	5	7	4	1	2	9	3
4	3	7	9	2	8	6	1	5
8	6	3	2	1	9	7	5	4
5	7	2	4	3	6	9	8	1
1	9	4	8	7	5	3	6	2
3	4	8	1	6	2	5	7	9
2	1	6	5	9	7	4	3	8
7	5	9	3	8	4	1	2	6

310

2	3	8	5	4	1	9	7	6
6	5	7	8	9	2	1	3	4
9	1	4	6	3	7	5	2	8
3	8	1	7	5	6	2	4	9
7	6	5	9	2	4	8	1	3
4	2	9	1	8	3	6	5	7
1	4	3	2	6	9	7	8	5
5	7	6	4	1	8	3	9	2
8	9	2	3	7	5	4	6	1

311

3	4	8	1	2	5	9	6	7
1	9	5	3	6	7	4	2	8
7	6	2	9	4	8	3	5	1
8	5	6	7	1	4	2	9	3
9	3	1	8	5	2	6	7	4
4	2	7	6	9	3	8	1	5
5	1	9	4	3	6	7	8	2
6	8	3	2	7	1	5	4	9
2	7	4	5	8	9	1	3	6

312

2	1	4	5	9	6	7	8	3
8	5	6	7	3	1	4	9	2
7	9	3	4	8	2	1	5	6
4	7	2	3	6	8	5	1	9
5	3	9	1	4	7	2	6	8
6	8	1	2	5	9	3	7	4
1	6	7	9	2	3	8	4	5
9	2	5	8	1	4	6	3	7
3	4	8	6	7	5	9	2	1

313

				8		7	1	
7	5	8			9	2		3
4	9		2		3	6	5	8
1	7	3	5	2		8	9	6
		5		3	7	1	2	
				6		5		
	1	7	3			9		
3			7			4	6	
	2	4	8	9	6		7	

314

5	6	4	7	9	8			1
		7		6	3		5	
8	3					7		
	8	1	9	2	6	5	4	
	5	6		3		9		
	7		8			6	1	3
9		8	6			2		
6						1	7	5
7			3		2	8	6	

315

3	7		9	5			8	
		9	7	2		5	3	1
			6		3	9		
5		8	1	4		7	9	
6	9	3		7	8		1	
			5	3	9	8	6	2
	3		8			6	7	
		2				1	5	4
7	1			9		3		

316

		8		9			6	4
9		2	6	1		8	7	5
			8	4	7		3	9
	7		3				2	
			4	7	8	3		
	6	3	1	5	2			7
1				3			5	2
3		5		2	4		8	
	2		5		1	9	4	

313

2	3	6	4	8	5	7	1	9
7	5	8	6	1	9	2	4	3
4	9	1	2	7	3	6	5	8
1	7	3	5	2	4	8	9	6
8	6	5	9	3	7	1	2	4
9	4	2	1	6	8	5	3	7
6	1	7	3	4	2	9	8	5
3	8	9	7	5	1	4	6	2
5	2	4	8	9	6	3	7	1

314

5	6	4	7	9	8	3	2	1
1	9	7	2	6	3	4	5	8
8	3	2	5	4	1	7	9	6
3	8	1	9	2	6	5	4	7
4	5	6	1	3	7	9	8	2
2	7	9	8	5	4	6	1	3
9	1	8	6	7	5	2	3	4
6	2	3	4	8	9	1	7	5
7	4	5	3	1	2	8	6	9

315

3	7	4	9	5	1	2	8	6
8	6	9	7	2	4	5	3	1
2	5	1	6	8	3	9	4	7
5	2	8	1	4	6	7	9	3
6	9	3	2	7	8	4	1	5
1	4	7	5	3	9	8	6	2
4	3	5	8	1	2	6	7	9
9	8	2	3	6	7	1	5	4
7	1	6	4	9	5	3	2	8

316

7	3	8	2	9	5	1	6	4
9	4	2	6	1	3	8	7	5
5	1	6	8	4	7	2	3	9
4	7	1	3	6	9	5	2	8
2	5	9	4	7	8	3	1	6
8	6	3	1	5	2	4	9	7
1	8	4	9	3	6	7	5	2
3	9	5	7	2	4	6	8	1
6	2	7	5	8	1	9	4	3

317

9	6	4		8	1	3	7	
	8			9	2	4		5
			7					6
				7	5		2	
	1	9	2		4	8		
				1		6		7
4		5	8	3			6	1
	3	1		5		7	9	
6		8	1	2	9	5	3	

318

6	3			7	2			
2				1		3	8	
	5	8		4		1	6	2
	1	3	7	2	4		5	
					8	2	1	
8			1	5	3		7	
5	6	7	4	3			2	
1	4	9		8	7			6
	8			6			4	

319

5	4			1				
	9				6	4	7	
8		3	9		4	2		1
3			6	4	8			
4	5	6	7	3				
1	7	8				3		
			4	8	7	1	6	
6				9		7		2
7	1	5		6	2	8		4

320

	8	9				1	6	
	2		7	4	8	9	3	
7		5	9	1		4		
3	9		1		4		5	6
	4	6		8		7		9
	7				9	3	4	
			6		7	2	9	
2					3			8
9	5	4					7	3

317

9	6	4	5	8	1	3	7	2
3	8	7	6	9	2	4	1	5
1	5	2	7	4	3	9	8	6
8	4	6	3	7	5	1	2	9
7	1	9	2	6	4	8	5	3
5	2	3	9	1	8	6	4	7
4	9	5	8	3	7	2	6	1
2	3	1	4	5	6	7	9	8
6	7	8	1	2	9	5	3	4

318

6	3	1	8	7	2	4	9	5
2	9	4	5	1	6	3	8	7
7	5	8	3	4	9	1	6	2
9	1	3	7	2	4	6	5	8
4	7	5	6	9	8	2	1	3
8	2	6	1	5	3	9	7	4
5	6	7	4	3	1	8	2	9
1	4	9	2	8	7	5	3	6
3	8	2	9	6	5	7	4	1

319

5	4	7	2	1	3	6	8	9
2	9	1	8	5	6	4	7	3
8	6	3	9	7	4	2	5	1
3	2	9	6	4	8	5	1	7
4	5	6	7	3	1	9	2	8
1	7	8	5	2	9	3	4	6
9	3	2	4	8	7	1	6	5
6	8	4	1	9	5	7	3	2
7	1	5	3	6	2	8	9	4

320

4	8	9	5	3	2	1	6	7
6	2	1	7	4	8	9	3	5
7	3	5	9	1	6	4	8	2
3	9	2	1	7	4	8	5	6
1	4	6	3	8	5	7	2	9
5	7	8	2	6	9	3	4	1
8	1	3	6	5	7	2	9	4
2	6	7	4	9	3	5	1	8
9	5	4	8	2	1	6	7	3

321

8	1	3	6				7	9
9			7		5	2	1	
					1		3	6
		7	9	2				1
3		1	5		8		2	
		6		1		8	9	
		9	4	5			8	
	3		1		9	6	5	
1		8	2	7		9	4	

322

	1	3		7			8	
	5			4				7
				3	1	6	9	
1	9	6	7	2	5	4	3	
			9			7	6	
7		8			4			2
9	2	4	3		8	1		
	7	1	4	9		5	2	
		5	2	1	7	8		9

323

1		5						
4	9		5			1		7
7			1		9		8	
		1		5	8	3		
	5	4	7					
9	8	2	3			7	5	6
		9	2		1	6	7	
5	3		4	8	7		9	1
2	1	7		9		4	3	

324

2		3	7	6	5	8	9	4
			9		8		6	3
						1		
	5	1						6
3	9	6		5	1	4	7	8
4		2		9	7	3		5
1		5	3	8	9		4	
6	3		5	2			8	1
		4						

321

8	1	3	6	4	2	5	7	9
9	6	4	7	3	5	2	1	8
7	2	5	8	9	1	4	3	6
5	8	7	9	2	4	3	6	1
3	9	1	5	6	8	7	2	4
2	4	6	3	1	7	8	9	5
6	7	9	4	5	3	1	8	2
4	3	2	1	8	9	6	5	7
1	5	8	2	7	6	9	4	3

322

4	1	3	6	7	9	2	8	5
6	5	9	8	4	2	3	1	7
2	8	7	5	3	1	6	9	4
1	9	6	7	2	5	4	3	8
5	4	2	9	8	3	7	6	1
7	3	8	1	6	4	9	5	2
9	2	4	3	5	8	1	7	6
8	7	1	4	9	6	5	2	3
3	6	5	2	1	7	8	4	9

323

1	2	5	8	7	6	9	4	3
4	9	8	5	2	3	1	6	7
7	6	3	1	4	9	5	8	2
6	7	1	9	5	8	3	2	4
3	5	4	7	6	2	8	1	9
9	8	2	3	1	4	7	5	6
8	4	9	2	3	1	6	7	5
5	3	6	4	8	7	2	9	1
2	1	7	6	9	5	4	3	8

324

2	1	3	7	6	5	8	9	4
5	4	7	9	1	8	2	6	3
9	6	8	4	3	2	1	5	7
7	5	1	8	4	3	9	2	6
3	9	6	2	5	1	4	7	8
4	8	2	6	9	7	3	1	5
1	7	5	3	8	9	6	4	2
6	3	9	5	2	4	7	8	1
8	2	4	1	7	6	5	3	9

325

			3					1
3			9			6	8	
			1	8	6	7	4	3
8		5		3	9	1		
2	9		6				7	
1	3		5	4		2	9	8
4	8		7	9	1	5	2	6
			4	5			3	
5	2	7		6				

326

2			7		5			8
		6	4	1	3	9		2
	3		2				4	5
1	7	8	9	5			2	6
	2			6	7	8	5	
	6				2	7	1	9
	9	7	5			4		3
	1		3		9		8	
	5				8			

327

6		8	7	5	3			4
		4		8		3	7	1
	2	3	9	1	4	6	8	5
8	6						4	9
	5			6	2			
		7	8	9		2		
4	8	6				1		
2	3	5				7	6	
1				3	8	4		

328

4	2	3		8		9		
9		7		4	6	8	3	5
					9	2	1	
	4	6			1		8	
7		1	8		4	6		3
	3	9				4	5	
5	6		4		7	3	9	8
1	7				3	5		
			6	5	8	1		2

325

7	6	8	3	2	4	9	5	1
3	4	1	9	7	5	6	8	2
9	5	2	1	8	6	7	4	3
8	7	5	2	3	9	1	6	4
2	9	4	6	1	8	3	7	5
1	3	6	5	4	7	2	9	8
4	8	3	7	9	1	5	2	6
6	1	9	4	5	2	8	3	7
5	2	7	8	6	3	4	1	9

326

2	4	1	7	9	5	6	3	8
5	8	6	4	1	3	9	7	2
7	3	9	2	8	6	1	4	5
1	7	8	9	5	4	3	2	6
9	2	3	1	6	7	8	5	4
4	6	5	8	3	2	7	1	9
8	9	7	5	2	1	4	6	3
6	1	2	3	4	9	5	8	7
3	5	4	6	7	8	2	9	1

327

6	1	8	7	5	3	9	2	4
5	9	4	2	8	6	3	7	1
7	2	3	9	1	4	6	8	5
8	6	2	3	7	1	5	4	9
9	5	1	4	6	2	8	3	7
3	4	7	8	9	5	2	1	6
4	8	6	5	2	7	1	9	3
2	3	5	1	4	9	7	6	8
1	7	9	6	3	8	4	5	2

328

4	2	3	1	8	5	9	6	7
9	1	7	2	4	6	8	3	5
6	8	5	3	7	9	2	1	4
2	4	6	5	3	1	7	8	9
7	5	1	8	9	4	6	2	3
8	3	9	7	6	2	4	5	1
5	6	2	4	1	7	3	9	8
1	7	8	9	2	3	5	4	6
3	9	4	6	5	8	1	7	2

329

		9					4	6
8	1			2	4	7		3
	2	1	6		9	4	7	5
9	8	7		4			6	2
	5	4	2	7			1	
	9	5		3		1	2	7
	7	3			1		8	9
1		8	7			5		

330

2				3			1	
				9	8		2	5
8	5		1	2	7			9
9	6	3			5	4	8	1
5		7	8		4	9		2
4		2		1			6	
			7					3
3	7				2	1		6
	9			5	3	2	7	

331

	2		5					1
		4	9		7	3		2
	1				3	4	7	5
1						6		
7		6		2	8	5		4
2	8	5	6	4			3	9
4		8	1	3	9	2	5	
	6		4			9	8	
9			8			1		

332

	6	2	7	1	9			4
7	9						6	
		1	6					9
	1				3	2	7	6
	2						9	8
6		8	4	9	2		1	3
9			5	3	1			2
2		6				3	8	1
			2	8	6	9	5	

329

5	4	2	3	6	7	8	9	1
7	3	9	5	1	8	2	4	6
8	1	6	9	2	4	7	5	3
3	2	1	6	8	9	4	7	5
9	8	7	1	4	5	3	6	2
6	5	4	2	7	3	9	1	8
4	9	5	8	3	6	1	2	7
2	7	3	4	5	1	6	8	9
1	6	8	7	9	2	5	3	4

330

2	4	9	5	3	6	7	1	8
7	3	1	4	9	8	6	2	5
8	5	6	1	2	7	3	4	9
9	6	3	2	7	5	4	8	1
5	1	7	8	6	4	9	3	2
4	8	2	3	1	9	5	6	7
6	2	5	7	4	1	8	9	3
3	7	4	9	8	2	1	5	6
1	9	8	6	5	3	2	7	4

331

3	2	7	5	6	4	8	9	1
8	5	4	9	1	7	3	6	2
6	1	9	2	8	3	4	7	5
1	4	3	7	9	5	6	2	8
7	9	6	3	2	8	5	1	4
2	8	5	6	4	1	7	3	9
4	7	8	1	3	9	2	5	6
5	6	1	4	7	2	9	8	3
9	3	2	8	5	6	1	4	7

332

5	6	2	7	1	9	8	3	4
7	9	4	3	2	8	1	6	5
8	3	1	6	4	5	7	2	9
4	1	9	8	5	3	2	7	6
3	2	5	1	6	7	4	9	8
6	7	8	4	9	2	5	1	3
9	8	7	5	3	1	6	4	2
2	5	6	9	7	4	3	8	1
1	4	3	2	8	6	9	5	7

333

1	8	7			2			3
3		9			4	6	7	8
	5	4	8		7		2	9
5	1	8	4			7		
4	7	6						
	9	3			6	8	4	
					8	3		7
8		2		1		9	6	
	6	1	9				8	2

334

5			2		1	9	3	
	4	3	9		8			6
	7			3	6	8	1	5
	8	9		1	2			7
2				4	7	3		9
7		6	5			1		2
					5			3
	9				3		7	1
3		5	7		4		6	8

335

2						4	1	6
6	3	4		2		8		7
				6		2		
8	1		7	4	6			
3	6			5	8			
4			9	3	2	1	6	
		6		1	3		8	9
9				8		5		1
		8	4		5	6	3	2

336

8	1		5	2	4		6	
	4	6	3				5	
		5	1	7				
5	8				3	9	4	
9	3			1	5	2		6
	7		9	4	2			5
2	6	7	4			5		
4	5	8	2	9		6	3	
1		3						4

333

1	8	7	6	9	2	4	5	3
3	2	9	1	5	4	6	7	8
6	5	4	8	3	7	1	2	9
5	1	8	4	2	9	7	3	6
4	7	6	3	8	1	2	9	5
2	9	3	5	7	6	8	4	1
9	4	5	2	6	8	3	1	7
8	3	2	7	1	5	9	6	4
7	6	1	9	4	3	5	8	2

334

5	6	8	2	7	1	9	3	4
1	4	3	9	5	8	7	2	6
9	7	2	4	3	6	8	1	5
4	8	9	3	1	2	6	5	7
2	5	1	6	4	7	3	8	9
7	3	6	5	8	9	1	4	2
8	2	7	1	6	5	4	9	3
6	9	4	8	2	3	5	7	1
3	1	5	7	9	4	2	6	8

335

2	8	5	3	7	9	4	1	6
6	3	4	5	2	1	8	9	7
7	9	1	8	6	4	2	5	3
8	1	9	7	4	6	3	2	5
3	6	2	1	5	8	9	7	4
4	5	7	9	3	2	1	6	8
5	4	6	2	1	3	7	8	9
9	2	3	6	8	7	5	4	1
1	7	8	4	9	5	6	3	2

336

8	1	9	5	2	4	7	6	3
7	4	6	3	8	9	1	5	2
3	2	5	1	7	6	4	9	8
5	8	2	7	6	3	9	4	1
9	3	4	8	1	5	2	7	6
6	7	1	9	4	2	3	8	5
2	6	7	4	3	8	5	1	9
4	5	8	2	9	1	6	3	7
1	9	3	6	5	7	8	2	4

337

	9		7	6				8
3								5
6			3	2		4	7	
1	3		8				4	2
		2	1	5	4		6	3
			2	7	3	9	5	1
5	8	3		4		1		7
		1				5		6
		9	5			2	3	4

338

		9		6		2	5	8
		5	8		3	1		
6	8						7	9
2			6	4		5		1
			7		5	4	3	2
8	5	4	3		2		9	6
		8		3	6			
5	6	2						3
3			4	2	8		1	

339

4			3			9		8
6	3		1	2		5		4
8			4	7		1		6
3	9							2
	4		8	6	2	3	9	1
			9	3		6	4	
9	2	3	6			7	1	5
				9				
7	6		2	1	3	4		

340

3	2					8	7	
8			5	3	2	4		
6		5	9			3		1
1	9	6			4		3	8
7	8			9	3		5	4
5	3					7	1	9
2	1	8		6		9		
4			8	7	9	1		
			2			5		

337

2	9	4	7	6	5	3	1	8
3	1	7	4	8	9	6	2	5
6	5	8	3	2	1	4	7	9
1	3	5	8	9	6	7	4	2
9	7	2	1	5	4	8	6	3
8	4	6	2	7	3	9	5	1
5	8	3	6	4	2	1	9	7
4	2	1	9	3	7	5	8	6
7	6	9	5	1	8	2	3	4

338

4	3	9	1	6	7	2	5	8
7	2	5	8	9	3	1	6	4
6	8	1	2	5	4	3	7	9
2	7	3	6	4	9	5	8	1
9	1	6	7	8	5	4	3	2
8	5	4	3	1	2	7	9	6
1	4	8	5	3	6	9	2	7
5	6	2	9	7	1	8	4	3
3	9	7	4	2	8	6	1	5

339

4	7	1	3	5	6	9	2	8
6	3	9	1	2	8	5	7	4
8	5	2	4	7	9	1	3	6
3	9	6	7	4	1	8	5	2
5	4	7	8	6	2	3	9	1
2	1	8	9	3	5	6	4	7
9	2	3	6	8	4	7	1	5
1	8	4	5	9	7	2	6	3
7	6	5	2	1	3	4	8	9

340

3	2	9	4	1	6	8	7	5
8	7	1	5	3	2	4	9	6
6	4	5	9	8	7	3	2	1
1	9	6	7	5	4	2	3	8
7	8	2	1	9	3	6	5	4
5	3	4	6	2	8	7	1	9
2	1	8	3	6	5	9	4	7
4	5	3	8	7	9	1	6	2
9	6	7	2	4	1	5	8	3

341

	6	1	2	5		9	3	8
		9	8	1	4	6	7	
8	7				6	5	1	
1		6		9			8	
9	8			7	1		4	
		7	4		5	1		
6	9							
	1	8	7		3	4	2	9
	2	3		4				

342

7	5	6	4		3		1	9
	3	4	9	7	8		2	5
9	8		6					
		1	3	5				8
3		5		9		2	4	1
		8	2	4		3	5	7
2			5		9		3	
		3	7					
5	6				2			

343

1	4		7		9	3	6	
8		3		6	5	1	4	
2						8		9
	2	8	1			7	3	
	5		3	4		2	1	
	3	1	5	2	7	9	8	
3		2				6		1
9			6	1				
			9				2	8

344

6	3	9	2	4	1	5		7
5	7	2		9				
		1	3	5			6	
1	6		8					
	2	8	4		5	6	7	
9				6			3	8
		5	1			8	4	6
2		3		8	6		5	1
8	1				4			

341

4	6	1	2	5	7	9	3	8
3	5	9	8	1	4	6	7	2
8	7	2	9	3	6	5	1	4
1	4	6	3	9	2	7	8	5
9	8	5	6	7	1	2	4	3
2	3	7	4	8	5	1	9	6
6	9	4	1	2	8	3	5	7
5	1	8	7	6	3	4	2	9
7	2	3	5	4	9	8	6	1

342

7	5	6	4	2	3	8	1	9
1	3	4	9	7	8	6	2	5
9	8	2	6	1	5	4	7	3
4	2	1	3	5	7	9	6	8
3	7	5	8	9	6	2	4	1
6	9	8	2	4	1	3	5	7
2	4	7	5	8	9	1	3	6
8	1	3	7	6	4	5	9	2
5	6	9	1	3	2	7	8	4

343

1	4	5	7	8	9	3	6	2
8	9	3	2	6	5	1	4	7
2	6	7	4	3	1	8	5	9
4	2	8	1	9	6	7	3	5
7	5	9	3	4	8	2	1	6
6	3	1	5	2	7	9	8	4
3	7	2	8	5	4	6	9	1
9	8	4	6	1	2	5	7	3
5	1	6	9	7	3	4	2	8

344

6	3	9	2	4	1	5	8	7
5	7	2	6	9	8	3	1	4
4	8	1	3	5	7	9	6	2
1	6	7	8	3	9	4	2	5
3	2	8	4	1	5	6	7	9
9	5	4	7	6	2	1	3	8
7	9	5	1	2	3	8	4	6
2	4	3	9	8	6	7	5	1
8	1	6	5	7	4	2	9	3

345

	5					2	8	
		7				1		3
9	4		2		3			
	8	2				9	6	1
		9	8	2	6	7		5
5			1	9	4	3	2	
	9	5	3	6	7	4		2
6	3		5			8		
		4	9			5		6

346

		3		9		1		
	9	5	3	1	2	7	8	6
1	7			6			2	3
	6	1	4		3	8	5	
8		7	2	5	9	6	1	
					6		3	7
			9	4		5	7	
		2	8				6	
7	1	4		2			9	

347

7	2		5		8		6	
5		6		9			3	
1		9	6		2	7	4	5
3	7		9	1	5		8	
		5			4		2	
4		8	2			3		9
	3		4		9			6
6						5		8
	5	1			6	4		3

348

		8	3		7			
	7		1					2
3	6	1	5	8		4	7	9
	3	7	4	9	1	2		8
	1		2	5	8			
9			6	7	3		5	
			7	3	4			1
7	2	6			5		4	3
1		3	9					

345

1	5	3	6	7	9	2	8	4
2	6	7	4	5	8	1	9	3
9	4	8	2	1	3	6	5	7
4	8	2	7	3	5	9	6	1
3	1	9	8	2	6	7	4	5
5	7	6	1	9	4	3	2	8
8	9	5	3	6	7	4	1	2
6	3	1	5	4	2	8	7	9
7	2	4	9	8	1	5	3	6

346

6	2	3	7	9	8	1	4	5
4	9	5	3	1	2	7	8	6
1	7	8	5	6	4	9	2	3
2	6	1	4	7	3	8	5	9
8	3	7	2	5	9	6	1	4
5	4	9	1	8	6	2	3	7
3	8	6	9	4	1	5	7	2
9	5	2	8	3	7	4	6	1
7	1	4	6	2	5	3	9	8

347

7	2	3	5	4	8	9	6	1
5	4	6	7	9	1	8	3	2
1	8	9	6	3	2	7	4	5
3	7	2	9	1	5	6	8	4
9	6	5	3	8	4	1	2	7
4	1	8	2	6	7	3	5	9
8	3	7	4	5	9	2	1	6
6	9	4	1	2	3	5	7	8
2	5	1	8	7	6	4	9	3

348

2	9	8	3	4	7	5	1	6
4	7	5	1	6	9	8	3	2
3	6	1	5	8	2	4	7	9
5	3	7	4	9	1	2	6	8
6	1	4	2	5	8	3	9	7
9	8	2	6	7	3	1	5	4
8	5	9	7	3	4	6	2	1
7	2	6	8	1	5	9	4	3
1	4	3	9	2	6	7	8	5

349

7	5	4		1	2			6
1			6					7
	6			8	7	1	5	4
4	9	3				6	7	1
	8	2			6		4	
6	1						8	
	7	5		9				3
		1	5		8	7		2
9	2	6		4	3			8

350

		4		6	9		2	8
	1		4			7		
	8		7			1	4	3
2				1	4		7	
		5	2	3	8	4		
1		8	5	7			9	
4	5					9		7
			6	9	7	2	5	
	2	7		4	5	6	3	

351

	7	4	5	6		1		9
		1	7	4	3	6	8	2
3				1		4	5	
	8	2	1				7	
1	5		3				2	4
	3	7	4	2		5		
2	4	5			1		6	
		8		5	4			
	1			8		2		

352

3	4		8		9	5	1	6
	2		5	4			3	9
	9		1	3	6	7		
	3	4	7		8	1		5
5					2		6	
	1		4		5	3	8	
						2	9	
	8				1	6		3
1		9	2	5	3			8

349

7	5	4	9	1	2	8	3	6
1	3	8	6	5	4	9	2	7
2	6	9	3	8	7	1	5	4
4	9	3	8	2	5	6	7	1
5	8	2	1	7	6	3	4	9
6	1	7	4	3	9	2	8	5
8	7	5	2	9	1	4	6	3
3	4	1	5	6	8	7	9	2
9	2	6	7	4	3	5	1	8

350

3	7	4	1	6	9	5	2	8
5	1	2	4	8	3	7	6	9
6	8	9	7	5	2	1	4	3
2	6	3	9	1	4	8	7	5
7	9	5	2	3	8	4	1	6
1	4	8	5	7	6	3	9	2
4	5	6	3	2	1	9	8	7
8	3	1	6	9	7	2	5	4
9	2	7	8	4	5	6	3	1

351

8	7	4	5	6	2	1	3	9
5	9	1	7	4	3	6	8	2
3	2	6	8	1	9	4	5	7
4	8	2	1	9	5	3	7	6
1	5	9	3	7	6	8	2	4
6	3	7	4	2	8	5	9	1
2	4	5	9	3	1	7	6	8
7	6	8	2	5	4	9	1	3
9	1	3	6	8	7	2	4	5

352

3	4	7	8	2	9	5	1	6
6	2	1	5	4	7	8	3	9
8	9	5	1	3	6	7	4	2
9	3	4	7	6	8	1	2	5
5	7	8	3	1	2	9	6	4
2	1	6	4	9	5	3	8	7
7	5	3	6	8	4	2	9	1
4	8	2	9	7	1	6	5	3
1	6	9	2	5	3	4	7	8

353

3	4							
			3		9		6	7
9	6		1	7	4			8
					3		8	2
5		8		9		6	1	4
1	2	6		8		9	7	
	9	2	8	4	7			
8			5	2	6	7	4	
7		4				8	2	6

354

5		8	9	7			2	
1			5		6	9	8	
9		2	4	8	3	7	5	
	9		6		4		3	2
		6		3		1	9	
8		3		5	9			
	5			4	2			9
					7	5	1	4
		7	1	9	5		6	

355

8	4				1	5	7	
	3	6	7	5	4		9	
5		1		9	6			4
		5					8	1
	8	7		6	3		4	2
9				8		7		5
		8		7	9			
6	9	3	2	1		4	5	
	1	2		3	5			

356

	4	5	2		7	8	6	
1	8	2	4	6		7		9
	9		1	8	3	4	2	5
						2	5	4
	7	3	9					
	5			4	1	3	9	
9	6				4		8	2
5				1	6	9	7	
						5	4	6

353

3	4	7	2	6	8	1	9	5
2	8	1	3	5	9	4	6	7
9	6	5	1	7	4	2	3	8
4	7	9	6	1	3	5	8	2
5	3	8	7	9	2	6	1	4
1	2	6	4	8	5	9	7	3
6	9	2	8	4	7	3	5	1
8	1	3	5	2	6	7	4	9
7	5	4	9	3	1	8	2	6

354

5	3	8	9	7	1	4	2	6
1	7	4	5	2	6	9	8	3
9	6	2	4	8	3	7	5	1
7	9	5	6	1	4	8	3	2
4	2	6	7	3	8	1	9	5
8	1	3	2	5	9	6	4	7
6	5	1	8	4	2	3	7	9
2	8	9	3	6	7	5	1	4
3	4	7	1	9	5	2	6	8

355

8	4	9	3	2	1	5	7	6
2	3	6	7	5	4	1	9	8
5	7	1	8	9	6	3	2	4
3	2	5	9	4	7	6	8	1
1	8	7	5	6	3	9	4	2
9	6	4	1	8	2	7	3	5
4	5	8	6	7	9	2	1	3
6	9	3	2	1	8	4	5	7
7	1	2	4	3	5	8	6	9

356

3	4	5	2	9	7	8	6	1
1	8	2	4	6	5	7	3	9
7	9	6	1	8	3	4	2	5
6	1	9	3	7	8	2	5	4
4	7	3	9	5	2	6	1	8
2	5	8	6	4	1	3	9	7
9	6	7	5	3	4	1	8	2
5	2	4	8	1	6	9	7	3
8	3	1	7	2	9	5	4	6

357

4	7		3		9			6
		6	7	4	5		2	8
	9	8		1		7		
8		9	2	3	1			
	4	1				2		
2	5	3	4	9	7		8	1
6	8	7						
3	2	5	9		8			
		4	5	6	3			2

358

7		1			6	4		
				8	4	2	9	1
	4	2	9	3		6		5
1	3		6					
	8		1			5	4	
6		4		5	9		3	8
	2		4		5	8		
9	1	7	8				5	4
4		8	3	1	7			

359

1			6					7
	8	9	5		4			
3		2		9	8	5		6
		1	8	4		6	2	
9				1			7	
4	2		7		9		3	
8	3				1			4
	1		4	8	6			3
2	9	4	3	5		8	6	1

360

		4	1			8	6	
6	8	9			4			1
1	7		8	9	6			4
		2	5	1		7		3
		3	7			6		2
7	9	1	6	3	2	4	5	
9					5		3	
			2			9		7
2		7	9		3			5

357

4	7	2	3	8	9	5	1	6
1	3	6	7	4	5	9	2	8
5	9	8	6	1	2	7	4	3
8	6	9	2	3	1	4	5	7
7	4	1	8	5	6	2	3	9
2	5	3	4	9	7	6	8	1
6	8	7	1	2	4	3	9	5
3	2	5	9	7	8	1	6	4
9	1	4	5	6	3	8	7	2

358

7	9	1	5	2	6	4	8	3
5	6	3	7	8	4	2	9	1
8	4	2	9	3	1	6	7	5
1	3	5	6	4	8	7	2	9
2	8	9	1	7	3	5	4	6
6	7	4	2	5	9	1	3	8
3	2	6	4	9	5	8	1	7
9	1	7	8	6	2	3	5	4
4	5	8	3	1	7	9	6	2

359

1	4	5	6	3	2	9	8	7
6	8	9	5	7	4	3	1	2
3	7	2	1	9	8	5	4	6
7	5	1	8	4	3	6	2	9
9	6	3	2	1	5	4	7	8
4	2	8	7	6	9	1	3	5
8	3	6	9	2	1	7	5	4
5	1	7	4	8	6	2	9	3
2	9	4	3	5	7	8	6	1

360

3	2	4	1	5	7	8	6	9
6	8	9	3	2	4	5	7	1
1	7	5	8	9	6	3	2	4
4	6	2	5	1	8	7	9	3
8	5	3	7	4	9	6	1	2
7	9	1	6	3	2	4	5	8
9	1	8	4	7	5	2	3	6
5	3	6	2	8	1	9	4	7
2	4	7	9	6	3	1	8	5

361

4		9					8	
				2			1	4
7	1	3		9	4	2	5	
	3	5	4		9			
2	9	7		1	6	5		8
			2	8		7	3	9
6	7							3
		1	9		2	6	7	5
9	5	4		3	7			1

362

	5	1	7		9			
8		7	5	4	3	2	9	1
	9			8	6			7
7			6	9		8		
2	8	5		1	4			
		6			8		1	
	2					1		4
		4		5	1		2	
1	7	9		3		5	6	8

363

7	4		6			8	1	3
8	9	6			3		4	5
			4	8			9	6
		7	5	2		4		
2			3		1	5		9
		3	8		7		6	
		9		1				4
5	8		9	6	4	3	2	
	7	4	2		8			1

364

1	8					2		
		6		1			7	
7		4	2	3			6	
8		5		6		4	9	
		9		5	8	7		2
	1	2	9	7				6
6			5	8	4	9		7
2				9	1	8	3	5
9				2			4	1

361

4	2	9	5	6	1	3	8	7
5	6	8	7	2	3	9	1	4
7	1	3	8	9	4	2	5	6
8	3	5	4	7	9	1	6	2
2	9	7	3	1	6	5	4	8
1	4	6	2	8	5	7	3	9
6	7	2	1	5	8	4	9	3
3	8	1	9	4	2	6	7	5
9	5	4	6	3	7	8	2	1

362

4	5	1	7	2	9	6	8	3
8	6	7	5	4	3	2	9	1
3	9	2	1	8	6	4	5	7
7	1	3	6	9	5	8	4	2
2	8	5	3	1	4	9	7	6
9	4	6	2	7	8	3	1	5
5	2	8	9	6	7	1	3	4
6	3	4	8	5	1	7	2	9
1	7	9	4	3	2	5	6	8

363

7	4	2	6	5	9	8	1	3
8	9	6	1	7	3	2	4	5
1	3	5	4	8	2	7	9	6
9	1	7	5	2	6	4	3	8
2	6	8	3	4	1	5	7	9
4	5	3	8	9	7	1	6	2
3	2	9	7	1	5	6	8	4
5	8	1	9	6	4	3	2	7
6	7	4	2	3	8	9	5	1

364

1	8	3	7	4	6	2	5	9
5	2	6	8	1	9	3	7	4
7	9	4	2	3	5	1	6	8
8	7	5	1	6	2	4	9	3
3	6	9	4	5	8	7	1	2
4	1	2	9	7	3	5	8	6
6	3	1	5	8	4	9	2	7
2	4	7	6	9	1	8	3	5
9	5	8	3	2	7	6	4	1

365

8	3	2	4			9		1
	5				9	3	8	
		6	1		8			
	8	3	5	2			7	
			8				2	9
		7	9			8	5	3
5	6	4	3	9		7	1	8
	7				4	2	9	5
2	1				5			4

366

				3		1	5	9
	5		1		4	8	3	2
	1	8		2	9			
7	4	6	9	1			8	
9	8				3			
2	3			5	8	4	9	6
1		2			5		4	
	9			4				8
		4		9		5	2	3

367

1				7	5			4
2	7	3	9		6	1	8	
	5	4		2			3	
			8		1		4	
	3		2	5				1
6			7	3				2
	8	6		9	2	4	1	3
4		2	6				7	
		5	4	8	7	9	2	

368

			7	5			3	9
	2		8	3	9	6		4
			1		4	7	2	8
		7	2	8	6		4	1
				4	1		9	
		8	9		3	2		5
	7	9	6	2	8	4	1	
	3			9	7			6
6					5			2

365

8	3	2	4	5	7	9	6	1
4	5	1	2	6	9	3	8	7
7	9	6	1	3	8	5	4	2
9	8	3	5	2	1	4	7	6
6	4	5	8	7	3	1	2	9
1	2	7	9	4	6	8	5	3
5	6	4	3	9	2	7	1	8
3	7	8	6	1	4	2	9	5
2	1	9	7	8	5	6	3	4

366

4	2	7	8	3	6	1	5	9
6	5	9	1	7	4	8	3	2
3	1	8	5	2	9	7	6	4
7	4	6	9	1	2	3	8	5
9	8	5	4	6	3	2	7	1
2	3	1	7	5	8	4	9	6
1	6	2	3	8	5	9	4	7
5	9	3	2	4	7	6	1	8
8	7	4	6	9	1	5	2	3

367

1	6	8	3	7	5	2	9	4
2	7	3	9	4	6	1	8	5
9	5	4	1	2	8	6	3	7
5	2	7	8	6	1	3	4	9
8	3	9	2	5	4	7	6	1
6	4	1	7	3	9	8	5	2
7	8	6	5	9	2	4	1	3
4	9	2	6	1	3	5	7	8
3	1	5	4	8	7	9	2	6

368

8	4	6	7	5	2	1	3	9
7	2	1	8	3	9	6	5	4
3	9	5	1	6	4	7	2	8
9	5	7	2	8	6	3	4	1
2	6	3	5	4	1	8	9	7
4	1	8	9	7	3	2	6	5
5	7	9	6	2	8	4	1	3
1	3	2	4	9	7	5	8	6
6	8	4	3	1	5	9	7	2

369

	3	2	5	6		8		
	6					9	2	
		5	9	2	4	6		3
	7	6	1		9	3	8	4
5			8				6	
	4				6		5	
8			3	1	5	4		
	5	4	6	7	2	1		8
					8	5	3	

370

	2	1		3			6	
		4						
9	3	6		4		7	5	
6		9	3		5			7
	4	3			6	1	8	
			4		2			
3		8		5		9	2	4
		5	2	9		6		8
7	9	2	8		4	5	1	3

371

4	9	6	3			8		2
7	8	3	4			5	1	
1	5	2		6		3	9	
6	7	9		8	3	1		
	1		5		6	7		
2					9		3	8
	3		8		5			
	6		9	3	7	2	8	
			6					

372

	7	9	1	2		4	3	
	8		9	4	7		5	
	4	2	3		8	7	9	
8		7	5			1	2	9
		1		9			6	7
			7				8	4
	2		6			9		5
7	1			5	9	6	4	
	5	6						2

369

9	3	2	5	6	1	8	4	7
4	6	1	7	8	3	9	2	5
7	8	5	9	2	4	6	1	3
2	7	6	1	5	9	3	8	4
5	9	3	8	4	7	2	6	1
1	4	8	2	3	6	7	5	9
8	2	9	3	1	5	4	7	6
3	5	4	6	7	2	1	9	8
6	1	7	4	9	8	5	3	2

370

8	2	1	5	3	7	4	6	9
5	7	4	6	2	9	8	3	1
9	3	6	1	4	8	7	5	2
6	8	9	3	1	5	2	4	7
2	4	3	9	7	6	1	8	5
1	5	7	4	8	2	3	9	6
3	6	8	7	5	1	9	2	4
4	1	5	2	9	3	6	7	8
7	9	2	8	6	4	5	1	3

371

4	9	6	3	5	1	8	7	2
7	8	3	4	9	2	5	1	6
1	5	2	7	6	8	3	9	4
6	7	9	2	8	3	1	4	5
3	1	8	5	4	6	7	2	9
2	4	5	1	7	9	6	3	8
9	3	1	8	2	5	4	6	7
5	6	4	9	3	7	2	8	1
8	2	7	6	1	4	9	5	3

372

6	7	9	1	2	5	4	3	8
1	8	3	9	4	7	2	5	6
5	4	2	3	6	8	7	9	1
8	6	7	5	3	4	1	2	9
4	3	1	8	9	2	5	6	7
2	9	5	7	1	6	3	8	4
3	2	4	6	8	1	9	7	5
7	1	8	2	5	9	6	4	3
9	5	6	4	7	3	8	1	2

373

5	9	1	6	2				4
3			4	5	1	9		7
	7		3	8	9	1	5	2
7	1	3	9			2	8	5
2			1		8	3		
8			2	3				1
			8					3
		7		6	3		2	9
6			7		2	5		

374

	9		8	1	6	4		
5			7	3			9	
		3	2	5			1	6
	4	6		8				
2	1	7	4	9		5	6	
	5	8			1		4	7
	7			6			8	
6	2				8		7	9
	3			7	2	6		1

375

				3			5	
1	5	3	8	7	2		4	6
	2			5		3	7	
5				8	3	6		9
	6	2			7		3	5
	1	9	5		4	2	8	
4	3		7				2	1
				2	1	7		
	7		6	4	8			

376

6		8		7	1	3	9	4
9	3	1			6			
	2			3	9	8	1	
		2		5	4			
4	7	5						
			9	2			4	
5		3	4		2			7
8	6	9	7	1	5	4	2	3
					8	1	5	9

373

5	9	1	6	2	7	8	3	4
3	2	8	4	5	1	9	6	7
4	7	6	3	8	9	1	5	2
7	1	3	9	4	6	2	8	5
2	4	5	1	7	8	3	9	6
8	6	9	2	3	5	7	4	1
9	5	2	8	1	4	6	7	3
1	8	7	5	6	3	4	2	9
6	3	4	7	9	2	5	1	8

374

7	9	2	8	1	6	4	3	5
5	6	1	7	3	4	8	9	2
4	8	3	2	5	9	7	1	6
9	4	6	5	8	7	1	2	3
2	1	7	4	9	3	5	6	8
3	5	8	6	2	1	9	4	7
1	7	9	3	6	5	2	8	4
6	2	5	1	4	8	3	7	9
8	3	4	9	7	2	6	5	1

375

7	9	8	4	3	6	1	5	2
1	5	3	8	7	2	9	4	6
6	2	4	1	5	9	3	7	8
5	4	7	2	8	3	6	1	9
8	6	2	9	1	7	4	3	5
3	1	9	5	6	4	2	8	7
4	3	6	7	9	5	8	2	1
9	8	5	3	2	1	7	6	4
2	7	1	6	4	8	5	9	3

376

6	5	8	2	7	1	3	9	4
9	3	1	8	4	6	2	7	5
7	2	4	5	3	9	8	1	6
1	9	2	6	5	4	7	3	8
4	7	5	1	8	3	9	6	2
3	8	6	9	2	7	5	4	1
5	1	3	4	9	2	6	8	7
8	6	9	7	1	5	4	2	3
2	4	7	3	6	8	1	5	9

377

4	2		8		3			9
6			7		4	3	8	
		3	5	2	1	4	6	7
5	3	1	6		9			
8	9		3				7	1
	4	6	1					
1	7	9		5				
			4	1		9	2	5
2	5	4	9		8	7		

378

3	7		6		5	4		8
5	8	2	1					
9				3	2	1	5	
			5		4		1	
		3	9	8		5	7	6
1	5	7						
2	6	9	4			7		
		5			3	9	4	2
7	3	4		5	9		8	

379

	9	4	8		3	2		1
6	5	2			4		9	
1		3	6					4
	7		2				1	6
5	2	6	9		1	8		
	3	1	7	6	8			5
2			5			1	3	7
9	1			8			4	
		7		1				

380

	1	3	9	4		5		2
8					1			
6	9	4	5		7		8	3
	5	2		8		9	1	6
	8		1		5		3	7
1	7		6		2	8		4
5		1						
	4	7	8	1		3		
		8		5			9	1

377

4	2	7	8	6	3	1	5	9
6	1	5	7	9	4	3	8	2
9	8	3	5	2	1	4	6	7
5	3	1	6	7	9	2	4	8
8	9	2	3	4	5	6	7	1
7	4	6	1	8	2	5	9	3
1	7	9	2	5	6	8	3	4
3	6	8	4	1	7	9	2	5
2	5	4	9	3	8	7	1	6

378

3	7	1	6	9	5	4	2	8
5	8	2	1	4	7	3	6	9
9	4	6	8	3	2	1	5	7
6	9	8	5	7	4	2	1	3
4	2	3	9	8	1	5	7	6
1	5	7	3	2	6	8	9	4
2	6	9	4	1	8	7	3	5
8	1	5	7	6	3	9	4	2
7	3	4	2	5	9	6	8	1

379

7	9	4	8	5	3	2	6	1
6	5	2	1	7	4	3	9	8
1	8	3	6	2	9	7	5	4
8	7	9	2	3	5	4	1	6
5	2	6	9	4	1	8	7	3
4	3	1	7	6	8	9	2	5
2	4	8	5	9	6	1	3	7
9	1	5	3	8	7	6	4	2
3	6	7	4	1	2	5	8	9

380

7	1	3	9	4	8	5	6	2
8	2	5	3	6	1	4	7	9
6	9	4	5	2	7	1	8	3
3	5	2	7	8	4	9	1	6
4	8	6	1	9	5	2	3	7
1	7	9	6	3	2	8	5	4
5	3	1	2	7	9	6	4	8
9	4	7	8	1	6	3	2	5
2	6	8	4	5	3	7	9	1

381

		2		9				4
9	7			3	4			6
6			5	2		7		
4		5	8			3	7	9
8	9			5		1		
3	2			1		4	8	
	8	9	2			6	1	
	6				9		4	7
2	3	4	6			9	5	

382

1	3			7	8	9		
	4					1		
	7	6	9	2	1	5	3	
	6				3		1	9
	2		7	6	4	8	5	
			1		5		7	
		3	6	1		2	4	
	1	8	3	4			9	5
4	9		8		7			

383

6	8	2	9		4	7		3
1	9	3		7	6			5
7				1		9		
3		1			8		6	4
4	6				1	8	2	7
5		8			2			
2	3			6		1	7	
	1					4		2
8		7		2		6		

384

	1	9		3				2
2	7	8	9			3	5	
3			5					8
7	5		6	4			8	9
4	8					5	7	6
9		2	7	8			1	3
	2		8	9	4			
		7	1	2	6	9		5
	9		3					1

381

1	5	2	7	9	6	8	3	4
9	7	8	1	3	4	5	2	6
6	4	3	5	2	8	7	9	1
4	1	5	8	6	2	3	7	9
8	9	7	4	5	3	1	6	2
3	2	6	9	1	7	4	8	5
7	8	9	2	4	5	6	1	3
5	6	1	3	8	9	2	4	7
2	3	4	6	7	1	9	5	8

382

1	3	5	4	7	8	9	2	6
2	4	9	5	3	6	1	8	7
8	7	6	9	2	1	5	3	4
5	6	7	2	8	3	4	1	9
9	2	1	7	6	4	8	5	3
3	8	4	1	9	5	6	7	2
7	5	3	6	1	9	2	4	8
6	1	8	3	4	2	7	9	5
4	9	2	8	5	7	3	6	1

383

6	8	2	9	5	4	7	1	3
1	9	3	8	7	6	2	4	5
7	5	4	2	1	3	9	8	6
3	2	1	7	9	8	5	6	4
4	6	9	5	3	1	8	2	7
5	7	8	6	4	2	3	9	1
2	3	5	4	6	9	1	7	8
9	1	6	3	8	7	4	5	2
8	4	7	1	2	5	6	3	9

384

5	1	9	4	3	8	7	6	2
2	7	8	9	6	1	3	5	4
3	4	6	5	7	2	1	9	8
7	5	1	6	4	3	2	8	9
4	8	3	2	1	9	5	7	6
9	6	2	7	8	5	4	1	3
1	2	5	8	9	4	6	3	7
8	3	7	1	2	6	9	4	5
6	9	4	3	5	7	8	2	1

385

5			3	2	8		4	
		4			1			7
2		9	4	7	6		5	3
8		2		6	9		1	4
	4	6				8	2	
1				8	4			
9	6		8		5	4		2
	2							1
4	1	5	9		2	6	7	8

386

4	2		1		8	5		
9	5							2
7		3		2			1	
1	4		9		6	7		5
		8			4	6	2	9
5	6	9		3		1		
6					3	2		1
	1		2			3		7
2	3			5	1	4		6

387

7		2			5		6	
			4	1				
6		1	9		7		3	8
2		9			4	8		1
8	7	4			1	2	9	
	6	5			8	3	4	7
3		6	1		9	7		5
4		7	8		2			
		8		6	3		2	

388

	9	4	7					6
	5		4			7	8	2
	7	8			1		9	
			6		4	9	7	5
5	3	9		7	8			1
4	6		9	1			2	
7				6		2	1	
9			1			5		7
1	2		8	5		6		9

385

5	7	1	3	2	8	9	4	6
6	3	4	5	9	1	2	8	7
2	8	9	4	7	6	1	5	3
8	5	2	7	6	9	3	1	4
7	4	6	1	5	3	8	2	9
1	9	3	2	8	4	7	6	5
9	6	7	8	1	5	4	3	2
3	2	8	6	4	7	5	9	1
4	1	5	9	3	2	6	7	8

386

4	2	6	1	9	8	5	7	3
9	5	1	3	4	7	8	6	2
7	8	3	6	2	5	9	1	4
1	4	2	9	8	6	7	3	5
3	7	8	5	1	4	6	2	9
5	6	9	7	3	2	1	4	8
6	9	5	4	7	3	2	8	1
8	1	4	2	6	9	3	5	7
2	3	7	8	5	1	4	9	6

387

7	4	2	3	8	5	1	6	9
9	8	3	4	1	6	5	7	2
6	5	1	9	2	7	4	3	8
2	3	9	6	7	4	8	5	1
8	7	4	5	3	1	2	9	6
1	6	5	2	9	8	3	4	7
3	2	6	1	4	9	7	8	5
4	9	7	8	5	2	6	1	3
5	1	8	7	6	3	9	2	4

388

2	9	4	7	8	3	1	5	6
3	5	1	4	9	6	7	8	2
6	7	8	5	2	1	3	9	4
8	1	2	6	3	4	9	7	5
5	3	9	2	7	8	4	6	1
4	6	7	9	1	5	8	2	3
7	4	5	3	6	9	2	1	8
9	8	6	1	4	2	5	3	7
1	2	3	8	5	7	6	4	9

389

3	6			1		9	8	7
	9	2					3	
1	7		8	3			5	6
5			1					3
			5		3	1	6	
	3		4		6		2	
	5	8				6	7	
6	1	7	9	5	2	3	4	8
				8	7		1	9

390

5	4		3	7	6			
3			5	8			7	
			4		2			
	8	3	6		1		9	
	9		8			6	3	2
	2	7	9			1	8	
2			1	9	5		4	
	5		2	3		9	1	
	1	9	7	6	4		5	3

391

5	8		6	3	7		1	
3							8	6
	1			2	5	3	9	
6			5	4			2	8
2	5	8	3		6		4	
7	4							3
9	3				2	4	6	
		7			4	8	3	
8			1	5		9	7	

392

		1	6	7	5			2
	2	7		9	1			
	9				2		7	8
6		8		2	3	4	9	1
4	3	2	1				5	
9					7	3	2	6
		3	7	1	4	6		
				5	6		4	
			9		8	2	1	

3	6	5	2	1	4	9	8	7
8	9	2	7	6	5	4	3	1
1	7	4	8	3	9	2	5	6
5	4	6	1	2	8	7	9	3
2	8	9	5	7	3	1	6	4
7	3	1	4	9	6	8	2	5
9	5	8	3	4	1	6	7	2
6	1	7	9	5	2	3	4	8
4	2	3	6	8	7	5	1	9

389

5	4	1	3	7	6	8	2	9
3	6	2	5	8	9	4	7	1
9	7	8	4	1	2	3	6	5
4	8	3	6	2	1	5	9	7
1	9	5	8	4	7	6	3	2
6	2	7	9	5	3	1	8	4
2	3	6	1	9	5	7	4	8
7	5	4	2	3	8	9	1	6
8	1	9	7	6	4	2	5	3

390

5	8	9	6	3	7	2	1	4
3	7	2	4	1	9	5	8	6
4	1	6	8	2	5	3	9	7
6	9	3	5	4	1	7	2	8
2	5	8	3	7	6	1	4	9
7	4	1	2	9	8	6	5	3
9	3	5	7	8	2	4	6	1
1	2	7	9	6	4	8	3	5
8	6	4	1	5	3	9	7	2

391

8	4	1	6	7	5	9	3	2
3	2	7	8	9	1	5	6	4
5	9	6	3	4	2	1	7	8
6	7	8	5	2	3	4	9	1
4	3	2	1	6	9	8	5	7
9	1	5	4	8	7	3	2	6
2	5	3	7	1	4	6	8	9
1	8	9	2	5	6	7	4	3
7	6	4	9	3	8	2	1	5

392

393

	4	3			5		9	
5		6					3	
9				4		8	7	
		7		3	8	4	5	2
2	5		9					8
	3		4	5	2		1	9
	6	9	7	8			2	1
4			2		3	6		7
7		2	5	6				

394

1	2	8					6	
9	3	7				1	8	2
6		4	2	8	1	9		
	4		7	3				
	7		9	4	6	8	3	5
8		3			2		4	7
		5		9			2	
3		9		2		7	5	8
4				1				6

395

7	3	8			9			6
				5		3	7	2
6				7		4		
5	7		4	1	6			8
9	6				2	5		7
3	8	1			7	6	2	
	1	6		8	5	2		
8	5	3		2			6	
	9	7	1	6			4	

396

		9		2			3	
5	1	4		3	9		8	6
	8				1	9	5	7
4				7	6	8	9	
7	9	2	8				6	
8	3	6		9	2			5
		8					4	
9	4	7	6		3			
3	6		2				1	9

393

8	4	3	1	7	5	2	9	6
5	7	6	8	2	9	1	3	4
9	2	1	3	4	6	8	7	5
1	9	7	6	3	8	4	5	2
2	5	4	9	1	7	3	6	8
6	3	8	4	5	2	7	1	9
3	6	9	7	8	4	5	2	1
4	1	5	2	9	3	6	8	7
7	8	2	5	6	1	9	4	3

394

1	2	8	3	7	9	5	6	4
9	3	7	4	6	5	1	8	2
6	5	4	2	8	1	9	7	3
5	4	6	7	3	8	2	1	9
2	7	1	9	4	6	8	3	5
8	9	3	1	5	2	6	4	7
7	6	5	8	9	3	4	2	1
3	1	9	6	2	4	7	5	8
4	8	2	5	1	7	3	9	6

395

7	3	8	2	4	9	1	5	6
1	4	9	6	5	8	3	7	2
6	2	5	3	7	1	4	8	9
5	7	2	4	1	6	9	3	8
9	6	4	8	3	2	5	1	7
3	8	1	5	9	7	6	2	4
4	1	6	7	8	5	2	9	3
8	5	3	9	2	4	7	6	1
2	9	7	1	6	3	8	4	5

396

6	7	9	5	2	8	1	3	4
5	1	4	7	3	9	2	8	6
2	8	3	4	6	1	9	5	7
4	5	1	3	7	6	8	9	2
7	9	2	8	4	5	3	6	1
8	3	6	1	9	2	4	7	5
1	2	8	9	5	7	6	4	3
9	4	7	6	1	3	5	2	8
3	6	5	2	8	4	7	1	9

397

		3	4		1	6	7	9
	9		5	3		1		2
1	2			7			5	
6	7	8				9		
9	3		7			8		1
			8		9	2		7
7		9		8	3	5	2	4
3	8	1			5		9	
2	4			9		3		

398

	1	9		4		8		2
		2					1	
4	8				9		3	6
1	2					6	9	5
	9				7	1	8	3
6			9		1		4	7
8			3	9	4			1
	5		1		8	4		9
9		1	5	7	2		6	8

399

8	1			6			5	9
			3		9	4		
	2	3	4	8			1	
6	4			3			9	
3		5	1	9		2	6	4
1	9		2	4	6		3	
		1	9			8	7	6
	3		8		4		2	
2			6				4	3

400

		3			8	9	1	
	1				3	5	2	8
5			9			7		3
				7	5			2
6		9	8		2	1		
4	2		1	9				5
	4	6	5				7	1
		5	6			8		9
2	9	8	3	1	7		5	6

397

8	5	3	4	2	1	6	7	9
4	9	7	5	3	6	1	8	2
1	2	6	9	7	8	4	5	3
6	7	8	3	1	2	9	4	5
9	3	2	7	5	4	8	6	1
5	1	4	8	6	9	2	3	7
7	6	9	1	8	3	5	2	4
3	8	1	2	4	5	7	9	6
2	4	5	6	9	7	3	1	8

398

3	1	9	7	4	6	8	5	2
7	6	2	8	3	5	9	1	4
4	8	5	2	1	9	7	3	6
1	2	7	4	8	3	6	9	5
5	9	4	6	2	7	1	8	3
6	3	8	9	5	1	2	4	7
8	7	6	3	9	4	5	2	1
2	5	3	1	6	8	4	7	9
9	4	1	5	7	2	3	6	8

399

8	1	4	7	6	2	3	5	9
5	6	7	3	1	9	4	8	2
9	2	3	4	8	5	6	1	7
6	4	2	5	3	7	1	9	8
3	7	5	1	9	8	2	6	4
1	9	8	2	4	6	7	3	5
4	5	1	9	2	3	8	7	6
7	3	6	8	5	4	9	2	1
2	8	9	6	7	1	5	4	3

400

7	6	3	2	5	8	9	1	4
9	1	4	7	6	3	5	2	8
5	8	2	9	4	1	7	6	3
8	3	1	4	7	5	6	9	2
6	5	9	8	3	2	1	4	7
4	2	7	1	9	6	3	8	5
3	4	6	5	8	9	2	7	1
1	7	5	6	2	4	8	3	9
2	9	8	3	1	7	4	5	6

401

	7	6	3	5				2
2		5	7				3	
9	3		6	8	2	7		
8	1			3		5		
5			8				2	
	9	2	1	4	5		7	3
	2	1		6	8	3		7
3	6			1			4	5
7		9	4					

402

			3	2	1		8	9
9			5		8	6		
	8		9	6				1
8	6	9		1		7		4
				8	5	9	2	6
	5	2		4			1	
			4			1		7
			8		6	4	3	2
	9			3	7	8	6	5

403

9	8				3			1
	1	6			5	7	3	
5	7				6	2	9	
3			6	7	8			
	6		3		2			7
2	9	7		1	4	8		
			8	5		3		
	2		4		1	9	8	6
1			2		9	4		5

404

	2	6	4	7	5	8	1	3
7	3	5		6		9	4	
	4	1				5		
	7	9		8		3	5	4
3			7	1	4			8
4	6			5	3	2	7	
6							2	
2	9			3				
		7			6	1	3	

404

9	2	6	4	7	5	8	1	3
7	3	5	1	6	8	9	4	2
8	4	1	3	2	9	5	6	7
1	7	9	6	8	2	3	5	4
3	5	2	7	1	4	6	9	8
4	6	8	9	5	3	2	7	1
6	1	3	8	9	7	4	2	5
2	9	4	5	3	1	7	8	6
5	8	7	2	4	6	1	3	9

403

9	8	2	7	4	3	6	5	1
4	1	6	9	2	5	7	3	8
5	7	3	1	8	6	2	9	4
3	5	4	6	7	8	1	2	9
8	6	1	3	9	2	5	4	7
2	9	7	5	1	4	8	6	3
6	4	9	8	5	7	3	1	2
7	2	5	4	3	1	9	8	6
1	3	8	2	6	9	4	7	5

402

4	7	6	3	2	1	5	8	9
9	2	1	5	7	8	6	4	3
3	8	5	9	6	4	2	7	1
8	6	9	2	1	3	7	5	4
1	4	3	7	8	5	9	2	6
7	5	2	6	4	9	3	1	8
6	3	8	4	5	2	1	9	7
5	1	7	8	9	6	4	3	2
2	9	4	1	3	7	8	6	5

401

1	7	6	3	5	4	9	8	2
2	8	5	7	9	1	4	3	6
9	3	4	6	8	2	7	5	1
8	1	7	2	3	9	5	6	4
5	4	3	8	7	6	1	2	9
6	9	2	1	4	5	8	7	3
4	2	1	5	6	8	3	9	7
3	6	8	9	1	7	2	4	5
7	5	9	4	2	3	6	1	8

405

4	1			2		7		
	6		7	1	8		4	9
7		8	3					
6	4		8	5			2	3
9	8	3	6	4			7	
2			1					
8			4			3	6	1
5	3	6			1	4	9	7
			9		3	8	5	

406

4	9		1	6	8	2	3	
2	6		5			1		7
			3			6		
			9	5	7		6	
9	5		8	2	4	7		3
	8	2		1	3	4	5	9
	2		7	3			4	
		8		9			7	6
			4	8		5		

407

1	7	3	9		6	2		5
9			5		2		3	
6	5			1		9	8	7
7		6	8	2	5		1	
8		4			7	5		
		1	4	9		7		
	6		2	4				
4			7		1			3
	1			3		4	7	9

408

		8	6	7		1	2	5
7	5	1				9		8
		2	8	1	5			
9	7	6	5	3		4		
1				4	8		9	
	8						1	3
2	3		1		7	6		
		5	3		2			9
			9	5	4	2	3	1

405

4	1	9	5	2	6	7	3	8
3	6	5	7	1	8	2	4	9
7	2	8	3	9	4	5	1	6
6	4	1	8	5	7	9	2	3
9	8	3	6	4	2	1	7	5
2	5	7	1	3	9	6	8	4
8	9	2	4	7	5	3	6	1
5	3	6	2	8	1	4	9	7
1	7	4	9	6	3	8	5	2

406

4	9	7	1	6	8	2	3	5
2	6	3	5	4	9	1	8	7
8	1	5	3	7	2	6	9	4
1	3	4	9	5	7	8	6	2
9	5	6	8	2	4	7	1	3
7	8	2	6	1	3	4	5	9
6	2	1	7	3	5	9	4	8
5	4	8	2	9	1	3	7	6
3	7	9	4	8	6	5	2	1

407

1	7	3	9	8	6	2	4	5
9	4	8	5	7	2	1	3	6
6	5	2	3	1	4	9	8	7
7	9	6	8	2	5	3	1	4
8	3	4	1	6	7	5	9	2
5	2	1	4	9	3	7	6	8
3	6	7	2	4	9	8	5	1
4	8	9	7	5	1	6	2	3
2	1	5	6	3	8	4	7	9

408

3	4	8	6	7	9	1	2	5
7	5	1	4	2	3	9	6	8
6	9	2	8	1	5	3	4	7
9	7	6	5	3	1	4	8	2
1	2	3	7	4	8	5	9	6
5	8	4	2	9	6	7	1	3
2	3	9	1	8	7	6	5	4
4	1	5	3	6	2	8	7	9
8	6	7	9	5	4	2	3	1

409

	1	5						
	2				1	8	3	9
7	3		4			2		
	4		8	9		3	2	5
5	6	2		3	4	9	8	7
	8				7	1		4
			9	4		6		
6		3		8		4		
8	7		6		2	5		3

410

7		9	8	1	5	6		2
		4	9	2				5
	2	1		6			7	8
			6	7	9			4
	7	6			8			
9							8	
4		3	7		6	2		9
	9	7	2	5		8	6	
	6	2		9		4		7

411

	7		8		4		9	6
8	3	9	1		6		2	
5			9					3
4	1	5	3		2			
	9		7			4	1	
2			4		1	9		
9	5		2		8	6	7	1
6	2			7		3		8
		4			3	2	5	9

412

	4		3	1	9	5	2	8
		3		5				
5			7	6			4	1
2	6			7		4		5
4	5	8						3
3	7		8	4	5	2		
		5	6			8		4
7	8	4			2	9		
9	3				1		5	

409

9	1	5	3	2	8	7	4	6
4	2	6	5	7	1	8	3	9
7	3	8	4	6	9	2	5	1
1	4	7	8	9	6	3	2	5
5	6	2	1	3	4	9	8	7
3	8	9	2	5	7	1	6	4
2	5	1	9	4	3	6	7	8
6	9	3	7	8	5	4	1	2
8	7	4	6	1	2	5	9	3

410

7	3	9	8	1	5	6	4	2
6	8	4	9	2	7	1	3	5
5	2	1	4	6	3	9	7	8
3	1	8	6	7	9	5	2	4
2	7	6	5	4	8	3	9	1
9	4	5	1	3	2	7	8	6
4	5	3	7	8	6	2	1	9
1	9	7	2	5	4	8	6	3
8	6	2	3	9	1	4	5	7

411

1	7	2	8	3	4	5	9	6
8	3	9	1	5	6	7	2	4
5	4	6	9	2	7	1	8	3
4	1	5	3	9	2	8	6	7
3	9	8	7	6	5	4	1	2
2	6	7	4	8	1	9	3	5
9	5	3	2	4	8	6	7	1
6	2	1	5	7	9	3	4	8
7	8	4	6	1	3	2	5	9

412

6	4	7	3	1	9	5	2	8
8	1	3	2	5	4	6	9	7
5	9	2	7	6	8	3	4	1
2	6	9	1	7	3	4	8	5
4	5	8	9	2	6	1	7	3
3	7	1	8	4	5	2	6	9
1	2	5	6	9	7	8	3	4
7	8	4	5	3	2	9	1	6
9	3	6	4	8	1	7	5	2

413

			9			5	6	1
4	1	6	3	2	5			8
8		9			1			
	2	1		8			3	5
	8	4	1	5	2		7	9
9	6				7			2
1		2	5		4		8	
	7		8			9	2	
6	4	8			3		5	

414

7			4	6	3			
5	4			9	7		2	
9	8			1	2	7		6
1		9		7				4
	3		1			6	9	
	6		3	4	9		7	1
8	9			5				
	7	4	9		1			
3	2	5		8	6		1	

415

6	1			2		3	4	
				4		1	5	2
2				1	8		6	7
3	7	6		5		2	9	4
	5		4		9			
9	8		6	7	2	5		
	9		7	8	4			
						4		5
4	2		1		5	8	3	

416

6			3	7		2	5	4
4	5	2	9		1	7	8	
3	7		4	5			6	1
5							3	8
		3			4			5
1		6	5		9			
		7	6	8	5			
						5	4	7
	3	5	1		7	8	2	6

413

2	3	7	9	4	8	5	6	1
4	1	6	3	2	5	7	9	8
8	5	9	7	6	1	2	4	3
7	2	1	6	8	9	4	3	5
3	8	4	1	5	2	6	7	9
9	6	5	4	3	7	8	1	2
1	9	2	5	7	4	3	8	6
5	7	3	8	1	6	9	2	4
6	4	8	2	9	3	1	5	7

414

7	1	2	4	6	3	9	8	5
5	4	6	8	9	7	1	2	3
9	8	3	5	1	2	7	4	6
1	5	9	6	7	8	2	3	4
4	3	7	1	2	5	6	9	8
2	6	8	3	4	9	5	7	1
8	9	1	2	5	4	3	6	7
6	7	4	9	3	1	8	5	2
3	2	5	7	8	6	4	1	9

415

6	1	9	5	2	7	3	4	8
7	3	8	9	4	6	1	5	2
2	4	5	3	1	8	9	6	7
3	7	6	8	5	1	2	9	4
1	5	2	4	3	9	7	8	6
9	8	4	6	7	2	5	1	3
5	9	3	7	8	4	6	2	1
8	6	1	2	9	3	4	7	5
4	2	7	1	6	5	8	3	9

416

6	1	9	3	7	8	2	5	4
4	5	2	9	6	1	7	8	3
3	7	8	4	5	2	9	6	1
5	9	4	7	2	6	1	3	8
7	2	3	8	1	4	6	9	5
1	8	6	5	3	9	4	7	2
2	4	7	6	8	5	3	1	9
8	6	1	2	9	3	5	4	7
9	3	5	1	4	7	8	2	6

417

2	9		7					4
1	5			6	9		7	
			1	2	4		6	
	4	2		1	3			8
	1	5	4	8		2	3	
6	3	8				9		1
4	6		3			7	2	
5				4		8	1	
	8		2		1			6

418

5	9	3	7					
		1		5		2	3	7
2	7		6	3		9		
	1	5		2		3	6	8
4	8			1		7	2	5
3		2	5				9	1
	3	6	2	7		5		
					3			2
9			8	6		1	7	

419

1		5	2	7	8	3	6	4
			1		3	9	8	
	8				6	2		7
3	1		5			4		9
	4	7		8	2			6
	2	6			1			3
2				3	4			
	5	4		2	9			
7	3	9	8	1				

420

4				6	3		5	7
3		6	2			4	9	1
5	1		8		4		3	6
		3	7	8			4	9
9							1	3
	5	1			9	6	8	
1		2	9		8		6	
8		5	3	2	6			4
6	3							

417

2	9	6	7	3	5	1	8	4
1	5	4	8	6	9	3	7	2
8	7	3	1	2	4	5	6	9
7	4	2	9	1	3	6	5	8
9	1	5	4	8	6	2	3	7
6	3	8	5	7	2	9	4	1
4	6	1	3	9	8	7	2	5
5	2	9	6	4	7	8	1	3
3	8	7	2	5	1	4	9	6

418

5	9	3	7	4	2	8	1	6
6	4	1	9	5	8	2	3	7
2	7	8	6	3	1	9	5	4
7	1	5	4	2	9	3	6	8
4	8	9	3	1	6	7	2	5
3	6	2	5	8	7	4	9	1
1	3	6	2	7	4	5	8	9
8	5	7	1	9	3	6	4	2
9	2	4	8	6	5	1	7	3

419

1	9	5	2	7	8	3	6	4
6	7	2	1	4	3	9	8	5
4	8	3	9	5	6	2	1	7
3	1	8	5	6	7	4	2	9
9	4	7	3	8	2	1	5	6
5	2	6	4	9	1	8	7	3
2	6	1	7	3	4	5	9	8
8	5	4	6	2	9	7	3	1
7	3	9	8	1	5	6	4	2

420

4	2	9	1	6	3	8	5	7
3	8	6	2	7	5	4	9	1
5	1	7	8	9	4	2	3	6
2	6	3	7	8	1	5	4	9
9	4	8	6	5	2	7	1	3
7	5	1	4	3	9	6	8	2
1	7	2	9	4	8	3	6	5
8	9	5	3	2	6	1	7	4
6	3	4	5	1	7	9	2	8

421

	2	8		3		6		
								8
	9				8	7	4	2
1	8	4	5		6	2	7	3
	6	5	3	2	7	8		4
	3	2		8	1	5		
	7	9	2	1		4		
		3		6	4			
	4			7		9	2	

422

5			6				3	8
8	2			5			1	
9	3		7		8	2		
	8		9		5		6	1
	9	3	2	6		5	8	4
	6		8			7		
6			3		7	1	9	
2	7	1	5		9		4	
			1		6	8		2

423

9			1				3	
		5	8	4				1
8	1		3		7			
	5			1		3	7	2
				6	3	9		
1	9	3		2	8	5		6
	2	1	6		5	7		9
3			9					4
5		9	2		4	1	6	3

424

8	3		2		4		9	
2			7				4	3
1	4	6			8	5		2
	1		8	4			2	5
9					3	4	8	7
7			5	2	9	1		6
		2					6	
3				7	5	2	1	4
	6		3					9

4	2	8	7	3	9	6	5	1
5	1	7	6	4	2	3	9	8
3	9	6	1	5	8	7	4	2
1	8	4	5	9	6	2	7	3
9	6	5	3	2	7	8	1	4
7	3	2	4	8	1	5	6	9
8	7	9	2	1	5	4	3	6
2	5	3	9	6	4	1	8	7
6	4	1	8	7	3	9	2	5

421

5	1	7	6	9	2	4	3	8
8	2	6	4	5	3	9	1	7
9	3	4	7	1	8	2	5	6
4	8	2	9	7	5	3	6	1
7	9	3	2	6	1	5	8	4
1	6	5	8	3	4	7	2	9
6	4	8	3	2	7	1	9	5
2	7	1	5	8	9	6	4	3
3	5	9	1	4	6	8	7	2

422

9	4	2	1	5	6	8	3	7
7	3	5	8	4	2	6	9	1
8	1	6	3	9	7	4	2	5
6	5	8	4	1	9	3	7	2
2	7	4	5	6	3	9	1	8
1	9	3	7	2	8	5	4	6
4	2	1	6	3	5	7	8	9
3	6	7	9	8	1	2	5	4
5	8	9	2	7	4	1	6	3

423

8	3	7	2	5	4	6	9	1
2	5	9	7	1	6	8	4	3
1	4	6	9	3	8	5	7	2
6	1	3	8	4	7	9	2	5
9	2	5	1	6	3	4	8	7
7	8	4	5	2	9	1	3	6
5	7	2	4	9	1	3	6	8
3	9	8	6	7	5	2	1	4
4	6	1	3	8	2	7	5	9

424

425

		4	9					3
8	1	9	2			5		6
	7	3	1	4	6	2		8
				1		6		
2	3				9	4		
	6		5		4	3	2	1
1	9		4				6	
3	8	6			5	9		
			6	9	1	8		5

426

	5		3	2				
1	3	7			9	4		
6	2	4	7	5	1			8
2		1		6	5			9
		3		7		5	1	
9	6	5			3			2
7	1	8	5	4	6			3
	4		1	9		6	5	
								4

427

7	3	6		1		4		
8	1	5		9	4	7		
				5			1	8
		3	2	4	9	1	7	5
		7			3	9	4	2
		9		7	5		6	
3	2	4			7	5	8	1
	6	1	4	3				
		8			1			4

428

4	7	9			6		3	
			1		3		7	
		1		2	9			6
	2	6	9				1	
5	4			1	7			
1		3		6		7	2	
9		5	6	7	2		4	8
		4	8		1	2	9	7
2	8	7	3				5	1

425

6	2	4	9	5	8	1	7	3
8	1	9	2	3	7	5	4	6
5	7	3	1	4	6	2	9	8
4	5	7	3	1	2	6	8	9
2	3	1	8	6	9	4	5	7
9	6	8	5	7	4	3	2	1
1	9	5	4	8	3	7	6	2
3	8	6	7	2	5	9	1	4
7	4	2	6	9	1	8	3	5

426

8	5	9	3	2	4	7	6	1
1	3	7	6	8	9	4	2	5
6	2	4	7	5	1	9	3	8
2	7	1	8	6	5	3	4	9
4	8	3	9	7	2	5	1	6
9	6	5	4	1	3	8	7	2
7	1	8	5	4	6	2	9	3
3	4	2	1	9	8	6	5	7
5	9	6	2	3	7	1	8	4

427

7	3	6	8	1	2	4	5	9
8	1	5	3	9	4	7	2	6
4	9	2	7	5	6	3	1	8
6	8	3	2	4	9	1	7	5
1	5	7	6	8	3	9	4	2
2	4	9	1	7	5	8	6	3
3	2	4	9	6	7	5	8	1
5	6	1	4	3	8	2	9	7
9	7	8	5	2	1	6	3	4

428

4	7	9	5	8	6	1	3	2
8	6	2	1	4	3	5	7	9
3	5	1	7	2	9	4	8	6
7	2	6	9	3	5	8	1	4
5	4	8	2	1	7	9	6	3
1	9	3	4	6	8	7	2	5
9	1	5	6	7	2	3	4	8
6	3	4	8	5	1	2	9	7
2	8	7	3	9	4	6	5	1

429

	7	3	4		1		5	
6	1	5	8	3		4	2	
9		8				1		3
	8		2	9		6	1	
			6	7	8	5	3	
5	9			1	4		7	
8	3				6	7		
7	6	9	5	8				
			9	4		3		

430

	3			8		5		
	5	2	1				7	8
		4	5		7	9	3	2
		9	7	1	6		2	
2		5	8		4			
3	1		9	2	5	8		4
4	9		3	7	1	2	5	6
	2	3		5				9
					2	4		3

431

6		3		1	4		9	
	2		6				8	4
4	7					3		6
8			7	5		9	6	
7	9		8	4		5		3
1		2	3	9		4		
2	1		9	3	8			5
3		8		6				
5			4		7	8		1

432

2	1	5			8			7
3		4	5	2	7		1	
	7	6		1				2
					4		6	5
4		7			5	9		
	5		1	9			7	
1	6			5	2			9
5	4	9	7		6		2	
7	2	8	9	3			5	6

2	7	3	4	6	1	9	5	8
6	1	5	8	3	9	4	2	7
9	4	8	7	5	2	1	6	3
3	8	7	2	9	5	6	1	4
4	2	1	6	7	8	5	3	9
5	9	6	3	1	4	8	7	2
8	3	4	1	2	6	7	9	5
7	6	9	5	8	3	2	4	1
1	5	2	9	4	7	3	8	6

429

7	3	6	2	8	9	5	4	1
9	5	2	1	4	3	6	7	8
1	8	4	5	6	7	9	3	2
8	4	9	7	1	6	3	2	5
2	6	5	8	3	4	1	9	7
3	1	7	9	2	5	8	6	4
4	9	8	3	7	1	2	5	6
6	2	3	4	5	8	7	1	9
5	7	1	6	9	2	4	8	3

430

6	8	3	5	1	4	2	9	7
9	2	5	6	7	3	1	8	4
4	7	1	2	8	9	3	5	6
8	3	4	7	5	1	9	6	2
7	9	6	8	4	2	5	1	3
1	5	2	3	9	6	4	7	8
2	1	7	9	3	8	6	4	5
3	4	8	1	6	5	7	2	9
5	6	9	4	2	7	8	3	1

431

2	1	5	6	4	8	3	9	7
3	9	4	5	2	7	6	1	8
8	7	6	3	1	9	5	4	2
9	3	1	8	7	4	2	6	5
4	8	7	2	6	5	9	3	1
6	5	2	1	9	3	8	7	4
1	6	3	4	5	2	7	8	9
5	4	9	7	8	6	1	2	3
7	2	8	9	3	1	4	5	6

432

433

			6	1			3	
	7	5	2				6	
			7		9		5	
7	3	8	4	9	2		1	
5	1	2	3			9	8	4
	9			5	8	3	2	7
	8		9		1		4	
		3	5		4		7	
1	5				7	2	9	

434

5	7	4	6		3	2		8
2	3	9	8			1		
				9		4	3	5
	6	2	1				5	
9			7		2	8	6	
8	4							9
1		6	5		8			7
3			4	7	1	6		2
4					6			3

435

8	1		9			6	5	
9	7	3		8	6	4	2	
		5			1		8	9
			2	1	4	3		8
2	8		6	7		5		
	3			9		1		2
3		2	7				1	
5				4	9			7
1		7	3	5		8		

436

	7		8	3	4	5	9	2
				7			6	
			6		1	7	8	4
	3	4	5	8			1	7
7	8	1		9	2	4		6
9				1	7			8
	4		7				2	
8	9				3		7	5
		7		6	9	8	4	

433

2	4	9	6	1	5	7	3	8
8	7	5	2	4	3	1	6	9
3	6	1	7	8	9	4	5	2
7	3	8	4	9	2	6	1	5
5	1	2	3	7	6	9	8	4
4	9	6	1	5	8	3	2	7
6	8	7	9	2	1	5	4	3
9	2	3	5	6	4	8	7	1
1	5	4	8	3	7	2	9	6

434

5	7	4	6	1	3	2	9	8
2	3	9	8	5	4	1	7	6
6	1	8	2	9	7	4	3	5
7	6	2	1	8	9	3	5	4
9	5	3	7	4	2	8	6	1
8	4	1	3	6	5	7	2	9
1	2	6	5	3	8	9	4	7
3	9	5	4	7	1	6	8	2
4	8	7	9	2	6	5	1	3

435

8	1	4	9	2	7	6	5	3
9	7	3	5	8	6	4	2	1
6	2	5	4	3	1	7	8	9
7	5	9	2	1	4	3	6	8
2	8	1	6	7	3	5	9	4
4	3	6	8	9	5	1	7	2
3	4	2	7	6	8	9	1	5
5	6	8	1	4	9	2	3	7
1	9	7	3	5	2	8	4	6

436

1	7	6	8	3	4	5	9	2
4	2	8	9	7	5	3	6	1
3	5	9	6	2	1	7	8	4
2	3	4	5	8	6	9	1	7
7	8	1	3	9	2	4	5	6
9	6	5	4	1	7	2	3	8
6	4	3	7	5	8	1	2	9
8	9	2	1	4	3	6	7	5
5	1	7	2	6	9	8	4	3

437

5			2	7				6
7		8			9		1	
	2	4	8		1	7	5	
		2		8	3	1	9	
	5	3				4		7
	9				5			
2	8	5	6		7		4	1
		1	5	4	8	6	7	
	7	6	9					8

438

6				3			5	1
1			7	4	5	9		
	7	2	1	6	9	3	4	
7	5	6	4		8		1	
2	9	4	6	1	3		8	
3	1	8	5					4
	2		9	5		8		
9	3			8	6	4		
								9

439

	3		8		7	1		4
5	2	1	9		6	3	7	8
7		4			1	2	9	
	9	5						
4		3	7	9	5		6	
8		2				5	1	
	4		5		3	9		1
3				1		7		5
		9	2				4	

440

			4	7		8		
3	1			6		4		5
				8		1	2	9
		5	6	2	3	7		
		3		4	7			6
4	7	6		9			5	2
6	3		7				4	8
2	5	9		1			3	7
	4		2	3			9	

437

5	1	9	2	7	4	3	8	6
7	6	8	3	5	9	2	1	4
3	2	4	8	6	1	7	5	9
6	4	2	7	8	3	1	9	5
8	5	3	1	9	6	4	2	7
1	9	7	4	2	5	8	6	3
2	8	5	6	3	7	9	4	1
9	3	1	5	4	8	6	7	2
4	7	6	9	1	2	5	3	8

438

6	4	9	8	3	2	7	5	1
1	8	3	7	4	5	9	6	2
5	7	2	1	6	9	3	4	8
7	5	6	4	9	8	2	1	3
2	9	4	6	1	3	5	8	7
3	1	8	5	2	7	6	9	4
4	2	7	9	5	1	8	3	6
9	3	1	2	8	6	4	7	5
8	6	5	3	7	4	1	2	9

439

9	3	6	8	2	7	1	5	4
5	2	1	9	4	6	3	7	8
7	8	4	3	5	1	2	9	6
6	9	5	1	8	2	4	3	7
4	1	3	7	9	5	8	6	2
8	7	2	6	3	4	5	1	9
2	4	7	5	6	3	9	8	1
3	6	8	4	1	9	7	2	5
1	5	9	2	7	8	6	4	3

440

5	9	2	4	7	1	8	6	3
3	1	8	9	6	2	4	7	5
7	6	4	3	8	5	1	2	9
9	8	5	6	2	3	7	1	4
1	2	3	5	4	7	9	8	6
4	7	6	1	9	8	3	5	2
6	3	1	7	5	9	2	4	8
2	5	9	8	1	4	6	3	7
8	4	7	2	3	6	5	9	1

441

		8	4	9	3		5	
		5	1					9
4	1		8	2	5		6	7
5	2		9			7	1	
	8				4			5
3							4	
	5		2	4	7		3	8
	4	3	6			5	2	1
8	6	2			1	9	7	

442

	2		5	7		8	1	4
3			8	9	2	5	7	
7	8				1	3		
2					4			3
	1			6	5		4	
4	6	7	3	2			9	5
	3				6		8	
		4		8	9	6		1
	9			3	7			2

443

		4	2		3		1	
9			7		1			6
	1	2			6			3
2	4	7	6		9		3	
3		9	5		4	1		
1		6				4		9
6						3		4
5	9	1		3	7	6	8	2
	2	3	8				9	1

444

6		4	3	9		7	8	1
				7	8			6
	8			6		4		2
	3	8	6		9	5		
	6	9				8	2	3
1		2		5			7	9
		3	1	8	6	2	4	
4	2					1		
8			2	4	5			7

441

6	7	8	4	9	3	1	5	2
2	3	5	1	7	6	4	8	9
4	1	9	8	2	5	3	6	7
5	2	4	9	6	8	7	1	3
1	8	6	7	3	4	2	9	5
3	9	7	5	1	2	8	4	6
9	5	1	2	4	7	6	3	8
7	4	3	6	8	9	5	2	1
8	6	2	3	5	1	9	7	4

442

6	2	9	5	7	3	8	1	4
3	4	1	8	9	2	5	7	6
7	8	5	6	4	1	3	2	9
2	5	8	9	1	4	7	6	3
9	1	3	7	6	5	2	4	8
4	6	7	3	2	8	1	9	5
1	3	2	4	5	6	9	8	7
5	7	4	2	8	9	6	3	1
8	9	6	1	3	7	4	5	2

443

7	6	4	2	5	3	9	1	8
9	3	5	7	8	1	2	4	6
8	1	2	9	4	6	5	7	3
2	4	7	6	1	9	8	3	5
3	8	9	5	2	4	1	6	7
1	5	6	3	7	8	4	2	9
6	7	8	1	9	2	3	5	4
5	9	1	4	3	7	6	8	2
4	2	3	8	6	5	7	9	1

444

6	5	4	3	9	2	7	8	1
2	9	1	4	7	8	3	5	6
3	8	7	5	6	1	4	9	2
7	3	8	6	2	9	5	1	4
5	6	9	7	1	4	8	2	3
1	4	2	8	5	3	6	7	9
9	7	3	1	8	6	2	4	5
4	2	5	9	3	7	1	6	8
8	1	6	2	4	5	9	3	7

445

6	4	5				8		2
9			7	5		4		
7	1	8	6	4				
	8	6		7	5	3		
		4					2	5
5	9		2	6		7	4	8
3			5	8			6	4
	6	7	1		4			3
	5		9	3	6		8	

446

8	6	9	4	7				
7	5			1	9	8		
1		2			3	6		9
5	9		3		7	1		
		1		4	6		9	8
	8			9		4		
2		8		6		9		7
		6		3	8			5
		5	7			3	8	6

447

	5	4	3		7	1		
3		7		4	2			5
	2		5				7	
6	8			5		2		
1			2		3	8		
		9	7				3	1
7	6				5		1	
5		2		7	1		6	3
4	3	1	6	2			5	8

448

	3		4		7		9	8
7			6	5	3	2	4	
	1		8	9				
5	7				9		8	3
9						7		6
3		6			4			5
		3	7	4	1		5	9
	5				6			4
1	4	7	9	8			6	2

448

6	3	2	4	1	7	5	9	8
7	9	8	6	5	3	2	4	1
4	1	5	8	9	2	6	3	7
5	7	1	2	6	9	4	8	3
9	2	4	5	3	8	7	1	6
3	8	6	1	7	4	9	2	5
2	6	3	7	4	1	8	5	9
8	5	9	3	2	6	1	7	4
1	4	7	9	8	5	3	6	2

447

8	5	4	3	6	7	1	2	9
3	1	7	9	4	2	6	8	5
9	2	6	5	1	8	3	7	4
6	8	3	1	5	4	2	9	7
1	7	5	2	9	3	8	4	6
2	4	9	7	8	6	5	3	1
7	6	8	4	3	5	9	1	2
5	9	2	8	7	1	4	6	3
4	3	1	6	2	9	7	5	8

446

8	6	9	4	7	2	5	3	1
7	5	3	6	1	9	8	2	4
1	4	2	8	5	3	6	7	9
5	9	4	3	8	7	1	6	2
3	2	1	5	4	6	7	9	8
6	8	7	2	9	1	4	5	3
2	3	8	1	6	5	9	4	7
4	7	6	9	3	8	2	1	5
9	1	5	7	2	4	3	8	6

445

6	4	5	3	1	9	8	7	2
9	3	2	7	5	8	4	1	6
7	1	8	6	4	2	5	3	9
2	8	6	4	7	5	3	9	1
1	7	4	8	9	3	6	2	5
5	9	3	2	6	1	7	4	8
3	2	9	5	8	7	1	6	4
8	6	7	1	2	4	9	5	3
4	5	1	9	3	6	2	8	7

449

		9	5			2	6	
5	3	2	6	7	1	9		8
8	1		9	4	2	5		
	9	8		3		6		
					6	1	8	9
	2			1	9		5	
	4		3	5		7	2	6
2					7	3	9	
		3	2	9		8		

450

	2		6		7		8	3
7		3	8					
	9	8					2	
4	8	2		3		5	1	7
1	3		7	2		8	6	
	7	6		8	5			2
2	6			4		1		
		1		7	8	4	9	
8		9				2	7	5

451

	3				4	7		5
9	4	1		6	5	8		
		2		8		9	6	
					2			
6			5		1		9	
			6	9	8	5	7	1
	1	8			9	6		
	5		2		6		4	
4	6	3	8	1	7	2	5	9

452

7	9		4			3		
		8	2	3			6	7
	5			9	1		2	8
2	3	5					9	4
		7	9		4	6	5	
9		4	8	5		2		
5	2	3	6				8	9
8	4					7		6
				8	9			2

449

4	7	9	5	8	3	2	6	1
5	3	2	6	7	1	9	4	8
8	1	6	9	4	2	5	3	7
1	9	8	4	3	5	6	7	2
3	5	4	7	2	6	1	8	9
6	2	7	8	1	9	4	5	3
9	4	1	3	5	8	7	2	6
2	8	5	1	6	7	3	9	4
7	6	3	2	9	4	8	1	5

450

5	2	4	6	1	7	9	8	3
7	1	3	8	9	2	6	5	4
6	9	8	4	5	3	7	2	1
4	8	2	9	3	6	5	1	7
1	3	5	7	2	4	8	6	9
9	7	6	1	8	5	3	4	2
2	6	7	5	4	9	1	3	8
3	5	1	2	7	8	4	9	6
8	4	9	3	6	1	2	7	5

451

8	3	6	9	2	4	7	1	5
9	4	1	7	6	5	8	2	3
5	7	2	1	8	3	9	6	4
1	9	5	3	7	2	4	8	6
6	8	7	5	4	1	3	9	2
3	2	4	6	9	8	5	7	1
2	1	8	4	5	9	6	3	7
7	5	9	2	3	6	1	4	8
4	6	3	8	1	7	2	5	9

452

7	9	2	4	6	8	3	1	5
4	1	8	2	3	5	9	6	7
3	5	6	7	9	1	4	2	8
2	3	5	1	7	6	8	9	4
1	8	7	9	2	4	6	5	3
9	6	4	8	5	3	2	7	1
5	2	3	6	4	7	1	8	9
8	4	9	5	1	2	7	3	6
6	7	1	3	8	9	5	4	2

453

		5	9	7		1		
9	4	7	1		8			
2	1		5		6			
4	7			1			6	
			6	8	4	9		7
8			7		9	4	1	5
		4	8			7		6
3	5	8	4	6	7	2	9	
		6					8	4

454

2	7		8	1	5			3
		3		2	4			
		8	3	9	6		2	7
		4	2	6	1			
9	3				7	6	1	2
6	1	2			9	7		4
3	2		9			1		
8	5			4	2		7	
4	6						5	8

455

8	1	4	9	5	7			6
9	3	6	2		4	7	1	
7		5		6	1			
	8	1	7		5		3	2
3							5	
	5		8	3	9	6		1
1	6							
	4		1		8			3
2		3		7	6	1		8

456

7	4						2	
						7	1	9
8		1	5	7	2	4		3
	6			9	3	1		
9		7			8		3	2
3		8		2			7	4
1	3				6		4	7
4	7		9	8		3	5	
6		5		3				1

453

6	8	5	9	7	3	1	4	2
9	4	7	1	2	8	6	5	3
2	1	3	5	4	6	8	7	9
4	7	9	2	1	5	3	6	8
5	3	1	6	8	4	9	2	7
8	6	2	7	3	9	4	1	5
1	9	4	8	5	2	7	3	6
3	5	8	4	6	7	2	9	1
7	2	6	3	9	1	5	8	4

454

2	7	6	8	1	5	4	9	3
5	9	3	7	2	4	8	6	1
1	4	8	3	9	6	5	2	7
7	8	4	2	6	1	9	3	5
9	3	5	4	8	7	6	1	2
6	1	2	5	3	9	7	8	4
3	2	7	9	5	8	1	4	6
8	5	1	6	4	2	3	7	9
4	6	9	1	7	3	2	5	8

455

8	1	4	9	5	7	3	2	6
9	3	6	2	8	4	7	1	5
7	2	5	3	6	1	4	8	9
6	8	1	7	4	5	9	3	2
3	7	9	6	1	2	8	5	4
4	5	2	8	3	9	6	7	1
1	6	8	4	2	3	5	9	7
5	4	7	1	9	8	2	6	3
2	9	3	5	7	6	1	4	8

456

7	4	6	3	1	9	5	2	8
5	2	3	8	6	4	7	1	9
8	9	1	5	7	2	4	6	3
2	6	4	7	9	3	1	8	5
9	5	7	1	4	8	6	3	2
3	1	8	6	2	5	9	7	4
1	3	9	2	5	6	8	4	7
4	7	2	9	8	1	3	5	6
6	8	5	4	3	7	2	9	1

457

8		4	9			7	6	
3	5	9			6	4	1	
	1		4	2	5	9	8	3
7	6			9	4		2	
			3			5	9	
		2	5		8			7
			8	4		2		
			2	3	9	6		
2		3	6			8	7	9

458

7	5	2				1	6	3
1		9	3				8	
4	3		1		6			
5		1		6	8	3	2	
	2	3					1	
6	4		2			8		
3		5	9		2	6	4	1
2		6	8				5	
9		4		1		2	3	

459

	9		3			2		6
6	1					9		
3	8	2	9	6			5	4
		4	5	7	2	8	6	1
			1	9		3	2	
5	2	1			6	7	4	
		3	6		9			
2			4			6		
	5		7		3	4		8

460

					3	9		6
	9		8	1		2		7
	3	8	7		2			1
	2	9			7	3	6	4
1			3			8		
7	4	3		6				
9		2		3	5			
5		4		8	1	6		3
3	8	1		7		5	4	2

457

8	2	4	9	1	3	7	6	5
3	5	9	7	8	6	4	1	2
6	1	7	4	2	5	9	8	3
7	6	5	1	9	4	3	2	8
4	8	1	3	7	2	5	9	6
9	3	2	5	6	8	1	4	7
5	9	6	8	4	7	2	3	1
1	7	8	2	3	9	6	5	4
2	4	3	6	5	1	8	7	9

458

7	5	2	4	8	9	1	6	3
1	6	9	3	5	7	4	8	2
4	3	8	1	2	6	5	7	9
5	9	1	7	6	8	3	2	4
8	2	3	5	9	4	7	1	6
6	4	7	2	3	1	8	9	5
3	8	5	9	7	2	6	4	1
2	1	6	8	4	3	9	5	7
9	7	4	6	1	5	2	3	8

459

4	9	7	3	5	1	2	8	6
6	1	5	2	4	8	9	3	7
3	8	2	9	6	7	1	5	4
9	3	4	5	7	2	8	6	1
7	6	8	1	9	4	3	2	5
5	2	1	8	3	6	7	4	9
8	4	3	6	1	9	5	7	2
2	7	9	4	8	5	6	1	3
1	5	6	7	2	3	4	9	8

460

2	1	7	5	4	3	9	8	6
4	9	5	8	1	6	2	3	7
6	3	8	7	9	2	4	5	1
8	2	9	1	5	7	3	6	4
1	5	6	3	2	4	8	7	9
7	4	3	9	6	8	1	2	5
9	6	2	4	3	5	7	1	8
5	7	4	2	8	1	6	9	3
3	8	1	6	7	9	5	4	2

461

5	3	2				9	7	6
					9			8
	1		6	3		5	4	2
		3	9		8	4		
	5					6	8	
6	9	8	5		4			
2	4	6	3	9	5		1	7
9		1				3		
3	7	5		8		2		4

462

		2		5	6		9	7
3	7		1		8			2
5					4	8	3	1
1	4	9	6		5	2		
		7				9		4
2	3			8			1	6
9		3			7	1		
			9	1	3	6		
4	5	1				3		9

463

4	9	1	2	8	5		6	3
7				9		1	5	2
	5		6	1				9
	3	7		6	9	2	1	8
	2	9	5					6
	4	6			2		9	
9		2	1					4
6	7			4	8	3		
		4		2				5

464

3		2				1		
		1		9	2			
4	9			1				6
	3	6	2	5		7		
	8	7	1	4		5	6	3
5	4	9	7	6				1
8	7			2	1	6	5	
6		5		3	4		7	
	2				5		1	

461

5	3	2	8	4	1	9	7	6
4	6	7	2	5	9	1	3	8
8	1	9	6	3	7	5	4	2
7	2	3	9	6	8	4	5	1
1	5	4	7	2	3	6	8	9
6	9	8	5	1	4	7	2	3
2	4	6	3	9	5	8	1	7
9	8	1	4	7	2	3	6	5
3	7	5	1	8	6	2	9	4

462

8	1	2	3	5	6	4	9	7
3	7	4	1	9	8	5	6	2
5	9	6	7	2	4	8	3	1
1	4	9	6	7	5	2	8	3
6	8	7	2	3	1	9	5	4
2	3	5	4	8	9	7	1	6
9	6	3	5	4	7	1	2	8
7	2	8	9	1	3	6	4	5
4	5	1	8	6	2	3	7	9

463

4	9	1	2	8	5	7	6	3
7	6	8	3	9	4	1	5	2
2	5	3	6	1	7	8	4	9
5	3	7	4	6	9	2	1	8
8	2	9	5	7	1	4	3	6
1	4	6	8	3	2	5	9	7
9	8	2	1	5	3	6	7	4
6	7	5	9	4	8	3	2	1
3	1	4	7	2	6	9	8	5

464

3	5	2	4	8	6	1	9	7
7	6	1	3	9	2	4	8	5
4	9	8	5	1	7	2	3	6
1	3	6	2	5	8	7	4	9
2	8	7	1	4	9	5	6	3
5	4	9	7	6	3	8	2	1
8	7	3	9	2	1	6	5	4
6	1	5	8	3	4	9	7	2
9	2	4	6	7	5	3	1	8

465

	7			8	4	9		
	2	4	9	5	6	7		8
6	9	8	7	3		4	5	
5					8			3
7	4		6		5			9
		9			1	5	4	
2					9		1	
	5	1	8	4	3	2		
4	8			1				

466

			1		6	8	4	
4			5	8	3	1	6	2
	1	6		9		3	7	
	8							3
			7	1	2	6		
2	6	7	8	3	9	5	1	
	3				7	2		
		4			8	9	3	1
6		8	3		1			7

467

7	9		2			3	4	
			6	9			1	
6	1	2		3		7		8
	7	6						
5			9	1	6			
4	8	1	7	2				
8	3	7			9	2	5	4
2					4	6	3	
1	6	4	3				7	9

468

8		1		2		4	6	9
4	5	7	1	9	6	3	2	
	9			4		7		
			6		1	8		
7		4			2		1	6
5	1	6			4			7
2		9		1		5	8	
		5	2	6	8	1		
1		8		5				

465

3	7	5	1	8	4	9	2	6
1	2	4	9	5	6	7	3	8
6	9	8	7	3	2	4	5	1
5	1	2	4	9	8	6	7	3
7	4	3	6	2	5	1	8	9
8	6	9	3	7	1	5	4	2
2	3	7	5	6	9	8	1	4
9	5	1	8	4	3	2	6	7
4	8	6	2	1	7	3	9	5

466

3	5	2	1	7	6	8	4	9
4	7	9	5	8	3	1	6	2
8	1	6	2	9	4	3	7	5
9	8	1	4	6	5	7	2	3
5	4	3	7	1	2	6	9	8
2	6	7	8	3	9	5	1	4
1	3	5	9	4	7	2	8	6
7	2	4	6	5	8	9	3	1
6	9	8	3	2	1	4	5	7

467

7	9	5	2	8	1	3	4	6
3	4	8	6	9	7	5	1	2
6	1	2	4	3	5	7	9	8
9	7	6	5	4	8	1	2	3
5	2	3	9	1	6	4	8	7
4	8	1	7	2	3	9	6	5
8	3	7	1	6	9	2	5	4
2	5	9	8	7	4	6	3	1
1	6	4	3	5	2	8	7	9

468

8	3	1	7	2	5	4	6	9
4	5	7	1	9	6	3	2	8
6	9	2	8	4	3	7	5	1
9	2	3	6	7	1	8	4	5
7	8	4	5	3	2	9	1	6
5	1	6	9	8	4	2	3	7
2	6	9	4	1	7	5	8	3
3	7	5	2	6	8	1	9	4
1	4	8	3	5	9	6	7	2

469

8		6		5	7		1	
7		5	1	8		4	2	
1	4	9				8	7	
2	9				6			4
		7			1	2	6	3
	6				5		9	
			6		3	9	4	
	1			7		6	3	2
	7		9			5	8	1

470

		2	5	8		4		7
1			3					9
	7	5	4		6	2	3	1
	9	7	6		5	3	2	
3	1					7	9	
5								
6	8	9		5			7	
	4			7	3		5	6
	5		1	6	8	9		2

471

		2			7			
	1	8	5	3			7	
			1	8	4	2	6	
	5	1		2				
	9		3		6	4		1
	6	4	9	7			5	8
7	3	5	8		9	6		2
			2		3			7
1	2		7	4		8	3	

472

6	8	1	2	4	5	9	3	7
				8				1
		9		3	7	8	2	6
			8		2	1	9	
			4	6				5
			7	1				8
		7	3		8	5	4	
3			6	9				
9	2	4			1	6	8	3

469

8	2	6	4	5	7	3	1	9
7	3	5	1	8	9	4	2	6
1	4	9	3	6	2	8	7	5
2	9	8	7	3	6	1	5	4
4	5	7	8	9	1	2	6	3
3	6	1	2	4	5	7	9	8
5	8	2	6	1	3	9	4	7
9	1	4	5	7	8	6	3	2
6	7	3	9	2	4	5	8	1

470

9	3	2	5	8	1	4	6	7
1	6	4	3	2	7	5	8	9
8	7	5	4	9	6	2	3	1
4	9	7	6	1	5	3	2	8
3	1	6	8	4	2	7	9	5
5	2	8	7	3	9	6	1	4
6	8	9	2	5	4	1	7	3
2	4	1	9	7	3	8	5	6
7	5	3	1	6	8	9	4	2

471

5	4	2	6	9	7	1	8	3
6	1	8	5	3	2	9	7	4
9	7	3	1	8	4	2	6	5
3	5	1	4	2	8	7	9	6
8	9	7	3	5	6	4	2	1
2	6	4	9	7	1	3	5	8
7	3	5	8	1	9	6	4	2
4	8	9	2	6	3	5	1	7
1	2	6	7	4	5	8	3	9

472

6	8	1	2	4	5	9	3	7
2	7	3	9	8	6	4	5	1
5	4	9	1	3	7	8	2	6
7	3	6	8	5	2	1	9	4
8	1	2	4	6	9	3	7	5
4	9	5	7	1	3	2	6	8
1	6	7	3	2	8	5	4	9
3	5	8	6	9	4	7	1	2
9	2	4	5	7	1	6	8	3

473

5	9		6					
7		8	1		4			5
	2	6		3	7	8	4	9
9			3	4	6		5	
6	5	3						
	7							6
	6	9	7	5	8	3		
3	1	7		6		5	8	
		5			3	6	9	7

474

6			9	5		1		7
8	5		7					
9	2	7						5
3			8	2	5		7	
5	4			7		9		8
	1		4	9	3	2	5	6
2	7	5		3		8	6	4
4		3	2			5	1	
1			5	4			2	

475

		5	7	4	3	6		2
7	6			5				
	2	4		1	6	5		7
6	4	1	8					
2	7			6		3		1
5	3		1		4	8	2	
		7			1	2		3
		2	3		7			8
	8		4		5	7		

476

		7			6	2	3	
3	5	2					6	
					3	4		7
	7		4		2	9		
6			1	3		7	2	
2	3		5	7	9	6		1
7	1		8					6
5	6			9	4	1	7	2
4			6		7			8

473

5	9	4	6	8	2	1	7	3
7	3	8	1	9	4	2	6	5
1	2	6	5	3	7	8	4	9
9	8	2	3	4	6	7	5	1
6	5	3	9	7	1	4	2	8
4	7	1	8	2	5	9	3	6
2	6	9	7	5	8	3	1	4
3	1	7	4	6	9	5	8	2
8	4	5	2	1	3	6	9	7

474

6	3	4	9	5	2	1	8	7
8	5	1	7	6	4	3	9	2
9	2	7	3	1	8	6	4	5
3	9	6	8	2	5	4	7	1
5	4	2	6	7	1	9	3	8
7	1	8	4	9	3	2	5	6
2	7	5	1	3	9	8	6	4
4	6	3	2	8	7	5	1	9
1	8	9	5	4	6	7	2	3

475

9	1	5	7	4	3	6	8	2
7	6	3	2	5	8	1	9	4
8	2	4	9	1	6	5	3	7
6	4	1	8	3	2	9	7	5
2	7	8	5	6	9	3	4	1
5	3	9	1	7	4	8	2	6
4	9	7	6	8	1	2	5	3
1	5	2	3	9	7	4	6	8
3	8	6	4	2	5	7	1	9

476

1	4	7	9	8	6	2	3	5
3	5	2	7	4	1	8	6	9
9	8	6	2	5	3	4	1	7
8	7	1	4	6	2	9	5	3
6	9	5	1	3	8	7	2	4
2	3	4	5	7	9	6	8	1
7	1	9	8	2	5	3	4	6
5	6	8	3	9	4	1	7	2
4	2	3	6	1	7	5	9	8

477

2	5	7	6			1	8	3
					3	5	6	
	8	6	7		1	2		
		4					1	2
	3		9	1		4		6
		2		8	6		5	
6	2		1	7		9	4	
5				6		7	2	8
7		8		4	5			1

478

	1	6		3	5	9	7	4
	5	9	7			8	3	2
7			8	9	4	1	6	5
		2			6	4		
	6	1	4	7	2	3	9	8
						6		
		4	5			7	1	3
2	3							
1	9		3			2		

479

5	6				7	3	4	
4	7	8				5		1
		9		1	4		6	
3	9		2	8		7		
						2	9	
8				6	9	4	5	
6					1	9	8	5
	1	5		9	8		3	
	8	3	6		2		7	4

480

6			9			2		8
	1	8	4			6		
	9	4			8		3	
3			8	4	7	1	2	
7				6	9	3		
4	8		3	5	1	7		
	2	5		3	4	9	1	
		6	5		2		7	3
		7		8			5	2

480

6	7	3	9	1	5	2	4	8
5	1	8	4	2	3	6	9	7
2	9	4	6	7	8	5	3	1
3	6	9	8	4	7	1	2	5
7	5	1	2	6	9	3	8	4
4	8	2	3	5	1	7	6	9
8	2	5	7	3	4	9	1	6
1	4	6	5	9	2	8	7	3
9	3	7	1	8	6	4	5	2

479

5	6	1	8	2	7	3	4	9
4	7	8	9	3	6	5	2	1
2	3	9	5	1	4	8	6	7
3	9	4	2	8	5	7	1	6
1	5	6	7	4	3	2	9	8
8	2	7	1	6	9	4	5	3
6	4	2	3	7	1	9	8	5
7	1	5	4	9	8	6	3	2
9	8	3	6	5	2	1	7	4

478

8	1	6	2	3	5	9	7	4
4	5	9	7	6	1	8	3	2
7	2	3	8	9	4	1	6	5
3	7	2	9	8	6	4	5	1
5	6	1	4	7	2	3	9	8
9	4	8	1	5	3	6	2	7
6	8	4	5	2	9	7	1	3
2	3	7	6	1	8	5	4	9
1	9	5	3	4	7	2	8	6

477

2	5	7	6	9	4	1	8	3
4	1	9	8	2	3	5	6	7
3	8	6	7	5	1	2	9	4
9	6	4	5	3	7	8	1	2
8	3	5	9	1	2	4	7	6
1	7	2	4	8	6	3	5	9
6	2	3	1	7	8	9	4	5
5	4	1	3	6	9	7	2	8
7	9	8	2	4	5	6	3	1

481

		5		7	9			
7		8	3		4			
3						2	1	
9	8	7			3	4	6	
6		1		9	2	7	8	
				6	8		5	1
8		3	6	4			7	9
	4	6		3		5	2	8
		9	2		1			6

482

		5	3	9	6		1	
			2	4	8		5	7
			1	5		4		
6			5		9			8
7	1			8	2		3	5
	8	2				1	9	4
1	2		6	7	5	3	8	
9	5	6					2	1
8		7		2				

483

		9	6	4				
		7				4	8	
4	2	1		8		3	6	
9			1	2			3	4
1	6			7	4			2
2		5	9		6			
8	9				7		4	6
7			5		2	8	9	3
	5	6			8	1	2	

484

	6	7	9		8			1
	5	1	6	2		3		7
2	4	8	3	1	7			5
1		4	2	3		6		8
	3	6					7	
5	2		8	7			3	
					5	7		2
	1				2	8		3
	8	2	4					6

2	6	5	1	7	9	8	3	4
7	1	8	3	2	4	6	9	5
3	9	4	8	5	6	2	1	7
9	8	7	5	1	3	4	6	2
6	5	1	4	9	2	7	8	3
4	3	2	7	6	8	9	5	1
8	2	3	6	4	5	1	7	9
1	4	6	9	3	7	5	2	8
5	7	9	2	8	1	3	4	6

481

4	7	5	3	9	6	8	1	2
3	6	1	2	4	8	9	5	7
2	9	8	1	5	7	4	6	3
6	4	3	5	1	9	2	7	8
7	1	9	4	8	2	6	3	5
5	8	2	7	6	3	1	9	4
1	2	4	6	7	5	3	8	9
9	5	6	8	3	4	7	2	1
8	3	7	9	2	1	5	4	6

482

5	8	9	6	4	3	2	7	1
6	3	7	2	5	1	4	8	9
4	2	1	7	8	9	3	6	5
9	7	8	1	2	5	6	3	4
1	6	3	8	7	4	9	5	2
2	4	5	9	3	6	7	1	8
8	9	2	3	1	7	5	4	6
7	1	4	5	6	2	8	9	3
3	5	6	4	9	8	1	2	7

483

3	6	7	9	5	8	4	2	1
9	5	1	6	2	4	3	8	7
2	4	8	3	1	7	9	6	5
1	7	4	2	3	9	6	5	8
8	3	6	5	4	1	2	7	9
5	2	9	8	7	6	1	3	4
6	9	3	1	8	5	7	4	2
4	1	5	7	6	2	8	9	3
7	8	2	4	9	3	5	1	6

484

485

	7			2		5	1	
5	1	3		9	4		7	
9					7	4	8	3
6			4	3		2		1
	5		6	7	8	9	3	
4			1	5			6	7
3	4	8					2	5
2	9			8				
	6				3			8

486

7					8			
8		6					5	7
	2			7		6	8	
	6	4	8	9	3		7	
		5	4		6	8	1	3
2	3		7		1		4	6
	8	7	5	1	9			
5			2	6		7		
		2	3			5	6	1

487

2					5		8	1
					8	4	3	9
1			6	9		5	7	
4	7	9		3			5	
			7		9			3
	6		8	5	4	9	1	
	4	7	3	8	6	1	2	5
				4	2		9	8
5			9		7			4

488

	3			4				
2	8	7		3	6	5	4	9
	4	5		8			3	
	1		4	2		9	7	
	5	9		1	7	2		
	2			5			1	
3	7	1					9	
	6	2			4		5	7
	9	4	2	7		3		8

485

8	7	4	3	2	6	5	1	9
5	1	3	8	9	4	6	7	2
9	2	6	5	1	7	4	8	3
6	8	7	4	3	9	2	5	1
1	5	2	6	7	8	9	3	4
4	3	9	1	5	2	8	6	7
3	4	8	9	6	1	7	2	5
2	9	1	7	8	5	3	4	6
7	6	5	2	4	3	1	9	8

486

7	5	1	6	4	8	3	2	9
8	4	6	9	3	2	1	5	7
3	2	9	1	7	5	6	8	4
1	6	4	8	9	3	2	7	5
9	7	5	4	2	6	8	1	3
2	3	8	7	5	1	9	4	6
6	8	7	5	1	9	4	3	2
5	1	3	2	6	4	7	9	8
4	9	2	3	8	7	5	6	1

487

2	9	3	4	7	5	6	8	1
7	5	6	1	2	8	4	3	9
1	8	4	6	9	3	5	7	2
4	7	9	2	3	1	8	5	6
8	1	5	7	6	9	2	4	3
3	6	2	8	5	4	9	1	7
9	4	7	3	8	6	1	2	5
6	3	1	5	4	2	7	9	8
5	2	8	9	1	7	3	6	4

488

9	3	6	7	4	5	8	2	1
2	8	7	1	3	6	5	4	9
1	4	5	9	8	2	7	3	6
6	1	8	4	2	3	9	7	5
4	5	9	6	1	7	2	8	3
7	2	3	8	5	9	6	1	4
3	7	1	5	6	8	4	9	2
8	6	2	3	9	4	1	5	7
5	9	4	2	7	1	3	6	8

489

2	8	1			9		3	7
		9	4	2		6		8
	7		1	8	3		5	
						7	6	
	4	5	8		6	3	2	
6			7	5				
5	6	2		3	8		7	
		4		7	5	2	9	3
	3		2	4		5		

490

8			1			4	9	
1			9		4	6	5	
4	3					8		1
3	1		5	2		7		4
9				7	8			2
5	7	2	6	4				
		3		1	6	9		5
2	9	4	8	5	3			6
		1		9	7		3	

491

4								2
				8				6
	9	3	4			5	8	7
7		9	8	2	6		5	
1	4				5	8	2	9
	8						6	
8		2		6	3	9	1	
3	6		9	4		2		5
9	5	4	2		1	6		8

492

4		5	2	7		1	8	6
7	8		3	1	6	2		4
	2			4		9		
		4	6			3		2
2	6				7		9	5
5				3		8	6	
			9					8
9	4	8		6	3			1
6		2	8		4		3	

489

2	8	1	5	6	9	4	3	7
3	5	9	4	2	7	6	1	8
4	7	6	1	8	3	9	5	2
1	2	8	3	9	4	7	6	5
7	4	5	8	1	6	3	2	9
6	9	3	7	5	2	8	4	1
5	6	2	9	3	8	1	7	4
8	1	4	6	7	5	2	9	3
9	3	7	2	4	1	5	8	6

490

8	6	5	1	3	2	4	9	7
1	2	7	9	8	4	6	5	3
4	3	9	7	6	5	8	2	1
3	1	8	5	2	9	7	6	4
9	4	6	3	7	8	5	1	2
5	7	2	6	4	1	3	8	9
7	8	3	2	1	6	9	4	5
2	9	4	8	5	3	1	7	6
6	5	1	4	9	7	2	3	8

491

4	1	8	6	5	7	3	9	2
5	2	7	3	8	9	1	4	6
6	9	3	4	1	2	5	8	7
7	3	9	8	2	6	4	5	1
1	4	6	7	3	5	8	2	9
2	8	5	1	9	4	7	6	3
8	7	2	5	6	3	9	1	4
3	6	1	9	4	8	2	7	5
9	5	4	2	7	1	6	3	8

492

4	3	5	2	7	9	1	8	6
7	8	9	3	1	6	2	5	4
1	2	6	5	4	8	9	7	3
8	7	4	6	9	5	3	1	2
2	6	3	1	8	7	4	9	5
5	9	1	4	3	2	8	6	7
3	5	7	9	2	1	6	4	8
9	4	8	7	6	3	5	2	1
6	1	2	8	5	4	7	3	9

493

			1	9	6	5		4
1	9			3		2	6	
6		4				1		
	1	6	4	2	3		9	5
	2				5	4		8
	5			8		3	2	
	8	9	3	1		6	4	
	4			6	8	9	7	1
			2					3

494

3			6	1	2			
7	6	9	8			1		
	5	2	3		7		8	
					9	5		1
9	3						4	
2					8	3	6	9
	9	7	5	8	3	2	1	4
4		3		6	1	8	5	
	8	1						3

495

		7	8		3	6	4	1
		6	5	4			8	
		3			1	5		
7	2		3	5		8		6
	4	5						7
	3	1		7				5
1	5	4	7	3	2	9		
	7		4	8		1		3
	6	8	9	1	5			

496

							9	
7	5	1	9		4		3	2
9		3		5	7	4		6
		7			9			8
2					6	7	4	
3	9	4		8	2			
	7		3	2	1		8	4
	3	2			8	1	7	
	1	9	4		5	2		3

493

2	7	8	1	9	6	5	3	4
1	9	5	8	3	4	2	6	7
6	3	4	7	5	2	1	8	9
8	1	6	4	2	3	7	9	5
9	2	3	6	7	5	4	1	8
4	5	7	9	8	1	3	2	6
5	8	9	3	1	7	6	4	2
3	4	2	5	6	8	9	7	1
7	6	1	2	4	9	8	5	3

494

3	4	8	6	1	2	9	7	5
7	6	9	8	4	5	1	3	2
1	5	2	3	9	7	4	8	6
8	7	6	4	3	9	5	2	1
9	3	5	1	2	6	7	4	8
2	1	4	7	5	8	3	6	9
6	9	7	5	8	3	2	1	4
4	2	3	9	6	1	8	5	7
5	8	1	2	7	4	6	9	3

495

5	9	7	8	2	3	6	4	1
2	1	6	5	4	7	3	8	9
4	8	3	6	9	1	5	7	2
7	2	9	3	5	4	8	1	6
8	4	5	1	6	9	2	3	7
6	3	1	2	7	8	4	9	5
1	5	4	7	3	2	9	6	8
9	7	2	4	8	6	1	5	3
3	6	8	9	1	5	7	2	4

496

6	4	8	2	1	3	5	9	7
7	5	1	9	6	4	8	3	2
9	2	3	8	5	7	4	1	6
1	6	7	5	4	9	3	2	8
2	8	5	1	3	6	7	4	9
3	9	4	7	8	2	6	5	1
5	7	6	3	2	1	9	8	4
4	3	2	6	9	8	1	7	5
8	1	9	4	7	5	2	6	3

497

8				3	2	5	6	4
9		3		4				
				1	8		2	9
	8			5	9	1		
7		9		8		2		6
1	4	5			6	8		3
	6	8	5		7			2
	1	2		6	3			5
5			4			6	3	

498

	1	9	3		5	2		6
3	5	6	7	4		1	8	9
2		8			6		7	5
		4	5				6	
8	6			3	4	7	1	
1	3	2		7		9		4
		7		1				
6			8		9			
	8		2		7			

499

	6		9	3				
4		1				3		
2	9		1		7			
9		6		4			7	2
	2				1		4	
	8		7	9			1	6
1	5	7	6			4		
8	3	2	4		5		6	9
6	4	9	3		8	2		1

500

				9			1	6
6	9	4	5		7		8	
7		1	3	2		5		
	1	5					3	9
		3		8			5	
			4	5	3		6	8
9								
5		6	7		8	9		1
1	4			6	5			3

497

8	7	1	9	3	2	5	6	4
9	2	3	6	4	5	7	8	1
6	5	4	7	1	8	3	2	9
2	8	6	3	5	9	1	4	7
7	3	9	1	8	4	2	5	6
1	4	5	2	7	6	8	9	3
3	6	8	5	9	7	4	1	2
4	1	2	8	6	3	9	7	5
5	9	7	4	2	1	6	3	8

498

7	1	9	3	8	5	2	4	6
3	5	6	7	4	2	1	8	9
2	4	8	1	9	6	3	7	5
9	7	4	5	2	1	8	6	3
8	6	5	9	3	4	7	1	2
1	3	2	6	7	8	9	5	4
5	9	7	4	1	3	6	2	8
6	2	1	8	5	9	4	3	7
4	8	3	2	6	7	5	9	1

499

5	6	8	9	3	4	1	2	7
4	7	1	2	8	6	3	9	5
2	9	3	1	5	7	6	8	4
9	1	6	5	4	3	8	7	2
7	2	5	8	6	1	9	4	3
3	8	4	7	9	2	5	1	6
1	5	7	6	2	9	4	3	8
8	3	2	4	1	5	7	6	9
6	4	9	3	7	8	2	5	1

500

3	5	2	8	9	4	7	1	6
6	9	4	5	1	7	3	8	2
7	8	1	3	2	6	5	9	4
8	1	5	6	7	2	4	3	9
4	6	3	1	8	9	2	5	7
2	7	9	4	5	3	1	6	8
9	3	8	2	4	1	6	7	5
5	2	6	7	3	8	9	4	1
1	4	7	9	6	5	8	2	3

501

8		4	1				3	
		7			8	5		
	9	2		7		8	1	6
4		6	5		9	7	8	
					6	3	9	
9	3		7			6	5	4
6							7	
2	4		9					
	8			6	3		2	

502

1		6		5				8
2				8	6	3	5	
			4			9		
		5		3		7		2
7		8	1		2		9	5
		2		7		4		3
			5			8	3	9
5	8	4						7
	9		8		7	5		4

503

	9		6	2		4		
	2				7	5	9	
	7						8	
	3			4				6
				1				9
2		4		7			5	3
	8		2	5	1	9		4
	4		7	6	9			
1	6			8		2	7	5

504

		7	4		1	6		8
8		5		3	6	7		
	6			7		1		
			7				9	
3						4		6
		2	8	6	9			
6				8	4	5		
5	9	3	6				1	4
7	4							2

501

8	6	4	1	9	5	2	3	7
3	1	7	6	2	8	5	4	9
5	9	2	3	7	4	8	1	6
4	2	6	5	3	9	7	8	1
1	7	5	8	4	6	3	9	2
9	3	8	7	1	2	6	5	4
6	5	9	2	8	1	4	7	3
2	4	3	9	5	7	1	6	8
7	8	1	4	6	3	9	2	5

502

1	7	6	3	5	9	2	4	8
2	4	9	7	8	6	3	5	1
8	5	3	4	2	1	9	7	6
4	6	5	9	3	8	7	1	2
7	3	8	1	4	2	6	9	5
9	1	2	6	7	5	4	8	3
6	2	7	5	1	4	8	3	9
5	8	4	2	9	3	1	6	7
3	9	1	8	6	7	5	2	4

503

8	9	1	6	2	5	4	3	7
4	2	6	8	3	7	5	9	1
3	7	5	1	9	4	6	8	2
9	3	7	5	4	8	1	2	6
6	5	8	3	1	2	7	4	9
2	1	4	9	7	6	8	5	3
7	8	3	2	5	1	9	6	4
5	4	2	7	6	9	3	1	8
1	6	9	4	8	3	2	7	5

504

2	3	7	4	9	1	6	5	8
8	1	5	2	3	6	7	4	9
9	6	4	5	7	8	1	2	3
1	8	6	7	4	3	2	9	5
3	7	9	1	5	2	4	8	6
4	5	2	8	6	9	3	7	1
6	2	1	9	8	4	5	3	7
5	9	3	6	2	7	8	1	4
7	4	8	3	1	5	9	6	2

505

7				6	3		8	9
9		5	8			1		
	3				7	5		
2		4		7		6		
1	8			5	4	2	7	3
	5			2				8
	2			1			5	6
	7			8		3	9	4
6	4				5			

506

				4			6	
		9			8		3	7
3					1	4	9	2
	7		9	3		2		
9	6		1		2			3
2		1			7		5	
4	2			9		5		
	8	3	7					9
1			5			3	8	

507

			7	9	2	1	3	
			3	5				
	4		8		9	7		
7	6		5	1	4			
	1							9
4	3					6		
	9		6		3	2	5	4
	2	6	1	4	7	9	8	3

508

4	8			7	9			
2			1	8		3		
1		7		5				
7		1	5			2	6	
		2	8	6	1		3	4
8		6						
		9		2	8			6
6	2	4		1	7	8		
			6			1		9

505

7	1	2	5	6	3	4	8	9
9	6	5	8	4	2	1	3	7
4	3	8	1	9	7	5	6	2
2	9	4	3	7	8	6	1	5
1	8	6	9	5	4	2	7	3
3	5	7	6	2	1	9	4	8
8	2	3	4	1	9	7	5	6
5	7	1	2	8	6	3	9	4
6	4	9	7	3	5	8	2	1

506

7	1	2	3	4	9	8	6	5
6	4	9	2	5	8	1	3	7
3	5	8	6	7	1	4	9	2
8	7	4	9	3	5	2	1	6
9	6	5	1	8	2	7	4	3
2	3	1	4	6	7	9	5	8
4	2	6	8	9	3	5	7	1
5	8	3	7	1	4	6	2	9
1	9	7	5	2	6	3	8	4

507

6	8	4	7	9	2	1	3	5
9	7	1	3	5	8	4	6	2
3	5	2	4	6	1	8	9	7
2	4	5	8	3	9	7	1	6
7	6	9	5	1	4	3	2	8
8	1	3	2	7	6	5	4	9
4	3	8	9	2	5	6	7	1
1	9	7	6	8	3	2	5	4
5	2	6	1	4	7	9	8	3

508

4	8	3	2	7	9	6	1	5
2	9	5	1	8	6	3	4	7
1	6	7	4	5	3	9	8	2
7	3	1	5	9	4	2	6	8
9	5	2	8	6	1	7	3	4
8	4	6	7	3	2	5	9	1
5	1	9	3	2	8	4	7	6
6	2	4	9	1	7	8	5	3
3	7	8	6	4	5	1	2	9

509

	3			6		5		8
5		1	3		8	6	7	
7		8			4			
	9		1			4		
2	5	6		3			8	1
1		4	8	2				
	1		9					7
	4	7						9
9		2	7				6	

510

		8		1		9		7
		6					3	
	9	7		3	5			
	2			4	3	7		
8	7	1		6		3		4
	3	4						1
7	6	3	4			8	9	5
	8		3		7	1		6
4	1		5					

511

	6		1		4			7
1				5		9	4	
		4			7		3	1
			5					
8			7	4	2			5
	4	5		1	8			
7	2			3		5	6	
		3	9			2	1	8
6				8		4	7	

512

3		5			2	9	4	7
		4			3			2
	6	1					5	3
		9	3		8		2	4
8					6	3		
				7	1			9
	2	8	1		5	7		
			9	6	4	2		8
9							1	

509

4	3	9	2	6	7	5	1	8
5	2	1	3	9	8	6	7	4
7	6	8	5	1	4	2	9	3
8	9	3	1	7	6	4	5	2
2	5	6	4	3	9	7	8	1
1	7	4	8	2	5	9	3	6
6	1	5	9	8	2	3	4	7
3	4	7	6	5	1	8	2	9
9	8	2	7	4	3	1	6	5

510

3	5	8	2	1	4	9	6	7
1	4	6	8	7	9	5	3	2
2	9	7	6	3	5	4	1	8
6	2	5	1	4	3	7	8	9
8	7	1	9	6	2	3	5	4
9	3	4	7	5	8	6	2	1
7	6	3	4	2	1	8	9	5
5	8	2	3	9	7	1	4	6
4	1	9	5	8	6	2	7	3

511

3	6	2	1	9	4	8	5	7
1	8	7	6	5	3	9	4	2
5	9	4	8	2	7	6	3	1
2	7	1	5	6	9	3	8	4
8	3	6	7	4	2	1	9	5
9	4	5	3	1	8	7	2	6
7	2	8	4	3	1	5	6	9
4	5	3	9	7	6	2	1	8
6	1	9	2	8	5	4	7	3

512

3	8	5	6	1	2	9	4	7
7	9	4	5	8	3	1	6	2
2	6	1	7	4	9	8	5	3
1	7	9	3	5	8	6	2	4
8	5	2	4	9	6	3	7	1
6	4	3	2	7	1	5	8	9
4	2	8	1	3	5	7	9	6
5	1	7	9	6	4	2	3	8
9	3	6	8	2	7	4	1	5

513

9		2	8				3	
8				9			6	
		6		3	2			
	6	9	7	4	5	3	8	
5	4					7		
7	1			2				6
3		5				8		2
6		7		8		5	1	
	8	4			3		9	

514

	6	3	9					
1		7		2		8		9
9	4		7	5	3			
		1		4		2	9	
6		2		3				
			5		2			
8				6	4			
		4	1	7	5	6	8	
7	2				8	5	1	4

515

	7	3		2			9	
	6	1						
4	9	8	1		5			7
			6				8	5
8	3		9	1	4	2		
				5	8	1		
3		4		9			6	
	1	2		4				
9	5		8			3		4

516

				8	4	6		
2						5		9
6				9	5			3
8	6		9					7
			5	2		3	8	
5	3			1	6		9	4
	5				2	9		1
			7	5	9		3	8
3		4	1	6				

513

9	7	2	8	6	4	1	3	5
8	3	1	5	9	7	2	6	4
4	5	6	1	3	2	9	7	8
2	6	9	7	4	5	3	8	1
5	4	8	3	1	6	7	2	9
7	1	3	9	2	8	4	5	6
3	9	5	6	7	1	8	4	2
6	2	7	4	8	9	5	1	3
1	8	4	2	5	3	6	9	7

514

2	6	3	9	8	1	7	4	5
1	5	7	4	2	6	8	3	9
9	4	8	7	5	3	1	2	6
5	3	1	6	4	7	2	9	8
6	7	2	8	3	9	4	5	1
4	8	9	5	1	2	3	6	7
8	1	5	2	6	4	9	7	3
3	9	4	1	7	5	6	8	2
7	2	6	3	9	8	5	1	4

515

5	7	3	4	2	6	8	9	1
2	6	1	7	8	9	5	4	3
4	9	8	1	3	5	6	2	7
1	2	9	6	7	3	4	8	5
8	3	5	9	1	4	2	7	6
7	4	6	2	5	8	1	3	9
3	8	4	5	9	1	7	6	2
6	1	2	3	4	7	9	5	8
9	5	7	8	6	2	3	1	4

516

9	7	5	3	8	4	6	1	2
2	8	3	6	7	1	5	4	9
6	4	1	2	9	5	8	7	3
8	6	2	9	4	3	1	5	7
4	1	9	5	2	7	3	8	6
5	3	7	8	1	6	2	9	4
7	5	8	4	3	2	9	6	1
1	2	6	7	5	9	4	3	8
3	9	4	1	6	8	7	2	5

517

		3			6	1	7	5
	5				9			4
		2	1		8	9		
				6	1	4		8
3	9				4		2	1
	1			8			5	
8		9	6					2
1					7			6
	6			1	5	7		

518

7	9		8		4		3	
8								
3	1	5			2			8
	6		3	9	5	7	4	
	2		4	8				
9	7	4	2			5	8	
	5		7	3		2		4
					6	3		9
4		7			9			6

519

	4	5	1		6		2	
2	6	3		8		1	7	
		1						6
1	9				7			
5	2		8		4	9		
7		8	5	6		2	4	1
3	8	7	6					2
4		2	7					
				3			8	5

520

3	7	2	9		4			5
1					5	2	6	7
	5		2		1		9	3
8						9		
	3						5	
	9			1	8			2
		3		8	6	5		
				5		3	1	4
7			4	9	3		2	

520

3	7	2	9	6	4	1	8	5
1	4	9	8	3	5	2	6	7
6	5	8	2	7	1	4	9	3
8	6	4	5	2	7	9	3	1
2	3	1	6	4	9	7	5	8
5	9	7	3	1	8	6	4	2
4	2	3	1	8	6	5	7	9
9	8	6	7	5	2	3	1	4
7	1	5	4	9	3	8	2	6

519

8	4	5	1	7	6	3	2	9
2	6	3	9	8	5	1	7	4
9	7	1	2	4	3	8	5	6
1	9	4	3	2	7	5	6	8
5	2	6	8	1	4	9	3	7
7	3	8	5	6	9	2	4	1
3	8	7	6	5	1	4	9	2
4	5	2	7	9	8	6	1	3
6	1	9	4	3	2	7	8	5

518

7	9	2	8	1	4	6	3	5
8	4	6	9	5	3	1	2	7
3	1	5	6	7	2	4	9	8
1	6	8	3	9	5	7	4	2
5	2	3	4	8	7	9	6	1
9	7	4	2	6	1	5	8	3
6	5	9	7	3	8	2	1	4
2	8	1	5	4	6	3	7	9
4	3	7	1	2	9	8	5	6

517

9	8	3	4	2	6	1	7	5
6	5	1	7	3	9	2	8	4
7	4	2	1	5	8	9	6	3
5	2	7	3	6	1	4	9	8
3	9	8	5	7	4	6	2	1
4	1	6	9	8	2	3	5	7
8	7	9	6	4	3	5	1	2
1	3	5	2	9	7	8	4	6
2	6	4	8	1	5	7	3	9

521

	1	3	7					
6	9	4	8	3	2	5		
				4	1		3	
8			3					9
	3	2	6			1	5	
7			1			4		3
				7	6		4	
	2	6						5
3					9	8	6	2

522

		3	8			1		
		9	1	7			4	
7		1		4	2		8	
3	4	2	5	6		8		
8	9				3		6	
		6	2		7			
			9		8		1	3
1			6			7		8
9						5		4

523

			3		9	4		
1		4	8		7	3	5	9
							7	
4	9	6	5		8			
			4			9		
2	7				6		3	4
	5	9		2			6	
3		1			5			2
	8	2		9		1	4	5

524

2					1			
3		1	8				7	4
	4		7					9
4	7	5		8				
	6	2		7		9	4	8
9			2	6			1	
				1	2	8		
			3	4	7		5	
7		6	9		8		2	

521

2	1	3	7	6	5	9	8	4
6	9	4	8	3	2	5	1	7
5	7	8	9	4	1	2	3	6
8	5	1	3	2	4	6	7	9
4	3	2	6	9	7	1	5	8
7	6	9	1	5	8	4	2	3
9	8	5	2	7	6	3	4	1
1	2	6	4	8	3	7	9	5
3	4	7	5	1	9	8	6	2

522

4	2	3	8	9	6	1	5	7
6	8	9	1	7	5	3	4	2
7	5	1	3	4	2	9	8	6
3	4	2	5	6	9	8	7	1
8	9	7	4	1	3	2	6	5
5	1	6	2	8	7	4	3	9
2	7	4	9	5	8	6	1	3
1	3	5	6	2	4	7	9	8
9	6	8	7	3	1	5	2	4

523

8	6	7	3	5	9	4	2	1
1	2	4	8	6	7	3	5	9
9	3	5	2	4	1	6	7	8
4	9	6	5	3	8	2	1	7
5	1	3	4	7	2	9	8	6
2	7	8	9	1	6	5	3	4
7	5	9	1	2	4	8	6	3
3	4	1	6	8	5	7	9	2
6	8	2	7	9	3	1	4	5

524

2	9	7	4	3	1	5	8	6
3	5	1	8	9	6	2	7	4
6	4	8	7	2	5	1	3	9
4	7	5	1	8	9	3	6	2
1	6	2	5	7	3	9	4	8
9	8	3	2	6	4	7	1	5
5	3	4	6	1	2	8	9	7
8	2	9	3	4	7	6	5	1
7	1	6	9	5	8	4	2	3

525

3								
2	6	1	7		8	5	4	9
		4			2	3	1	
4		7		1	9			
1				4				8
8	9	6		2		4	5	1
	4		5				7	
				7	6		3	4
			4		3			5

526

6	7		4	3				
2			8	1	6			7
				5		2		
3			5		9			1
	5			8	4	9		2
8	6			2		7		
5	4	2	7	6		1	9	8
	1				5	6		3

527

8	6				7	9		1
	2		1		6	3		
				8	3	2	4	
3	7				5			
2	8	1	3	7			9	5
		6	2	1		7		4
		2	7	4				
9				3	1		2	
6			8					

528

		6	5			9		2
2				9		7		6
			2					5
	5	7	3					8
	8		9					4
6	3				8	2		1
	9		6		2		1	3
8		3		5	9			7
5				3	4		6	9

525

3	7	9	1	5	4	2	8	6
2	6	1	7	3	8	5	4	9
5	8	4	9	6	2	3	1	7
4	5	7	8	1	9	6	2	3
1	3	2	6	4	5	7	9	8
8	9	6	3	2	7	4	5	1
6	4	3	5	8	1	9	7	2
9	1	5	2	7	6	8	3	4
7	2	8	4	9	3	1	6	5

526

6	7	1	4	3	2	5	8	9
2	9	5	8	1	6	3	4	7
4	8	3	9	5	7	2	1	6
3	2	4	5	7	9	8	6	1
1	5	7	6	8	4	9	3	2
8	6	9	3	2	1	7	5	4
5	4	2	7	6	3	1	9	8
9	1	8	2	4	5	6	7	3
7	3	6	1	9	8	4	2	5

527

8	6	3	4	2	7	9	5	1
4	2	5	1	9	6	3	7	8
7	1	9	5	8	3	2	4	6
3	7	4	9	6	5	1	8	2
2	8	1	3	7	4	6	9	5
5	9	6	2	1	8	7	3	4
1	5	2	7	4	9	8	6	3
9	4	8	6	3	1	5	2	7
6	3	7	8	5	2	4	1	9

528

3	4	6	5	1	7	9	8	2
2	1	5	8	9	3	7	4	6
9	7	8	2	4	6	1	3	5
4	5	7	3	2	1	6	9	8
1	8	2	9	6	5	3	7	4
6	3	9	4	7	8	2	5	1
7	9	4	6	8	2	5	1	3
8	6	3	1	5	9	4	2	7
5	2	1	7	3	4	8	6	9

529

		9					1	8
5	7			9	1			
					6			7
7		6		5		8		
	9	1		8		5	3	4
8	5		9	4		1		6
6			7	1	9		8	2
		2	3					
	8		4	2	5			

530

	8	7		1				6
2	4	9	3	5	6	1	8	
		1		2	7			
	2	6	1	4			7	3
		3	2				5	
				6			9	4
	5				2	4		
			9			5	6	2
				3	4			8

531

	5	6	1	9	2		7	4
7		9			8			6
				3				2
8	4		2		9			7
		5		7	1	9		8
5	6		9	8			2	1
			5	1				
9		1			4	6	8	5

532

1		2		8			6	
7	4				5	2		
9	6	8		2		3		1
5	2				7		9	
		9	2	3		5		
	3				9	8		2
			5	7				
8	9		3		6		2	7
	7		1					

529

3	6	9	5	7	4	2	1	8
5	7	8	2	9	1	6	4	3
1	2	4	8	3	6	9	5	7
7	4	6	1	5	3	8	2	9
2	9	1	6	8	7	5	3	4
8	5	3	9	4	2	1	7	6
6	3	5	7	1	9	4	8	2
4	1	2	3	6	8	7	9	5
9	8	7	4	2	5	3	6	1

530

5	8	7	4	1	9	3	2	6
2	4	9	3	5	6	1	8	7
3	6	1	8	2	7	9	4	5
9	2	6	1	4	5	8	7	3
4	7	3	2	9	8	6	5	1
8	1	5	7	6	3	2	9	4
1	5	8	6	7	2	4	3	9
7	3	4	9	8	1	5	6	2
6	9	2	5	3	4	7	1	8

531

3	5	6	1	9	2	8	7	4
7	1	9	3	4	8	2	5	6
4	8	2	6	5	7	1	9	3
1	9	7	8	3	5	4	6	2
8	4	3	2	6	9	5	1	7
6	2	5	4	7	1	9	3	8
5	6	4	9	8	3	7	2	1
2	7	8	5	1	6	3	4	9
9	3	1	7	2	4	6	8	5

532

1	5	2	9	8	3	7	6	4
7	4	3	6	1	5	2	8	9
9	6	8	7	2	4	3	5	1
5	2	1	8	6	7	4	9	3
4	8	9	2	3	1	5	7	6
6	3	7	4	5	9	8	1	2
3	1	6	5	7	2	9	4	8
8	9	5	3	4	6	1	2	7
2	7	4	1	9	8	6	3	5

533

	1	2			4			
		4		2	5	7		6
7	5		3			2		
2				4		1	3	
			1					
	3		6	8	2	5	7	
			4		8		2	
	2	8	5			4		7
1	4	3				8		

534

		6					9	
		7		8	9		6	3
	8	4			2			7
	6						3	
8	3	9		2		1		
7	2	1	3					6
6	4	8	9	1		3		
	9	2		6	3	7		1
		3		5	8			

535

					7		9	
2		3	5	4				
9			3	8		6		
	7				1	5	8	3
					8		6	
		9	7					
	9			1				8
	4			9	3	1	7	6
6	3	1	8		4	9	2	

536

5					8	1	3	9
1	3	6		5	7		2	8
	2		7	3		9		
6	9				4	5		
8	1		2	9			4	
		1	6					
				4		8		3
3	4		1	7	9	2		5

536

5	7	2	4	6	8	1	3	9
1	3	6	9	5	7	4	2	8
9	8	4	3	2	1	6	5	7
4	2	5	7	3	6	9	8	1
6	9	3	8	1	4	5	7	2
8	1	7	2	9	5	3	4	6
2	5	1	6	8	3	7	9	4
7	6	9	5	4	2	8	1	3
3	4	8	1	7	9	2	6	5

535

8	5	4	1	6	7	3	9	2
2	6	3	5	4	9	8	1	7
9	1	7	3	8	2	6	5	4
4	7	6	9	2	1	5	8	3
1	2	5	4	3	8	7	6	9
3	8	9	7	5	6	2	4	1
7	9	2	6	1	5	4	3	8
5	4	8	2	9	3	1	7	6
6	3	1	8	7	4	9	2	5

534

3	1	6	7	4	5	2	9	8
2	5	7	1	8	9	4	6	3
9	8	4	6	3	2	5	1	7
4	6	5	8	7	1	9	3	2
8	3	9	5	2	6	1	7	4
7	2	1	3	9	4	8	5	6
6	4	8	9	1	7	3	2	5
5	9	2	4	6	3	7	8	1
1	7	3	2	5	8	6	4	9

533

6	1	2	8	7	4	9	5	3
3	8	4	9	2	5	7	1	6
7	5	9	3	1	6	2	8	4
2	6	5	7	4	9	1	3	8
8	9	7	1	5	3	6	4	2
4	3	1	6	8	2	5	7	9
5	7	6	4	9	8	3	2	1
9	2	8	5	3	1	4	6	7
1	4	3	2	6	7	8	9	5

537

	1		8	3	4		9	2
	8	7		9	6			4
		4	7	5			8	3
	3						4	
	2			8		5	7	
1	4		9		5			
8	6				9		1	
	7				8	3		5
							2	9

538

5		6		1	4			7
			5	3	2	4		
	3	4		6				
6	7				9		8	
1		9		8			3	
		8	3		5	6		9
		5	7	2	8			
	4		6			9		3
		1			3	8	5	

539

					5			
	2			4	7	1	6	5
		5		6		8	2	4
7		3	8			9	1	
6	4							
					9	4		7
4	9	6	3	1				2
8	3		4		2	6	9	
5							4	

540

4	6			7			9	8
		5		1			6	
	8	3	9				4	
		9	8	6	1		2	
						3	8	6
	9	8	5	4				
6	4	7		9	3	8	5	2
5	3			8		4	7	

537

5	1	6	8	3	4	7	9	2
3	8	7	2	9	6	1	5	4
2	9	4	7	5	1	6	8	3
7	3	5	6	1	2	9	4	8
6	2	9	4	8	3	5	7	1
1	4	8	9	7	5	2	3	6
8	6	3	5	2	9	4	1	7
9	7	2	1	4	8	3	6	5
4	5	1	3	6	7	8	2	9

538

5	8	6	9	1	4	3	2	7
9	1	7	5	3	2	4	6	8
2	3	4	8	6	7	5	9	1
6	7	3	1	4	9	2	8	5
1	5	9	2	8	6	7	3	4
4	2	8	3	7	5	6	1	9
3	9	5	7	2	8	1	4	6
8	4	2	6	5	1	9	7	3
7	6	1	4	9	3	8	5	2

539

1	6	4	2	8	5	7	3	9
3	2	8	9	4	7	1	6	5
9	7	5	1	6	3	8	2	4
7	5	3	8	2	4	9	1	6
6	4	9	5	7	1	2	8	3
2	8	1	6	3	9	4	5	7
4	9	6	3	1	8	5	7	2
8	3	7	4	5	2	6	9	1
5	1	2	7	9	6	3	4	8

540

4	6	2	3	7	5	1	9	8
9	7	5	4	1	8	2	6	3
1	8	3	9	2	6	5	4	7
3	5	9	8	6	1	7	2	4
8	2	6	7	3	4	9	1	5
7	1	4	2	5	9	3	8	6
2	9	8	5	4	7	6	3	1
6	4	7	1	9	3	8	5	2
5	3	1	6	8	2	4	7	9

541

1	2					6	8	7
3	9	6				4		
		4	1	6		9		2
8	6				4			
	7		6	1	9			
9			8	2	7	3		4
	1		9				4	
5	4			8			9	
					6			1

542

	8			1	2	4	5	3
	5			4	6		8	2
		2		8				
7	6		8			3		
3		9		7		8		
8			6		5	1		7
		3	4	5	8	6		
	7				3			
	4			2	7		3	8

543

	4	1		3	2	6		
5	6		7		8			
3		7	6				1	8
2	8							
			4			2		
1	5				9		8	3
		5	8		1	4	3	
7	1	2				8		
	3	8		2	5			

544

1	9							3
3	8		6	5	9		1	
		6	1				5	4
			8		7		3	
	6	3				4	7	9
	7	2	9			6	8	
		8	7				4	6
	3			4			9	
4			3	1				8

544

1	9	5	4	7	2	8	6	3
3	8	4	6	5	9	2	1	7
7	2	6	1	8	3	9	5	4
9	4	1	8	6	7	5	3	2
8	6	3	5	2	1	4	7	9
5	7	2	9	3	4	6	8	1
2	1	8	7	9	5	3	4	6
6	3	7	2	4	8	1	9	5
4	5	9	3	1	6	7	2	8

543

8	4	1	5	3	2	6	7	9
5	6	9	7	1	8	3	2	4
3	2	7	6	9	4	5	1	8
2	8	3	1	5	7	9	4	6
9	7	6	4	8	3	2	5	1
1	5	4	2	6	9	7	8	3
6	9	5	8	7	1	4	3	2
7	1	2	3	4	6	8	9	5
4	3	8	9	2	5	1	6	7

542

9	8	6	7	1	2	4	5	3
1	5	7	3	4	6	9	8	2
4	3	2	5	8	9	7	1	6
7	6	5	8	9	1	3	2	4
3	1	9	2	7	4	8	6	5
8	2	4	6	3	5	1	9	7
2	9	3	4	5	8	6	7	1
5	7	8	1	6	3	2	4	9
6	4	1	9	2	7	5	3	8

541

1	2	5	4	9	3	6	8	7
3	9	6	2	7	8	4	1	5
7	8	4	1	6	5	9	3	2
8	6	2	5	3	4	1	7	9
4	7	3	6	1	9	5	2	8
9	5	1	8	2	7	3	6	4
6	1	8	9	5	2	7	4	3
5	4	7	3	8	1	2	9	6
2	3	9	7	4	6	8	5	1

545

1		8	9	5	2	7	4	
5			6	1	8	3		
				4			5	8
3		7		2				1
			3	9		5		
		5						2
		9		7	5	6		
			2	3	4	8		5
			1	6		2		

546

		9			1		7	
2		8		5	9	6		1
1		4	2		7	9		5
		3				2		
	2	5				7	6	
			7			5		3
3	5						8	6
4			8	7		3	2	
8	9		6	3		1		7

547

			5		4	9	8	
		8		2		5	3	
	4	9	7			6		
		5		6	3	2	7	
			2					6
			9			1		
	5	3		9		4	6	
2		1	3	4	6		9	
4			8	7		3	2	

548

	3	6					7	
	5	1		7	2	6		4
	7	2		3	6		8	
3	6		4		1		5	
			3			8		
			5	8	9	3	6	1
6	1		7					
7		3				4		6
5		9			8			

545

1	3	8	9	5	2	7	4	6
5	7	4	6	1	8	3	2	9
9	2	6	7	4	3	1	5	8
3	9	7	5	2	6	4	8	1
4	8	2	3	9	1	5	6	7
6	1	5	4	8	7	9	3	2
2	4	9	8	7	5	6	1	3
7	6	1	2	3	4	8	9	5
8	5	3	1	6	9	2	7	4

546

5	3	9	4	6	1	8	7	2
2	7	8	3	5	9	6	4	1
1	6	4	2	8	7	9	3	5
7	8	3	5	9	6	2	1	4
9	2	5	1	4	3	7	6	8
6	4	1	7	2	8	5	9	3
3	5	7	9	1	2	4	8	6
4	1	6	8	7	5	3	2	9
8	9	2	6	3	4	1	5	7

547

3	6	2	5	1	4	9	8	7
1	7	8	6	2	9	5	3	4
5	4	9	7	3	8	6	1	2
8	1	5	4	6	3	2	7	9
9	3	7	2	5	1	8	4	6
6	2	4	9	8	7	1	5	3
7	5	3	1	9	2	4	6	8
2	8	1	3	4	6	7	9	5
4	9	6	8	7	5	3	2	1

548

8	3	6	1	5	4	2	7	9
9	5	1	8	7	2	6	3	4
4	7	2	9	3	6	1	8	5
3	6	8	4	2	1	9	5	7
1	9	5	3	6	7	8	4	2
2	4	7	5	8	9	3	6	1
6	1	4	7	9	3	5	2	8
7	8	3	2	1	5	4	9	6
5	2	9	6	4	8	7	1	3

549

2	8	4	3		6			
	5	9		4	2	3		8
3				9		4	6	
4	9							7
	1					5		4
		3				6		1
	3	5	2	1				6
				6	9		2	
8	6		4			9		5

550

				4			5	7
5			7	8			4	
7		8					2	
8		4			3			6
	5			1	7	2		4
2		7			4			
4	6		9	3		5	7	
		5	2		1		3	
3					5		6	1

551

6	8				3		7	
9	4				5		6	
5		1						
8	5			2		4	3	
4				3	9	2	8	
3	2		8	4	6			
7						1		3
1		5			4		2	9
	9				1	6		

552

3						9		5
	9		8		3			1
						7	3	4
	5	8	2			4		6
9							7	2
			5	9	4		1	
	3		4	2	8	1		
6			7		9	3	5	
	7				5	2	4	

549

2	8	4	3	7	6	1	5	9
6	5	9	1	4	2	3	7	8
3	7	1	8	9	5	4	6	2
4	9	8	6	5	1	2	3	7
7	1	6	9	2	3	5	8	4
5	2	3	7	8	4	6	9	1
9	3	5	2	1	8	7	4	6
1	4	7	5	6	9	8	2	3
8	6	2	4	3	7	9	1	5

550

1	2	9	3	4	6	8	5	7
5	3	6	7	8	2	1	4	9
7	4	8	1	5	9	6	2	3
8	9	4	5	2	3	7	1	6
6	5	3	8	1	7	2	9	4
2	1	7	6	9	4	3	8	5
4	6	1	9	3	8	5	7	2
9	7	5	2	6	1	4	3	8
3	8	2	4	7	5	9	6	1

551

6	8	2	4	9	3	5	7	1
9	4	3	7	1	5	8	6	2
5	7	1	2	6	8	3	9	4
8	5	9	1	2	7	4	3	6
4	1	6	5	3	9	2	8	7
3	2	7	8	4	6	9	1	5
7	6	8	9	5	2	1	4	3
1	3	5	6	8	4	7	2	9
2	9	4	3	7	1	6	5	8

552

3	1	7	6	4	2	9	8	5
4	9	5	8	7	3	6	2	1
2	8	6	9	5	1	7	3	4
1	5	8	2	3	7	4	9	6
9	4	3	1	8	6	5	7	2
7	6	2	5	9	4	8	1	3
5	3	9	4	2	8	1	6	7
6	2	4	7	1	9	3	5	8
8	7	1	3	6	5	2	4	9

553

9	7				1	6		
	1		8	4	6			3
	3		9		7			
1	4			8		7		
		5	2	1	9			
				3	4			
3	5			7		4		6
6	2				3		8	7
			5		8	1		

554

			3		8	1	4	
				7		6		8
	8				4	3		2
		4	1				2	3
		5		4		8	6	
		7	8	9	6	5	1	
		9	6	2		4		
	2			8	9		3	
5						2	9	6

555

		2			1		5	
	3		8	6	5		9	2
	8	1	9	2				4
	7	4			2	3		
		6		8				
	1		7	9	4			
1	2					7		6
7			4		8	9		
	4	9		7			1	8

556

7			1	6		9	8	4
	6		8		5	3	7	2
8			2		4			6
	8						6	9
		6				8	1	
9	3		6		8		4	7
3					7	6		
2		5				7	9	
				1	2			8

553

9	7	4	3	2	1	6	5	8
5	1	2	8	4	6	9	7	3
8	3	6	9	5	7	2	4	1
1	4	3	6	8	5	7	2	9
7	8	5	2	1	9	3	6	4
2	6	9	7	3	4	8	1	5
3	5	8	1	7	2	4	9	6
6	2	1	4	9	3	5	8	7
4	9	7	5	6	8	1	3	2

554

7	5	2	3	6	8	1	4	9
4	1	3	9	7	2	6	5	8
9	8	6	5	1	4	3	7	2
8	6	4	1	5	7	9	2	3
1	9	5	2	4	3	8	6	7
2	3	7	8	9	6	5	1	4
3	7	9	6	2	5	4	8	1
6	2	1	4	8	9	7	3	5
5	4	8	7	3	1	2	9	6

555

6	9	2	3	4	1	8	5	7
4	3	7	8	6	5	1	9	2
5	8	1	9	2	7	6	3	4
9	7	4	6	5	2	3	8	1
2	5	6	1	8	3	4	7	9
8	1	3	7	9	4	2	6	5
1	2	8	5	3	9	7	4	6
7	6	5	4	1	8	9	2	3
3	4	9	2	7	6	5	1	8

556

7	5	2	1	6	3	9	8	4
1	6	4	8	9	5	3	7	2
8	9	3	2	7	4	1	5	6
5	8	7	4	3	1	2	6	9
4	2	6	7	5	9	8	1	3
9	3	1	6	2	8	5	4	7
3	1	8	9	4	7	6	2	5
2	4	5	3	8	6	7	9	1
6	7	9	5	1	2	4	3	8

557

	7				9	6		5
1	5			6	2		9	
		2						
3		8	9	5		2		7
		9	3					1
4	2	7	6	1	8			
	4				6	5		
		5					3	6
		6	4		5	9		2

558

2				8	7		4	
	3		9			8		
6	4			5				9
4					3	9		
3		6		2	9	4	1	8
9	8	2	4		6	5		3
	2	4						6
5		3	6					7
	6	1		9				

559

6	9						8	4
4	5	1			2		7	
7	8							
		8	9	5				2
9	2		1			7		
3			6		4			8
8			2	1		9		5
2		9		8				3
5	1	6			9		2	

560

	8		1		4		6	5
6			3		5	7		
		5	6	7			2	
4	6				3	8	7	
		7		6		1		9
2	5						4	
	1				9			8
	2	8		3	6	4		
3	7							6

557

8	7	3	1	4	9	6	2	5
1	5	4	8	6	2	7	9	3
6	9	2	5	7	3	1	8	4
3	1	8	9	5	4	2	6	7
5	6	9	3	2	7	8	4	1
4	2	7	6	1	8	3	5	9
9	4	1	2	3	6	5	7	8
2	8	5	7	9	1	4	3	6
7	3	6	4	8	5	9	1	2

558

2	5	9	3	8	7	6	4	1
1	3	7	9	6	4	8	2	5
6	4	8	1	5	2	7	3	9
4	1	5	8	7	3	9	6	2
3	7	6	5	2	9	4	1	8
9	8	2	4	1	6	5	7	3
8	2	4	7	3	5	1	9	6
5	9	3	6	4	1	2	8	7
7	6	1	2	9	8	3	5	4

559

6	9	3	5	7	1	2	8	4
4	5	1	8	6	2	3	7	9
7	8	2	4	9	3	5	6	1
1	6	8	9	5	7	4	3	2
9	2	4	1	3	8	7	5	6
3	7	5	6	2	4	1	9	8
8	3	7	2	1	6	9	4	5
2	4	9	7	8	5	6	1	3
5	1	6	3	4	9	8	2	7

560

7	8	3	1	2	4	9	6	5
6	4	2	3	9	5	7	8	1
1	9	5	6	7	8	3	2	4
4	6	1	9	5	3	8	7	2
8	3	7	4	6	2	1	5	9
2	5	9	8	1	7	6	4	3
5	1	6	7	4	9	2	3	8
9	2	8	5	3	6	4	1	7
3	7	4	2	8	1	5	9	6

561

4	3		2				8	
		9	8		5			1
7		8	6					
			1	3			5	2
2			5	7				3
	1	5			9			7
			7			6	3	
1			9	8				
5	8		3		4	1		9

562

	5	6		8		1	2	9
			9	2			5	7
7	9			5		3	8	
	6	3			9	2		5
		4	2				3	
	4						9	2
6	8	7			2		4	
	3		7	4		8	1	

563

	2		7					
1		4		2				8
9		6		4	1	7	2	
3			9	1		5		6
			2	5	7			3
7		5			3		4	9
			4				1	7
4	6				9			2
				7	2			4

564

	2	3	9	4		1		8
9	5			8	7		2	4
	4						7	
3					9	5	1	2
	1			2		8		
		9	1	6	5			
		5	6	1	2	3		9
					8			1
	9	6						

561 (Lösung)

4	3	1	2	9	7	5	8	6
6	2	9	8	4	5	3	7	1
7	5	8	6	1	3	2	9	4
8	7	4	1	3	6	9	5	2
2	9	6	5	7	8	4	1	3
3	1	5	4	2	9	8	6	7
9	4	2	7	5	1	6	3	8
1	6	3	9	8	2	7	4	5
5	8	7	3	6	4	1	2	9

562 (Lösung)

4	5	6	3	8	7	1	2	9
3	1	8	9	2	4	6	5	7
7	9	2	6	5	1	3	8	4
8	6	3	4	1	9	2	7	5
5	7	4	2	6	8	9	3	1
9	2	1	5	7	3	4	6	8
1	4	5	8	3	6	7	9	2
6	8	7	1	9	2	5	4	3
2	3	9	7	4	5	8	1	6

563 (Lösung)

5	2	8	7	9	6	4	3	1
1	7	4	3	2	5	6	9	8
9	3	6	8	4	1	7	2	5
3	8	2	9	1	4	5	7	6
6	4	9	2	5	7	1	8	3
7	1	5	6	8	3	2	4	9
2	5	3	4	6	8	9	1	7
4	6	7	1	3	9	8	5	2
8	9	1	5	7	2	3	6	4

564 (Lösung)

7	2	3	9	4	6	1	5	8
9	5	1	3	8	7	6	2	4
6	4	8	2	5	1	9	7	3
3	6	4	8	7	9	5	1	2
5	1	7	4	2	3	8	9	6
2	8	9	1	6	5	4	3	7
8	7	5	6	1	2	3	4	9
4	3	2	5	9	8	7	6	1
1	9	6	7	3	4	2	8	5

565

3		5	8		9		7	6
			5	2	4			9
2	8		7					
				5				2
	5					4	3	
9		2	4	8		6		7
7	2		3		8	1		5
				6	5	7	4	3
		6		4				

566

		2				4	6	1
3		9	8			2		
				2				
1			2			8		
2	9		3	8	1		5	4
		4		6	5		1	
6		3	1	9			4	
9	5	8	4			1	2	3
		7				6	8	9

567

	2	5		7			1	
	7	1	6		5		4	
8			4		1		3	
		2			8	4	5	6
9								1
1		4		5		3		
6				3	7	5		4
		3				1	6	7
5				1	6		9	3

568

5	7	9		6				4
3				1			6	5
7		4		2		6	5	
		5			8			
8		6	4					3
9			7		6	5	4	2
2	6	8		9		3		
	5		2	3		9		

568

5	7	9	8	6	2	1	3	4
3	4	2	9	1	7	8	6	5
6	8	1	3	4	5	2	9	7
7	9	4	1	2	3	6	5	8
1	3	5	6	7	8	4	2	9
8	2	6	4	5	9	7	1	3
9	1	3	7	8	6	5	4	2
2	6	8	5	9	4	3	7	1
4	5	7	2	3	1	9	8	6

567

4	2	5	9	7	3	6	1	8
3	7	1	6	8	5	9	4	2
8	9	6	4	2	1	7	3	5
7	3	2	1	9	8	4	5	6
9	5	8	3	6	4	2	7	1
1	6	4	7	5	2	3	8	9
6	1	9	8	3	7	5	2	4
2	8	3	5	4	9	1	6	7
5	4	7	2	1	6	8	9	3

566

7	8	2	9	5	3	4	6	1
3	6	9	8	1	4	2	7	5
5	4	1	6	2	7	3	9	8
1	7	5	2	4	9	8	3	6
2	9	6	3	8	1	7	5	4
8	3	4	7	6	5	9	1	2
6	2	3	1	9	8	5	4	7
9	5	8	4	7	6	1	2	3
4	1	7	5	3	2	6	8	9

565

3	4	5	8	1	9	2	7	6
1	6	7	5	2	4	3	8	9
2	8	9	7	3	6	5	1	4
4	7	3	6	5	1	8	9	2
6	5	8	9	7	2	4	3	1
9	1	2	4	8	3	6	5	7
7	2	4	3	9	8	1	6	5
8	9	1	2	6	5	7	4	3
5	3	6	1	4	7	9	2	8

569

9	4		6		2	3		8
	1					4	9	
								1
	9	4			8		5	3
5	3		2	4		7		
2				3	5			4
			5		7	1		
	7		3				8	2
8			1	2		9	3	7

570

4		7			1	8	2	
			4	7	6			9
			8		3		4	1
		4					3	8
	1		7		2			5
6		5	3	1	8		7	
5			2	3				
	4	1		9	5	2		3
	2							7

571

1		3					6	
6			1	7	4	9		3
	2		3					
		2		4		1	5	
5	4		9				7	
9		6	5		1		3	
8	6			9	5	3		
			2	1		7	9	
		9	7		3	6		

572

			3	6	7	2		
		5	2	8	9	1	6	
6	2							
4		3	6		8		1	
	1			7	3		2	
	5	2			4		7	
			8		1	6		
	6	8	7	5		9		
	4	1		3	6		8	

569

9	4	5	6	1	2	3	7	8
6	1	2	8	7	3	4	9	5
7	8	3	4	5	9	6	2	1
1	9	4	7	6	8	2	5	3
5	3	8	2	4	1	7	6	9
2	6	7	9	3	5	8	1	4
3	2	9	5	8	7	1	4	6
4	7	1	3	9	6	5	8	2
8	5	6	1	2	4	9	3	7

570

4	3	7	9	5	1	8	2	6
1	8	2	4	7	6	3	5	9
9	5	6	8	2	3	7	4	1
2	7	4	5	6	9	1	3	8
8	1	3	7	4	2	6	9	5
6	9	5	3	1	8	4	7	2
5	6	8	2	3	7	9	1	4
7	4	1	6	9	5	2	8	3
3	2	9	1	8	4	5	6	7

571

1	9	3	8	5	2	4	6	7
6	5	8	1	7	4	9	2	3
7	2	4	3	6	9	5	8	1
3	8	2	6	4	7	1	5	9
5	4	1	9	3	8	2	7	6
9	7	6	5	2	1	8	3	4
8	6	7	4	9	5	3	1	2
4	3	5	2	1	6	7	9	8
2	1	9	7	8	3	6	4	5

572

1	8	4	3	6	7	2	9	5
7	3	5	2	8	9	1	6	4
6	2	9	4	1	5	8	3	7
4	7	3	6	2	8	5	1	9
9	1	6	5	7	3	4	2	8
8	5	2	1	9	4	3	7	6
2	9	7	8	4	1	6	5	3
3	6	8	7	5	2	9	4	1
5	4	1	9	3	6	7	8	2

573

9	2	6		4				
		3		1	9		2	4
	1							
			2	5	3	4	6	7
4		2	1		8	3	9	
6	4	9		3	7	8		
5	8			2				
2	3	1		8	4	5		

574

		8	2			9		3
6	3			9			1	2
	5					8	7	4
4					1	3	8	
			4		5	2	9	
	6	2		8				1
	4		3		8			
	2	3		6	9			
9				4	2	7	3	8

575

	9	5	6	3				1
	4		7		9		2	
	8			1	4	9		6
	2				1	4		9
			8	4				
5	3					1		
1		3	2			7	6	
4	7	8	1		3			
2					7			

576

5		8		2	9		1	
	3		8			6		9
9	1			3			8	4
	4			5		7	6	1
	5			6			9	
	8		9	1			2	
		1	7				4	6
	7	4				9		5
8					3			

576

5	6	8	4	2	9	3	1	7
4	3	2	8	7	1	6	5	9
9	1	7	5	3	6	2	8	4
2	4	9	3	5	8	7	6	1
1	5	3	2	6	7	4	9	8
7	8	6	9	1	4	5	2	3
3	2	1	7	9	5	8	4	6
6	7	4	1	8	2	9	3	5
8	9	5	6	4	3	1	7	2

575

7	9	5	6	3	2	8	4	1
6	4	1	7	8	9	5	2	3
3	8	2	5	1	4	9	7	6
8	2	6	3	7	1	4	5	9
9	1	7	8	4	5	6	3	2
5	3	4	9	2	6	1	8	7
1	5	3	2	9	8	7	6	4
4	7	8	1	6	3	2	9	5
2	6	9	4	5	7	3	1	8

574

1	7	8	2	5	4	9	6	3
6	3	4	8	9	7	5	1	2
2	5	9	1	3	6	8	7	4
4	9	5	6	2	1	3	8	7
3	8	1	4	7	5	2	9	6
7	6	2	9	8	3	4	5	1
5	4	7	3	1	8	6	2	9
8	2	3	7	6	9	1	4	5
9	1	6	5	4	2	7	3	8

573

9	2	6	7	4	5	1	3	8
7	5	3	8	1	9	6	2	4
8	1	4	3	6	2	7	5	9
3	7	5	4	9	6	2	8	1
1	9	8	2	5	3	4	6	7
4	6	2	1	7	8	3	9	5
6	4	9	5	3	7	8	1	2
5	8	7	6	2	1	9	4	3
2	3	1	9	8	4	5	7	6

577

8						1		9
2	3	7	6		9	4		
	4		2	5	8			
7	8		5		6			
		3			4	9	6	7
	1	4				8		3
	9	5	3				4	8
	6	2					9	
		8				5		2

578

		8		5		4	9	7
	5	9		2	7	8		
	6		3				5	
2				1				4
9			2	7	6	5		8
	3					1	2	
	4		9			7		5
		3		4	8			
8	7		1				4	

579

4		2	6	7				9
	3		1	8		5		4
		8					7	1
1								3
3		9	4	1			8	
6					2		9	5
	7	1	5				4	
	6	5	8			3	1	
8				9		7	5	

580

	5	4	6	9		7		
		1	8	5	2	3		9
	8				7	5		
	3			7	4	6	1	
9							5	7
			5	8				3
			7		9	1		
	6	3	1		8			5
1	9		3	6	5		2	

577

8	5	6	4	7	3	1	2	9
2	3	7	6	1	9	4	8	5
9	4	1	2	5	8	3	7	6
7	8	9	5	3	6	2	1	4
5	2	3	1	8	4	9	6	7
6	1	4	7	9	2	8	5	3
1	9	5	3	2	7	6	4	8
3	6	2	8	4	5	7	9	1
4	7	8	9	6	1	5	3	2

578

3	2	8	6	5	1	4	9	7
1	5	9	4	2	7	8	6	3
4	6	7	3	8	9	2	5	1
2	8	6	5	1	3	9	7	4
9	1	4	2	7	6	5	3	8
7	3	5	8	9	4	1	2	6
6	4	1	9	3	2	7	8	5
5	9	3	7	4	8	6	1	2
8	7	2	1	6	5	3	4	9

579

4	1	2	6	7	5	8	3	9
7	3	6	1	8	9	5	2	4
5	9	8	3	2	4	6	7	1
1	2	7	9	5	8	4	6	3
3	5	9	4	1	6	2	8	7
6	8	4	7	3	2	1	9	5
2	7	1	5	6	3	9	4	8
9	6	5	8	4	7	3	1	2
8	4	3	2	9	1	7	5	6

580

2	5	4	6	9	3	7	8	1
6	7	1	8	5	2	3	4	9
3	8	9	4	1	7	5	6	2
5	3	2	9	7	4	6	1	8
9	1	8	2	3	6	4	5	7
7	4	6	5	8	1	2	9	3
8	2	5	7	4	9	1	3	6
4	6	3	1	2	8	9	7	5
1	9	7	3	6	5	8	2	4

581

	7							3
3		8				1		6
6			2		3	7	5	
1	5				7	2		9
8	3				9			7
9			1	5		6	3	4
		1		3			7	
4	8			7	1			2
	6	5				3		

582

8	3			2	7			
				9				5
9	1		8		5	2		6
	5	7					8	
3	6	8	9					
	2		7	5		4	6	
5	9			8		3	4	7
	4	3				5		
7	8					6	2	

583

3					1			
		1		5		7		6
	8	2		6				1
			1		6		9	8
7		9	5			6		
6			9	2			1	
8	2		6				7	
1	7	5	8		3		6	2
9				1		8		

584

	1	4	2			7		5
	8	3		7		1		
	7				4		9	
		9		8			3	1
3	5		6		1			7
		1		2	9		5	
8			4	1	2			
1					3		8	9
		2					1	4

581

5	7	2	8	1	6	4	9	3
3	4	8	7	9	5	1	2	6
6	1	9	2	4	3	7	5	8
1	5	4	3	6	7	2	8	9
8	3	6	4	2	9	5	1	7
9	2	7	1	5	8	6	3	4
2	9	1	6	3	4	8	7	5
4	8	3	5	7	1	9	6	2
7	6	5	9	8	2	3	4	1

582

8	3	5	6	2	7	1	9	4
2	7	6	4	9	1	8	3	5
9	1	4	8	3	5	2	7	6
4	5	7	3	6	2	9	8	1
3	6	8	9	1	4	7	5	2
1	2	9	7	5	8	4	6	3
5	9	2	1	8	6	3	4	7
6	4	3	2	7	9	5	1	8
7	8	1	5	4	3	6	2	9

583

3	6	7	4	8	1	2	5	9
4	9	1	3	5	2	7	8	6
5	8	2	7	6	9	4	3	1
2	4	3	1	7	6	5	9	8
7	1	9	5	3	8	6	2	4
6	5	8	9	2	4	3	1	7
8	2	4	6	9	5	1	7	3
1	7	5	8	4	3	9	6	2
9	3	6	2	1	7	8	4	5

584

9	1	4	2	3	8	7	6	5
5	8	3	9	7	6	1	4	2
2	7	6	1	5	4	8	9	3
4	2	9	7	8	5	6	3	1
3	5	8	6	4	1	9	2	7
7	6	1	3	2	9	4	5	8
8	9	5	4	1	2	3	7	6
1	4	7	5	6	3	2	8	9
6	3	2	8	9	7	5	1	4

585

	8				6	3		9
7		1			3		5	
4	3		8		2		6	7
8	1		5					
5	4			8			3	
		7	2			4		
	5							
9		4	6		5			3
6			9	2	8		1	4

586

		5		6		4	1	
4	8		2		1			7
			9		4	5		
			7	2	6		9	
5	9					3	7	6
8				9	3	2	4	1
				4	2		5	
			3		5	6		9
		7		8	9			4

587

9	5		3		7	1		
8		1			5		3	
			6		4		5	9
	8	3		7			9	2
1				5	3			6
6	2	7			9		1	
7		9		6		2		1
2						9		5
	1		7					

588

7		6		3			2	4
	2	1	4	8		5		9
4				6	9		7	
6			8	5				1
9		3	1	7				
1		8	9		4			6
			7	9		6	1	
8			6			3		
	6	7			8	9		

585

2	8	5	1	7	6	3	4	9
7	6	1	4	9	3	2	5	8
4	3	9	8	5	2	1	6	7
8	1	6	5	3	4	7	9	2
5	4	2	7	8	9	6	3	1
3	9	7	2	6	1	4	8	5
1	5	8	3	4	7	9	2	6
9	2	4	6	1	5	8	7	3
6	7	3	9	2	8	5	1	4

586

9	2	5	8	6	7	4	1	3
4	8	3	2	5	1	9	6	7
7	6	1	9	3	4	5	8	2
3	1	4	7	2	6	8	9	5
5	9	2	4	1	8	3	7	6
8	7	6	5	9	3	2	4	1
6	3	9	1	4	2	7	5	8
1	4	8	3	7	5	6	2	9
2	5	7	6	8	9	1	3	4

587

9	5	6	3	8	7	1	2	4
8	4	1	9	2	5	6	3	7
3	7	2	6	1	4	8	5	9
5	8	3	1	7	6	4	9	2
1	9	4	2	5	3	7	8	6
6	2	7	8	4	9	5	1	3
7	3	9	5	6	8	2	4	1
2	6	8	4	3	1	9	7	5
4	1	5	7	9	2	3	6	8

588

7	9	6	5	3	1	8	2	4
3	2	1	4	8	7	5	6	9
4	8	5	2	6	9	1	7	3
6	7	2	8	5	3	4	9	1
9	4	3	1	7	6	2	8	5
1	5	8	9	2	4	7	3	6
2	3	4	7	9	5	6	1	8
8	1	9	6	4	2	3	5	7
5	6	7	3	1	8	9	4	2

589

1	7	5						8
	2		1		5	4		
4	9		2			1		
						3		6
5	8	9	6		1	7		
		7				5	8	
	5	2	9	4				
	3		8	1	2			5
		8		5	3	9		4

590

9		4		8	6			1
		1	3	9	5		8	
	8						9	
8			4	5		7		6
		6		3	7	8	4	2
2		7				5		
	6				9		7	
	1	9				4		5
		2		1	3	9		

591

	7	6			8	4		2
				4			5	
	3			9	6	1	7	
3					9	8		4
4					2	3	1	
6				1		7	2	
	6		4			9	8	
9			6		1			
7		5	9		3	2		

592

6				2		4		1
4	9					2	3	
	5	2					8	
2			9					
3					6	5		4
5	6			7	4		2	
	4			9		1		5
9	1		3			8		2
		5	6		8		4	

589

1	7	5	3	9	4	2	6	8
8	2	6	1	7	5	4	3	9
4	9	3	2	6	8	1	5	7
2	4	1	5	8	7	3	9	6
5	8	9	6	3	1	7	4	2
3	6	7	4	2	9	5	8	1
7	5	2	9	4	6	8	1	3
9	3	4	8	1	2	6	7	5
6	1	8	7	5	3	9	2	4

590

9	3	4	7	8	6	2	5	1
7	2	1	3	9	5	6	8	4
6	8	5	1	2	4	3	9	7
8	9	3	4	5	2	7	1	6
1	5	6	9	3	7	8	4	2
2	4	7	8	6	1	5	3	9
5	6	8	2	4	9	1	7	3
3	1	9	6	7	8	4	2	5
4	7	2	5	1	3	9	6	8

591

1	7	6	5	3	8	4	9	2
8	9	2	1	4	7	6	5	3
5	3	4	2	9	6	1	7	8
3	2	1	7	5	9	8	6	4
4	5	7	8	6	2	3	1	9
6	8	9	3	1	4	7	2	5
2	6	3	4	7	5	9	8	1
9	4	8	6	2	1	5	3	7
7	1	5	9	8	3	2	4	6

592

6	3	7	8	2	9	4	5	1
4	9	8	5	6	1	2	3	7
1	5	2	4	3	7	6	8	9
2	8	4	9	5	3	7	1	6
3	7	1	2	8	6	5	9	4
5	6	9	1	7	4	3	2	8
8	4	3	7	9	2	1	6	5
9	1	6	3	4	5	8	7	2
7	2	5	6	1	8	9	4	3

593

	2		9	7		3	6	1
	8	3		2		9		
9		6				8	2	4
2					3			6
		5	6					
3			8	1			4	9
		9	5			6	1	2
7			1		4	5		
			2		9	4		

594

	8			4	5			3
			8					
5		9		6		4		8
		6	5		8		4	
				7		3	1	5
4		5	1	9			6	
	5			8	4	2	3	1
	4	1						
6	2	3			9	5		

595

	9		7		2		4	
	4			3		1		8
2	5	1	4	6				7
9	6	5	2		4			
	3							2
	7				3			9
4						9	6	
7				9	5		1	4
5			1	4	6	8		

596

9	8		7	1				5
5		1	4	6		8		9
		4		8			2	7
	3				6			1
1			2	7	9	3		
						2	4	6
4		8		2		6	9	
7	2			3				
	5					7	8	

593

5	2	4	9	7	8	3	6	1
1	8	3	4	2	6	9	7	5
9	7	6	3	5	1	8	2	4
2	9	8	7	4	3	1	5	6
4	1	5	6	9	2	7	8	3
3	6	7	8	1	5	2	4	9
8	4	9	5	3	7	6	1	2
7	3	2	1	6	4	5	9	8
6	5	1	2	8	9	4	3	7

594

1	8	2	9	4	5	6	7	3
3	6	4	8	2	7	1	5	9
5	7	9	3	6	1	4	2	8
7	1	6	5	3	8	9	4	2
2	9	8	4	7	6	3	1	5
4	3	5	1	9	2	8	6	7
9	5	7	6	8	4	2	3	1
8	4	1	2	5	3	7	9	6
6	2	3	7	1	9	5	8	4

595

3	9	8	7	1	2	5	4	6
6	4	7	5	3	9	1	2	8
2	5	1	4	6	8	3	9	7
9	6	5	2	8	4	7	3	1
8	3	4	9	7	1	6	5	2
1	7	2	6	5	3	4	8	9
4	1	3	8	2	7	9	6	5
7	8	6	3	9	5	2	1	4
5	2	9	1	4	6	8	7	3

596

9	8	2	7	1	3	4	6	5
5	7	1	4	6	2	8	3	9
3	6	4	9	8	5	1	2	7
2	3	5	8	4	6	9	7	1
1	4	6	2	7	9	3	5	8
8	9	7	3	5	1	2	4	6
4	1	8	5	2	7	6	9	3
7	2	9	6	3	8	5	1	4
6	5	3	1	9	4	7	8	2

597

4					3	1	5	
1		9		2			6	7
9	6			4				1
2	4		1	6				8
5		1				9	4	6
	9			5	1		8	4
3	1	4			8			
	8		4	9	6			2

598

		2	7	1	6	9		
	8		3					6
		7				4		3
	2		5	8		6		
5		4			3	1	9	
				7	4			2
9		8				2		1
			1		5	8	6	7
	6				8	3	5	

599

	4		2		3	5		
	3	6		9	4			1
8		5	1	6			9	4
	9			4				
4		1	3					
			7					3
	1				2		7	
	6	4		7	5	1	3	
5	7	3			8		4	2

600

			6					
	6			9	3	5		
	7					6		
		9	3		4	8	1	6
	4	8	9	5				7
	3		8	6				
		6	1	3	5			9
5	1				9		6	8
2	9			8	6	1	3	

597

4	2	7	6	8	3	1	5	9
1	3	9	5	2	4	8	6	7
8	5	6	9	1	7	4	2	3
9	6	8	7	4	5	2	3	1
2	4	3	1	6	9	5	7	8
5	7	1	8	3	2	9	4	6
6	9	2	3	5	1	7	8	4
3	1	4	2	7	8	6	9	5
7	8	5	4	9	6	3	1	2

598

4	3	2	7	1	6	9	8	5
1	8	5	3	4	9	7	2	6
6	9	7	8	5	2	4	1	3
3	2	9	5	8	1	6	7	4
5	7	4	2	6	3	1	9	8
8	1	6	9	7	4	5	3	2
9	5	8	6	3	7	2	4	1
2	4	3	1	9	5	8	6	7
7	6	1	4	2	8	3	5	9

599

1	4	9	2	8	3	5	6	7
7	3	6	5	9	4	8	2	1
8	2	5	1	6	7	3	9	4
3	9	7	8	4	1	2	5	6
4	5	1	3	2	6	7	8	9
6	8	2	7	5	9	4	1	3
9	1	8	4	3	2	6	7	5
2	6	4	9	7	5	1	3	8
5	7	3	6	1	8	9	4	2

600

3	2	5	6	4	8	7	9	1
8	6	1	7	9	3	5	4	2
9	7	4	5	1	2	6	8	3
7	5	9	3	2	4	8	1	6
6	4	8	9	5	1	3	2	7
1	3	2	8	6	7	9	5	4
4	8	6	1	3	5	2	7	9
5	1	3	2	7	9	4	6	8
2	9	7	4	8	6	1	3	5

601

			2					
6		9				2	8	
	4			6				9
7			8		4		3	2
9	6	4			3		5	1
	2	8	1				4	
4	7	3	9	8				6
5		1		7			9	3
			3				1	

602

7				3	8	1		
5		3				7		
	8	9		6	4			
				9	3	6		
	5			7	2	9		
	3						4	8
	9	5	3				6	
3	7			1	6			
8		1	9	4		3	2	7

603

3	4	5		9	2	8		
	1	6		8	3			9
2		8	1				5	6
	5		8	6				1
	6	4	2		1			5
				3		6		4
6	3		7		8			2
								3
			3			7	6	

604

2	3	8	7	9				
9		1				7		
					6	3		1
6	7		9	4		1		8
5			1	6		9		
1		4	5		8			7
	2	5	8					
			3	5				
	4	9		7		8	1	5

601

8	5	7	2	3	9	1	6	4
6	3	9	4	1	7	2	8	5
1	4	2	5	6	8	3	7	9
7	1	5	8	9	4	6	3	2
9	6	4	7	2	3	8	5	1
3	2	8	1	5	6	9	4	7
4	7	3	9	8	1	5	2	6
5	8	1	6	7	2	4	9	3
2	9	6	3	4	5	7	1	8

602

7	2	6	5	3	8	1	9	4
5	4	3	1	2	9	7	8	6
1	8	9	7	6	4	5	3	2
4	1	2	8	9	3	6	7	5
6	5	8	4	7	2	9	1	3
9	3	7	6	5	1	2	4	8
2	9	5	3	8	7	4	6	1
3	7	4	2	1	6	8	5	9
8	6	1	9	4	5	3	2	7

603

3	4	5	6	9	2	8	1	7
7	1	6	5	8	3	4	2	9
2	9	8	1	4	7	3	5	6
9	5	3	8	6	4	2	7	1
8	6	4	2	7	1	9	3	5
1	7	2	9	3	5	6	8	4
6	3	9	7	1	8	5	4	2
5	8	7	4	2	6	1	9	3
4	2	1	3	5	9	7	6	8

604

2	3	8	7	9	1	5	4	6
9	6	1	4	3	5	7	8	2
4	5	7	2	8	6	3	9	1
6	7	2	9	4	3	1	5	8
5	8	3	1	6	7	9	2	4
1	9	4	5	2	8	6	3	7
7	2	5	8	1	9	4	6	3
8	1	6	3	5	4	2	7	9
3	4	9	6	7	2	8	1	5

605

3						6		5
7		8				1		2
	6							4
5			1	7	3		8	9
	7		9			5	6	
2	9							3
9		2			7			6
	8	5	3	9	2		1	7
			5		1	9		

606

				2		8		
	8		4		3	5		
	3	2			8	7	4	
		9		1		6	3	7
	5			6				9
	6	1				4		2
			5		7			
7		4	8	9				5
5	9	3	1	4				8

607

		5		9				
8		3	2	4	7	9		
6			1			4	7	
9	6				8	5		
			5		6		2	
	5	1	9			3	8	6
1	3	7					9	8
		8			9	1		7
		6	8	7				

608

		4			3	6	7	
		6	5		1	3	8	4
	7	8					5	9
6					2		3	
			9					5
8	3	2				4		
	6					5		7
	8	7					4	3
			1	4	7	9	6	

605

3	2	4	7	1	8	6	9	5
7	5	8	6	4	9	1	3	2
1	6	9	2	3	5	8	7	4
5	4	6	1	7	3	2	8	9
8	7	3	9	2	4	5	6	1
2	9	1	8	5	6	7	4	3
9	1	2	4	8	7	3	5	6
6	8	5	3	9	2	4	1	7
4	3	7	5	6	1	9	2	8

606

4	7	5	6	2	1	8	9	3
9	8	6	4	7	3	5	2	1
1	3	2	9	5	8	7	4	6
8	4	9	2	1	5	6	3	7
2	5	7	3	6	4	1	8	9
3	6	1	7	8	9	4	5	2
6	2	8	5	3	7	9	1	4
7	1	4	8	9	2	3	6	5
5	9	3	1	4	6	2	7	8

607

4	7	5	6	9	3	8	1	2
8	1	3	2	4	7	9	6	5
6	2	9	1	8	5	4	7	3
9	6	2	7	3	8	5	4	1
3	8	4	5	1	6	7	2	9
7	5	1	9	2	4	3	8	6
1	3	7	4	5	2	6	9	8
2	4	8	3	6	9	1	5	7
5	9	6	8	7	1	2	3	4

608

5	1	4	8	9	3	6	7	2
9	2	6	5	7	1	3	8	4
3	7	8	2	6	4	1	5	9
6	9	5	4	8	2	7	3	1
7	4	1	9	3	6	8	2	5
8	3	2	7	1	5	4	9	6
4	6	9	3	2	8	5	1	7
1	8	7	6	5	9	2	4	3
2	5	3	1	4	7	9	6	8

609

	1			2				
		2	1	4		9	6	
4			5				2	1
		4					7	8
	6					2		4
	7	5	4	8	9			6
	2	3	8	9	1			
	5			6	4			2
6		8	2		3			

610

		8	3			2		
		4		6		1	8	5
5				1	4	3		
							5	
4	9	5		3				8
7		1			8	9	4	
2	1	9		8	7			
			6		1	5		9
		7	9	4				2

611

	6	4	7	2				
7				8	1	2		
8	9	2			3			7
4								
3	1	6	2		4	7		
9	2				5	1		
	7	9	1					6
5	4	8	9	7	6			
6				5	2			

612

					1		6	3
	6			2				
4	7		5	9	6			2
		9	1				5	4
	8	5	4	3				
			7			8	3	9
		6	9	8	7			1
			6		3		9	
8	9			1	5		4	

609

3	1	6	9	2	8	4	5	7
5	8	2	1	4	7	9	6	3
4	9	7	5	3	6	8	2	1
9	3	4	6	1	2	5	7	8
8	6	1	3	7	5	2	9	4
2	7	5	4	8	9	1	3	6
7	2	3	8	9	1	6	4	5
1	5	9	7	6	4	3	8	2
6	4	8	2	5	3	7	1	9

610

1	7	8	3	9	5	2	6	4
9	3	4	7	6	2	1	8	5
5	2	6	8	1	4	3	9	7
3	8	2	4	7	9	6	5	1
4	9	5	1	3	6	7	2	8
7	6	1	2	5	8	9	4	3
2	1	9	5	8	7	4	3	6
8	4	3	6	2	1	5	7	9
6	5	7	9	4	3	8	1	2

611

1	6	4	7	2	9	5	3	8
7	5	3	6	8	1	2	9	4
8	9	2	5	4	3	6	1	7
4	8	5	3	1	7	9	6	2
3	1	6	2	9	4	7	8	5
9	2	7	8	6	5	1	4	3
2	7	9	1	3	8	4	5	6
5	4	8	9	7	6	3	2	1
6	3	1	4	5	2	8	7	9

612

9	5	2	8	7	1	4	6	3
1	6	8	3	2	4	9	7	5
4	7	3	5	9	6	1	8	2
7	3	9	1	6	8	2	5	4
2	8	5	4	3	9	6	1	7
6	1	4	7	5	2	8	3	9
3	4	6	9	8	7	5	2	1
5	2	1	6	4	3	7	9	8
8	9	7	2	1	5	3	4	6

613

2		6		8	3	4		
				5			1	9
			7			2	6	
							9	1
1	8	7		3			4	2
5	9		1			7	3	
		8		1	5			7
			3		4	1		6
6			8			3	5	

614

5	6	2		7	9		3	
3	1	9	5	4		6		
4		8					9	5
	4		9	5	7	8		
9	8			1			5	
1	5		6					
						5	4	
7			4	8			1	6
	9			2				8

615

	9							7
	3		4	9	5			
2			1			4		
4	5	6			2		1	
	2	9			1	6		4
3	1	7	9		4		2	
5	8	3			9			
	4			7	3			2
	7	2	8			5		

616

	4	6		1			9	
8		3	2		9		6	
	1		6		5			
6	8				2			
			9	8	4	7		6
	2	7			6	3		9
1		5		9			4	
	9		5	6			7	
		8			3	9		5

616

5	4	6	3	1	8	2	9	7
8	7	3	2	4	9	5	6	1
9	1	2	6	7	5	4	3	8
6	8	9	7	3	2	1	5	4
3	5	1	9	8	4	7	2	6
4	2	7	1	5	6	3	8	9
1	3	5	8	9	7	6	4	2
2	9	4	5	6	1	8	7	3
7	6	8	4	2	3	9	1	5

615

1	9	4	6	2	8	3	5	7
7	3	8	4	9	5	2	6	1
2	6	5	1	3	7	4	9	8
4	5	6	3	8	2	7	1	9
8	2	9	7	5	1	6	3	4
3	1	7	9	6	4	8	2	5
5	8	3	2	4	9	1	7	6
6	4	1	5	7	3	9	8	2
9	7	2	8	1	6	5	4	3

614

5	6	2	8	7	9	1	3	4
3	1	9	5	4	2	6	8	7
4	7	8	3	6	1	2	9	5
2	4	3	9	5	7	8	6	1
9	8	6	2	1	4	7	5	3
1	5	7	6	3	8	4	2	9
8	3	1	7	9	6	5	4	2
7	2	5	4	8	3	9	1	6
6	9	4	1	2	5	3	7	8

613

2	1	6	9	8	3	4	7	5
7	4	3	2	5	6	8	1	9
8	5	9	7	4	1	2	6	3
3	6	2	4	7	8	5	9	1
1	8	7	5	3	9	6	4	2
5	9	4	1	6	2	7	3	8
4	3	8	6	1	5	9	2	7
9	7	5	3	2	4	1	8	6
6	2	1	8	9	7	3	5	4

617

6	8	9	3	4		1	2	
			2			4		
2	4	5	7					
4			5	6			9	
	6			3	7			8
9		7	4		8			
				7		9		2
			6		3	8	7	
	7			9		5	1	

618

8	3					6		
	1		3	6				4
6	9		4	7	5		1	3
		1	6	9			8	
2	6				7			
	7		2					5
				4	6	1	7	8
		6	5	8			3	
1		9	7					

619

1		3						
	5		7		4	1	8	6
		6	1		9	5	2	
	9						1	
	1		3	9	8		4	5
						9		2
	3	1	8	2				9
8	6			5				7
		4	9		3	8		1

620

	8	3			7			
	4	2		9	6	7		
	6				2	8	9	
7				8	3	2		
3			6			1		7
		5		7		6	3	
					8			1
4			7	1	9	3	2	
2					4	9	5	8

617

6	8	9	3	4	5	1	2	7
7	1	3	2	8	9	4	6	5
2	4	5	7	1	6	3	8	9
4	2	8	5	6	1	7	9	3
5	6	1	9	3	7	2	4	8
9	3	7	4	2	8	6	5	1
8	5	6	1	7	4	9	3	2
1	9	2	6	5	3	8	7	4
3	7	4	8	9	2	5	1	6

618

8	3	4	1	2	9	6	5	7
5	1	7	3	6	8	9	2	4
6	9	2	4	7	5	8	1	3
4	5	1	6	9	3	7	8	2
2	6	3	8	5	7	4	9	1
9	7	8	2	1	4	3	6	5
3	2	5	9	4	6	1	7	8
7	4	6	5	8	1	2	3	9
1	8	9	7	3	2	5	4	6

619

1	8	3	5	6	2	7	9	4
9	5	2	7	3	4	1	8	6
4	7	6	1	8	9	5	2	3
6	9	5	2	4	7	3	1	8
2	1	7	3	9	8	6	4	5
3	4	8	6	1	5	9	7	2
7	3	1	8	2	6	4	5	9
8	6	9	4	5	1	2	3	7
5	2	4	9	7	3	8	6	1

620

9	8	3	1	4	7	5	6	2
5	4	2	8	9	6	7	1	3
1	6	7	5	3	2	8	9	4
7	1	6	9	8	3	2	4	5
3	9	4	6	2	5	1	8	7
8	2	5	4	7	1	6	3	9
6	3	9	2	5	8	4	7	1
4	5	8	7	1	9	3	2	6
2	7	1	3	6	4	9	5	8

621

			2		4	6		1
	4			1		2		
	2	1				3	4	
7	6		9	3		1		4
2	1			6				
	9		7			5	6	
	5	2		7	3		1	6
					5	8		3
	8	9			6			7

622

	5					4	6	3
			2					8
1			9	4	6	5	7	2
4	2	6				3	8	
9	1		4				5	7
		7				6		
3		5		1	9		2	
				2	4			
6	9	2		8	3		4	

623

3	8				7	9		
		4						2
	2	6		8	4		3	
	5	7	8	4		1		6
	3					5	4	
4	1			6			9	
8	7		1	2		4		
		9						
	6		4	7			8	3

624

		2			7			5
9	6						4	8
3	1	5	8			6		
			4			1	5	
4		1	2	5	3			6
	3			6	1			
7			1				8	
	9				8	4	6	2
	5		9	2		7	3	1

621

5	3	7	2	8	4	6	9	1
6	4	8	3	1	9	2	7	5
9	2	1	6	5	7	3	4	8
7	6	5	9	3	2	1	8	4
2	1	4	5	6	8	7	3	9
8	9	3	7	4	1	5	6	2
4	5	2	8	7	3	9	1	6
1	7	6	4	9	5	8	2	3
3	8	9	1	2	6	4	5	7

622

2	5	9	8	7	1	4	6	3
7	6	4	2	3	5	1	9	8
1	3	8	9	4	6	5	7	2
4	2	6	1	5	7	3	8	9
9	1	3	4	6	8	2	5	7
5	8	7	3	9	2	6	1	4
3	4	5	7	1	9	8	2	6
8	7	1	6	2	4	9	3	5
6	9	2	5	8	3	7	4	1

623

3	8	5	2	1	7	9	6	4
7	9	4	6	3	5	8	1	2
1	2	6	9	8	4	7	3	5
9	5	7	8	4	3	1	2	6
6	3	2	7	9	1	5	4	8
4	1	8	5	6	2	3	9	7
8	7	3	1	2	6	4	5	9
2	4	9	3	5	8	6	7	1
5	6	1	4	7	9	2	8	3

624

8	4	2	6	9	7	3	1	5
9	6	7	3	1	5	2	4	8
3	1	5	8	4	2	6	9	7
2	7	6	4	8	9	1	5	3
4	8	1	2	5	3	9	7	6
5	3	9	7	6	1	8	2	4
7	2	4	1	3	6	5	8	9
1	9	3	5	7	8	4	6	2
6	5	8	9	2	4	7	3	1

625

	3	1		6	7			5
	5	2			8	4		1
4	9		1	2			8	3
	2		6			1		
					3		4	2
		4		8	2	6	3	
		9				2	7	4
	4			7				
1		5				3		

626

4	6		5				9	8
		1	3			6	2	
9		8				1	3	
		4		6		5		2
5	7				3	9		
6				4		3		
	1		6	8		4		
	9		1		4	2	7	
				3	7	8		1

627

5	3	6						8
		2		6	9			4
9		4		1		2	6	
			1		4			5
1						9	3	2
	6		2				7	1
		1	3	7		8		
6		8				5		
2		3		5		7	1	

628

5			2		8	9		3
	4	3	7	9	1	2		5
	2							
6	9							
		5	3	1	2	6	9	8
	1	2				4		
9			1				8	
2	3			8	6		1	9
		6			7	5		

625

8	3	1	4	6	7	9	2	5
7	5	2	9	3	8	4	6	1
4	9	6	1	2	5	7	8	3
3	2	8	6	9	4	1	5	7
9	6	7	5	1	3	8	4	2
5	1	4	7	8	2	6	3	9
6	8	9	3	5	1	2	7	4
2	4	3	8	7	9	5	1	6
1	7	5	2	4	6	3	9	8

626

4	6	3	5	2	1	7	9	8
7	5	1	3	9	8	6	2	4
9	2	8	4	7	6	1	3	5
1	3	4	7	6	9	5	8	2
5	7	2	8	1	3	9	4	6
6	8	9	2	4	5	3	1	7
3	1	7	6	8	2	4	5	9
8	9	6	1	5	4	2	7	3
2	4	5	9	3	7	8	6	1

627

5	3	6	7	4	2	1	9	8
7	1	2	8	6	9	3	5	4
9	8	4	5	1	3	2	6	7
3	2	7	1	9	4	6	8	5
1	4	5	6	8	7	9	3	2
8	6	9	2	3	5	4	7	1
4	5	1	3	7	6	8	2	9
6	7	8	9	2	1	5	4	3
2	9	3	4	5	8	7	1	6

628

5	6	1	2	4	8	9	7	3
8	4	3	7	9	1	2	6	5
7	2	9	6	5	3	8	4	1
6	9	8	4	7	5	1	3	2
4	7	5	3	1	2	6	9	8
3	1	2	8	6	9	4	5	7
9	5	7	1	2	4	3	8	6
2	3	4	5	8	6	7	1	9
1	8	6	9	3	7	5	2	4

629

		5	7		4	1	3	
9		7	1		8	2		
1			6				5	
7	4	2	3				9	
3	9		5	7				
5	1							3
				3		8		
4	5		8	6			7	9
8	6					5		2

630

				4	6		2	7
9		6		3		4	8	1
4	5	7		8		6		
1		5	8	9		3		
		8		6	3		4	
3		2						
6		9			5	2		
	3			1			5	
			3		8			4

631

5			3	8		2		
	4					3	5	8
8		3	1	4				7
4	9			5	1	6		
			6	9	7		1	4
	8	1	4	2		7		
		4			9			
	3	8	5			1		
9							3	

632

	1		7			5	3	8
7	6		3	2			1	
3			9		8	2		6
9		7	4	6	2		8	
5		4					9	
	8				9		4	
		1	6		3			4
	5		2				6	
	9		8					1

629

6	2	5	7	9	4	1	3	8
9	3	7	1	5	8	2	6	4
1	8	4	6	2	3	9	5	7
7	4	2	3	8	1	6	9	5
3	9	8	5	7	6	4	2	1
5	1	6	2	4	9	7	8	3
2	7	9	4	3	5	8	1	6
4	5	1	8	6	2	3	7	9
8	6	3	9	1	7	5	4	2

630

8	1	3	9	4	6	5	2	7
9	2	6	5	3	7	4	8	1
4	5	7	1	8	2	6	3	9
1	6	5	8	9	4	3	7	2
7	9	8	2	6	3	1	4	5
3	4	2	7	5	1	8	9	6
6	8	9	4	7	5	2	1	3
2	3	4	6	1	9	7	5	8
5	7	1	3	2	8	9	6	4

631

5	7	9	3	8	6	2	4	1
1	4	6	9	7	2	3	5	8
8	2	3	1	4	5	9	6	7
4	9	7	8	5	1	6	2	3
3	5	2	6	9	7	8	1	4
6	8	1	4	2	3	7	9	5
7	1	4	2	3	9	5	8	6
2	3	8	5	6	4	1	7	9
9	6	5	7	1	8	4	3	2

632

2	1	9	7	4	6	5	3	8
7	6	8	3	2	5	4	1	9
3	4	5	9	1	8	2	7	6
9	3	7	4	6	2	1	8	5
5	2	4	1	8	7	6	9	3
1	8	6	5	3	9	7	4	2
8	7	1	6	5	3	9	2	4
4	5	3	2	9	1	8	6	7
6	9	2	8	7	4	3	5	1

633

				3		5	6	7
		5	9		6	1	2	8
			7			4		
2	4	1			5		7	6
			4		7			
	8			6	3			
3			5	7				2
1		4						
		2		1	9	6	8	4

634

5			2	6		1	3	
7			8					
9			5				8	2
4				5	1		7	
		8						
1	7	3	4	2		6	5	9
8	1			7		5		
		5	1					6
2	6	7			5			3

635

	4	3				9		8
	9			1			4	2
	8		2	4	9	6		5
	2	9			1		5	
	1		5		4		2	
		4	9	3	2		6	1
			4	9	5			
9	7					5		
4	6	5	1					

636

3			5		6		9	
9		6	7					
1				4	9		3	
2	9		8	7		4		
5	1			6	4			8
				2		3		5
		9	6			2	1	
8	6	1	4			7		3
	3					6		9

633

4	1	9	2	3	8	5	6	7
7	3	5	9	4	6	1	2	8
8	2	6	7	5	1	4	3	9
2	4	1	8	9	5	3	7	6
6	5	3	4	2	7	8	9	1
9	8	7	1	6	3	2	4	5
3	6	8	5	7	4	9	1	2
1	9	4	6	8	2	7	5	3
5	7	2	3	1	9	6	8	4

634

5	8	4	2	6	9	1	3	7
7	2	1	8	3	4	9	6	5
9	3	6	5	1	7	4	8	2
4	9	2	6	5	1	3	7	8
6	5	8	7	9	3	2	4	1
1	7	3	4	2	8	6	5	9
8	1	9	3	7	6	5	2	4
3	4	5	1	8	2	7	9	6
2	6	7	9	4	5	8	1	3

635

2	4	3	7	5	6	9	1	8
5	9	6	3	1	8	7	4	2
1	8	7	2	4	9	6	3	5
3	2	9	8	6	1	4	5	7
6	1	8	5	7	4	3	2	9
7	5	4	9	3	2	8	6	1
8	3	2	4	9	5	1	7	6
9	7	1	6	2	3	5	8	4
4	6	5	1	8	7	2	9	3

636

3	2	4	5	8	6	1	9	7
9	8	6	7	1	3	5	4	2
1	7	5	2	4	9	8	3	6
2	9	3	8	7	5	4	6	1
5	1	7	3	6	4	9	2	8
6	4	8	9	2	1	3	7	5
7	5	9	6	3	8	2	1	4
8	6	1	4	9	2	7	5	3
4	3	2	1	5	7	6	8	9

637

					6			1
6			7	2				4
9	5	3	4					7
5							4	8
	7	2				1	6	5
4	1	6						3
	6	8	2	5	4		1	
			8		1		3	
		4			3	8		2

638

			1	4		9		
		2	6		5		4	
8				3		7		
6					1		9	7
2		7		9				
4			3	6		2	5	
3				8		5		
	4	8				6	2	9
	5		9	1		3	8	

639

		4			5			2
	6	1	8			7	5	
						9	3	
				5	4			3
4			1	8				
1	8		9				7	5
2		8				3	6	7
7			4	6	3		2	9
9		6	7				4	

640

6	7				9		8	
4				3		9		2
		5		6	8	7		
	1					6		9
3					6	2		8
			8	7	3	1	4	
				8				6
		3		4		8	2	7
8		6	3			4		

637

2	4	7	9	3	6	5	8	1
6	8	1	7	2	5	3	9	4
9	5	3	4	1	8	6	2	7
5	3	9	1	6	7	2	4	8
8	7	2	3	4	9	1	6	5
4	1	6	5	8	2	9	7	3
3	6	8	2	5	4	7	1	9
7	2	5	8	9	1	4	3	6
1	9	4	6	7	3	8	5	2

638

5	7	3	1	4	8	9	6	2
9	1	2	6	7	5	8	4	3
8	6	4	2	3	9	7	1	5
6	3	5	8	2	1	4	9	7
2	8	7	5	9	4	1	3	6
4	9	1	3	6	7	2	5	8
3	2	9	4	8	6	5	7	1
1	4	8	7	5	3	6	2	9
7	5	6	9	1	2	3	8	4

639

8	9	4	3	7	5	6	1	2
3	6	1	8	9	2	7	5	4
5	2	7	6	4	1	9	3	8
6	7	9	2	5	4	1	8	3
4	5	3	1	8	7	2	9	6
1	8	2	9	3	6	4	7	5
2	4	8	5	1	9	3	6	7
7	1	5	4	6	3	8	2	9
9	3	6	7	2	8	5	4	1

640

6	7	2	4	1	9	5	8	3
4	8	1	7	3	5	9	6	2
9	3	5	2	6	8	7	1	4
7	1	8	5	2	4	6	3	9
3	5	4	1	9	6	2	7	8
2	6	9	8	7	3	1	4	5
1	4	7	9	8	2	3	5	6
5	9	3	6	4	1	8	2	7
8	2	6	3	5	7	4	9	1

641

4				6	1		7	
		2	7	4	8			
	8					4		6
9	4		1			6		5
		7		2		3	9	8
3		6				7	1	4
					4	1	8	
8	1				3			
	3	5				2	4	

642

9		6	2		1			
			4			2	9	
			8	3	9		5	1
6	1	8		9	3	7		
					6	9		8
7			1				6	
	8		6	4		5	2	
5	6			1				3
	2		3	5	8			

643

	5	4	6			7	3	
							8	
2	7						6	9
5	2		4		7	8	9	
9	4		8	3	1	5		
				5		3		4
	3						1	8
8		5		1				3
4		2			3		5	

644

			3	2		9		8
	8	9					2	3
	3				4		1	6
3	2	7						
		6	7				8	9
8	9	5		3		2	6	
2		1	8				3	
	7	8				5		
9	4		2		5		7	1

641

4	9	3	5	6	1	8	7	2
5	6	2	7	4	8	9	3	1
7	8	1	3	9	2	4	5	6
9	4	8	1	3	7	6	2	5
1	5	7	4	2	6	3	9	8
3	2	6	9	8	5	7	1	4
2	7	9	6	5	4	1	8	3
8	1	4	2	7	3	5	6	9
6	3	5	8	1	9	2	4	7

642

9	5	6	2	7	1	8	3	4
8	3	1	4	6	5	2	9	7
2	7	4	8	3	9	6	5	1
6	1	8	5	9	3	7	4	2
3	4	5	7	2	6	9	1	8
7	9	2	1	8	4	3	6	5
1	8	3	6	4	7	5	2	9
5	6	7	9	1	2	4	8	3
4	2	9	3	5	8	1	7	6

643

1	5	4	6	9	8	7	3	2
3	6	9	1	7	2	4	8	5
2	7	8	3	4	5	1	6	9
5	2	3	4	6	7	8	9	1
9	4	7	8	3	1	5	2	6
6	8	1	2	5	9	3	7	4
7	3	6	5	2	4	9	1	8
8	9	5	7	1	6	2	4	3
4	1	2	9	8	3	6	5	7

644

1	6	4	3	2	7	9	5	8
7	8	9	5	1	6	4	2	3
5	3	2	9	8	4	7	1	6
3	2	7	6	9	8	1	4	5
4	1	6	7	5	2	3	8	9
8	9	5	4	3	1	2	6	7
2	5	1	8	7	9	6	3	4
6	7	8	1	4	3	5	9	2
9	4	3	2	6	5	8	7	1

645

				6	3	9	5	
	6	5					3	
	9		2	8			6	1
		2	5	4			7	
		9						4
5		3	6			1	8	9
	5		9	2	4		1	3
		1			7	6		
	8	4		1				

646

				5	6	1		
6	3					8		4
5		9		8			7	6
	9		5	2			4	
8		6	1	4		3		5
3	5	4			9		1	2
	4							3
1	6			3		9	8	
			6				2	

647

			1		4			9
		4			5			7
	9				3	4	5	1
	4			5		2	8	
8	7			4		1	9	
	6	3		1		5		
			5	8			1	2
7	5	6				9	4	
	8			6		7		5

648

					5		2	1
						8		3
		3		1			4	5
		4		2		5		
2	6			5	4		1	
			6			2	9	4
8	7	2			3			
9	3	1		4		7	8	
4		6		8	9	1		2

645

1	2	8	4	6	3	9	5	7
4	6	5	7	9	1	2	3	8
3	9	7	2	8	5	4	6	1
8	1	2	5	4	9	3	7	6
6	7	9	1	3	8	5	2	4
5	4	3	6	7	2	1	8	9
7	5	6	9	2	4	8	1	3
9	3	1	8	5	7	6	4	2
2	8	4	3	1	6	7	9	5

646

4	7	8	2	5	6	1	3	9
6	3	2	7	9	1	8	5	4
5	1	9	3	8	4	2	7	6
7	9	1	5	2	3	6	4	8
8	2	6	1	4	7	3	9	5
3	5	4	8	6	9	7	1	2
2	4	7	9	1	8	5	6	3
1	6	5	4	3	2	9	8	7
9	8	3	6	7	5	4	2	1

647

5	2	8	1	7	4	3	6	9
3	1	4	6	9	5	8	2	7
6	9	7	8	2	3	4	5	1
9	4	1	7	5	6	2	8	3
8	7	5	3	4	2	1	9	6
2	6	3	9	1	8	5	7	4
4	3	9	5	8	7	6	1	2
7	5	6	2	3	1	9	4	8
1	8	2	4	6	9	7	3	5

648

6	4	8	3	7	5	9	2	1
1	2	5	4	9	6	8	7	3
7	9	3	2	1	8	6	4	5
3	1	4	9	2	7	5	6	8
2	6	9	8	5	4	3	1	7
5	8	7	6	3	1	2	9	4
8	7	2	1	6	3	4	5	9
9	3	1	5	4	2	7	8	6
4	5	6	7	8	9	1	3	2

649

			5			4		
	1		4	9	6	3	8	
3		9		8	2		6	1
		3	1	5		8	9	4
9	8	1	3			7		
			9		8			
1		8	2					
5	6			1			4	
					5	1		8

650

1				7		2	5	
		7	9					
4	8						9	7
7	1	4						3
3	5		1		7	6	2	
	2	8	4					5
8	3							
5	7	2		6	9			1
9			5	1		3		2

651

	2			9	3	8		5
	4		2				9	3
3				5	7	6		
			3			2	5	8
	8	5		4				
9	3						7	1
	6				4		3	2
			6		2		8	7
	7				8	5	4	6

652

		5	9		2			8
	2	6	4	1	8	9	3	5
9		4	5		6	1		
8	6		1	2			9	4
2					4			1
	5			9			2	
	7					6		3
		3			1			
5				6	7		1	

649

8	7	6	5	3	1	4	2	9
2	1	5	4	9	6	3	8	7
3	4	9	7	8	2	5	6	1
6	2	3	1	5	7	8	9	4
9	8	1	3	2	4	7	5	6
7	5	4	9	6	8	2	1	3
1	3	8	2	4	9	6	7	5
5	6	7	8	1	3	9	4	2
4	9	2	6	7	5	1	3	8

650

1	9	3	8	7	4	2	5	6
2	6	7	9	5	1	4	3	8
4	8	5	2	3	6	1	9	7
7	1	4	6	2	5	9	8	3
3	5	9	1	8	7	6	2	4
6	2	8	4	9	3	7	1	5
8	3	1	7	4	2	5	6	9
5	7	2	3	6	9	8	4	1
9	4	6	5	1	8	3	7	2

651

6	2	7	4	9	3	8	1	5
5	4	1	2	8	6	7	9	3
3	9	8	1	5	7	6	2	4
7	1	4	3	6	9	2	5	8
2	8	5	7	4	1	3	6	9
9	3	6	8	2	5	4	7	1
8	6	9	5	7	4	1	3	2
4	5	3	6	1	2	9	8	7
1	7	2	9	3	8	5	4	6

652

3	1	5	9	7	2	4	6	8
7	2	6	4	1	8	9	3	5
9	8	4	5	3	6	1	7	2
8	6	7	1	2	5	3	9	4
2	3	9	6	8	4	7	5	1
4	5	1	7	9	3	8	2	6
1	7	2	8	5	9	6	4	3
6	9	3	2	4	1	5	8	7
5	4	8	3	6	7	2	1	9

653

	7	4		2				5
	8		3			7		
3		5	4					
8	6	3	2		4	9		
	1	9			5		2	
	4			3	9			1
				9	2	1		
	2	7		4	8	5		
1	5		6			4	9	

654

6		5			9	4	1	2
	2		8		1	9	5	3
							6	
					6		8	1
1	6	9	3	8			7	
8	3							9
7			1			2		8
2				7	4		3	
3	4		6			7		

655

2				8	6			4
		7		3			6	5
5					1	8		3
1	9		3	6		4		7
7	2		4					9
	3	8		1	7			
	7			2	3	5		1
3		2				6		
8				4			3	

656

1					8		6	
			7	2			3	
6	3	7		4		2	5	
7	4		2			6		
	1	9		8	3			
8		5	1	7				
	7	2			9	3		
3		6						
4		1				5	9	2

653

6	7	4	9	2	1	8	3	5
2	8	1	3	5	6	7	4	9
3	9	5	4	8	7	2	1	6
8	6	3	2	1	4	9	5	7
7	1	9	8	6	5	3	2	4
5	4	2	7	3	9	6	8	1
4	3	6	5	9	2	1	7	8
9	2	7	1	4	8	5	6	3
1	5	8	6	7	3	4	9	2

654

6	8	5	7	3	9	4	1	2
4	2	7	8	6	1	9	5	3
9	1	3	2	4	5	8	6	7
5	7	2	4	9	6	3	8	1
1	6	9	3	8	2	5	7	4
8	3	4	5	1	7	6	2	9
7	9	6	1	5	3	2	4	8
2	5	8	9	7	4	1	3	6
3	4	1	6	2	8	7	9	5

655

2	1	3	5	8	6	9	7	4
9	8	7	2	3	4	1	6	5
5	6	4	7	9	1	8	2	3
1	9	5	3	6	2	4	8	7
7	2	6	4	5	8	3	1	9
4	3	8	9	1	7	2	5	6
6	7	9	8	2	3	5	4	1
3	4	2	1	7	5	6	9	8
8	5	1	6	4	9	7	3	2

656

1	2	4	5	3	8	7	6	9
9	5	8	7	2	6	1	3	4
6	3	7	9	4	1	2	5	8
7	4	3	2	9	5	6	8	1
2	1	9	6	8	3	4	7	5
8	6	5	1	7	4	9	2	3
5	7	2	8	1	9	3	4	6
3	9	6	4	5	2	8	1	7
4	8	1	3	6	7	5	9	2

657

			7	5				
7						4	2	
		2	8			3		7
2		8	6				3	
4			2	7			8	
	6	7			8			
	4	1		2	7	9	6	5
	7	3		9	6		4	
	2			8			7	3

658

	4	5		2		6	9	
	9	2		4	3	7		
								4
5			7					9
9	6			3	2		1	7
		1	9	5				
4	5	3		8	6			2
8					4			6
	2			7			4	

659

3	8		5	4				9
1	2	5	8		7			4
	9	7	6	1		2	5	8
			3	8	9	5		7
7	5			6			3	
8					1			
	6				5	1		
9							2	
		1						

660

					7		2	
9	5		6	1			4	7
6	3					1	8	5
3		5	8			7	9	
1	8		4	7	2	5		
	2			3				
							6	
		1	2	4	5		7	3
2		3	1			8	5	

657

3	8	4	7	5	2	6	1	9
7	1	5	9	6	3	4	2	8
6	9	2	8	1	4	3	5	7
2	5	8	6	4	9	7	3	1
4	3	9	2	7	1	5	8	6
1	6	7	5	3	8	2	9	4
8	4	1	3	2	7	9	6	5
5	7	3	1	9	6	8	4	2
9	2	6	4	8	5	1	7	3

658

3	4	5	8	2	7	6	9	1
1	9	2	6	4	3	7	8	5
7	8	6	5	1	9	2	3	4
5	3	4	7	6	1	8	2	9
9	6	8	4	3	2	5	1	7
2	7	1	9	5	8	4	6	3
4	5	3	1	8	6	9	7	2
8	1	7	2	9	4	3	5	6
6	2	9	3	7	5	1	4	8

659

3	8	6	5	4	2	7	1	9
1	2	5	8	9	7	3	6	4
4	9	7	6	1	3	2	5	8
6	1	2	3	8	9	5	4	7
7	5	9	2	6	4	8	3	1
8	4	3	7	5	1	6	9	2
2	6	4	9	7	5	1	8	3
9	7	8	1	3	6	4	2	5
5	3	1	4	2	8	9	7	6

660

4	1	8	3	5	7	6	2	9
9	5	2	6	1	8	3	4	7
6	3	7	9	2	4	1	8	5
3	4	5	8	6	1	7	9	2
1	8	9	4	7	2	5	3	6
7	2	6	5	3	9	4	1	8
5	9	4	7	8	3	2	6	1
8	6	1	2	4	5	9	7	3
2	7	3	1	9	6	8	5	4

661

2	5			8				4
3	4		5		2			9
			7		3			8
		1		5		3		
		6	2			1	4	
		5		3			6	7
	9	2	3		8		5	1
		4	9		6			
7	8	3		1		2	9	

662

4	3	2						
				2	9			3
1	9				5	8		6
	8		6		2	1		7
5	1	4		7	8			
				4	1			
	4	3					6	1
6	5	1				7		4
7	2		1		4		3	5

663

3		9				1		
		4	7		5			
2		7	9		1	5	4	
	3		5					
8	7	1	3	4		9		5
	9	5	6				2	8
			8	2	9			
	4		1				7	
		8	4	7				1

664

1	7	8	2				3	
	2	5	6			4		7
					8		1	2
8			1	9		7		5
								8
5		6			2	9		
							5	6
4	6	3						1
	5	9		6	1	8	7	

661

2	5	7	1	8	9	6	3	4
3	4	8	5	6	2	7	1	9
1	6	9	7	4	3	5	2	8
9	7	1	6	5	4	3	8	2
8	3	6	2	9	7	1	4	5
4	2	5	8	3	1	9	6	7
6	9	2	3	7	8	4	5	1
5	1	4	9	2	6	8	7	3
7	8	3	4	1	5	2	9	6

662

4	3	2	8	1	6	5	7	9
8	6	5	7	2	9	4	1	3
1	9	7	4	3	5	8	2	6
3	8	9	6	5	2	1	4	7
5	1	4	3	7	8	6	9	2
2	7	6	9	4	1	3	5	8
9	4	3	5	8	7	2	6	1
6	5	1	2	9	3	7	8	4
7	2	8	1	6	4	9	3	5

663

3	5	9	2	6	4	1	8	7
1	6	4	7	8	5	2	3	9
2	8	7	9	3	1	5	4	6
6	3	2	5	9	8	7	1	4
8	7	1	3	4	2	9	6	5
4	9	5	6	1	7	3	2	8
7	1	6	8	2	9	4	5	3
9	4	3	1	5	6	8	7	2
5	2	8	4	7	3	6	9	1

664

1	7	8	2	4	5	6	3	9
3	2	5	6	1	9	4	8	7
6	9	4	7	3	8	5	1	2
8	4	2	1	9	3	7	6	5
9	3	7	4	5	6	1	2	8
5	1	6	8	7	2	9	4	3
7	8	1	9	2	4	3	5	6
4	6	3	5	8	7	2	9	1
2	5	9	3	6	1	8	7	4

665

	1			6	4	5		
2			7	1			3	
		7			2	4		
	3	1		2	7		5	
			5	4	1	7	8	3
7		8						
	2	6	4					5
				3	6	9		4
		4	1				6	

666

6			8		4		9	
9	3		6	7		4		
2	4	1			3			
	1	6	2	5				4
	8		9		6			1
		7			1		5	6
1	6		7	3			2	
		9	4	6				
	5				9		4	

667

	4	3	5		8	2		9
			2					
		5	9			3		4
5		2	1	8	4	9		
	9	1	3			4	7	
		4		6			1	
3	8	7		9		6	2	
				2		8		
	2	6			1		9	5

668

7			2				1	
	1			6		4	8	2
5		2		1		6	7	3
8			1	7		3		
3		6			5			7
1	2			9	6		4	8
	5	8		2	4			
4								9
	7	9		3				4

665

8	1	3	9	6	4	5	2	7
2	4	9	7	1	5	8	3	6
5	6	7	3	8	2	4	9	1
4	3	1	8	2	7	6	5	9
6	9	2	5	4	1	7	8	3
7	5	8	6	9	3	1	4	2
9	2	6	4	7	8	3	1	5
1	8	5	2	3	6	9	7	4
3	7	4	1	5	9	2	6	8

666

6	7	5	8	1	4	3	9	2
9	3	8	6	7	2	4	1	5
2	4	1	5	9	3	8	6	7
3	1	6	2	5	7	9	8	4
5	8	2	9	4	6	7	3	1
4	9	7	3	8	1	2	5	6
1	6	4	7	3	8	5	2	9
8	2	9	4	6	5	1	7	3
7	5	3	1	2	9	6	4	8

667

7	4	3	5	1	8	2	6	9
9	6	8	2	4	3	1	5	7
2	1	5	9	7	6	3	8	4
5	7	2	1	8	4	9	3	6
6	9	1	3	5	2	4	7	8
8	3	4	7	6	9	5	1	2
3	8	7	4	9	5	6	2	1
1	5	9	6	2	7	8	4	3
4	2	6	8	3	1	7	9	5

668

7	6	4	2	8	3	9	1	5
9	1	3	5	6	7	4	8	2
5	8	2	4	1	9	6	7	3
8	4	5	1	7	2	3	9	6
3	9	6	8	4	5	1	2	7
1	2	7	3	9	6	5	4	8
6	5	8	9	2	4	7	3	1
4	3	1	7	5	8	2	6	9
2	7	9	6	3	1	8	5	4

669

	9	8	1	5	3			2
1	4		7	6	2	3		
2				8				7
		4	8	3				
5					4	2		6
3			6	2	5			
	7		3		6	1		
	3				1	8		
4	5	1	2				6	

670

				7	2	1	5	
5				9	1		6	
		8					3	
2		1			3		9	
	6		7	1		3		4
4			6		5			1
	9	4		3		6	1	
	8	2			4		7	
1	5			6	7			2

671

4	5	8		3				2
	7			8				
6				9	4		5	8
		4			7			3
5	6			1	9		8	
1		7			5	6		
3		6		4				
	2					4	3	
8			6		3		2	9

672

		7		5				6
		9	6			5		4
		2	7		9			
	5	8	9	1	4			
7	4	1	5	3			9	2
6			2		8		5	1
9				8				
8		6				2	1	
1	2				5		8	

669

7	9	8	1	5	3	6	4	2
1	4	5	7	6	2	3	8	9
2	6	3	4	8	9	5	1	7
6	2	4	8	3	7	9	5	1
5	8	7	9	1	4	2	3	6
3	1	9	6	2	5	4	7	8
8	7	2	3	4	6	1	9	5
9	3	6	5	7	1	8	2	4
4	5	1	2	9	8	7	6	3

670

3	4	6	8	7	2	1	5	9
5	2	7	3	9	1	4	6	8
9	1	8	5	4	6	2	3	7
2	7	1	4	8	3	5	9	6
8	6	5	7	1	9	3	2	4
4	3	9	6	2	5	7	8	1
7	9	4	2	3	8	6	1	5
6	8	2	1	5	4	9	7	3
1	5	3	9	6	7	8	4	2

671

4	5	8	7	3	1	9	6	2
9	7	2	5	8	6	3	4	1
6	3	1	2	9	4	7	5	8
2	9	4	8	6	7	5	1	3
5	6	3	4	1	9	2	8	7
1	8	7	3	2	5	6	9	4
3	1	6	9	4	2	8	7	5
7	2	9	1	5	8	4	3	6
8	4	5	6	7	3	1	2	9

672

4	1	7	8	5	3	9	2	6
3	8	9	6	2	1	5	7	4
5	6	2	7	4	9	1	3	8
2	5	8	9	1	4	3	6	7
7	4	1	5	3	6	8	9	2
6	9	3	2	7	8	4	5	1
9	7	5	1	8	2	6	4	3
8	3	6	4	9	7	2	1	5
1	2	4	3	6	5	7	8	9

673

		3	1		9		4	
1			2	3	8		5	
8	7	2	4	5	6			
						6		
		5	3			1	9	
	3			4				
3		1		2		4	6	5
	2		9	6			8	
4			5	1	3			9

674

6			2	4		7		
2		5		9	1		4	3
	3		5	7		2	1	
			8					
			4	1	9			
	9	6	3	2				
	4	3			2		7	
8	1		7	6		9		
			1		4	5	2	

675

				1	5		4	
		6			8	1	3	
3		8	4	2		9	7	
6		9						4
8				5	1		9	
		1	7	4	9		8	
						4	5	
	8	5			4			3
4		7	5	9			6	

676

	1							2
			1		7	6		5
		3	2			7		
		6	3		4			1
1		7	9		8		5	6
4		9	5	6	1			
				8		1		9
	6			9				
	7	8	6	1		2	4	

673

6	5	3	1	7	9	8	4	2
1	4	9	2	3	8	7	5	6
8	7	2	4	5	6	9	1	3
2	1	4	7	9	5	6	3	8
7	6	5	3	8	2	1	9	4
9	3	8	6	4	1	5	2	7
3	9	1	8	2	7	4	6	5
5	2	7	9	6	4	3	8	1
4	8	6	5	1	3	2	7	9

674

6	8	1	2	4	3	7	5	9
2	7	5	6	9	1	8	4	3
4	3	9	5	7	8	2	1	6
3	2	4	8	5	6	1	9	7
7	5	8	4	1	9	3	6	2
1	9	6	3	2	7	4	8	5
5	4	3	9	8	2	6	7	1
8	1	2	7	6	5	9	3	4
9	6	7	1	3	4	5	2	8

675

7	9	2	3	1	5	6	4	8
5	4	6	9	7	8	1	3	2
3	1	8	4	2	6	9	7	5
6	7	9	8	3	2	5	1	4
8	3	4	6	5	1	2	9	7
2	5	1	7	4	9	3	8	6
1	6	3	2	8	7	4	5	9
9	8	5	1	6	4	7	2	3
4	2	7	5	9	3	8	6	1

676

7	1	5	8	4	6	3	9	2
2	9	4	1	3	7	6	8	5
6	8	3	2	5	9	7	1	4
8	5	6	3	7	4	9	2	1
1	3	7	9	2	8	4	5	6
4	2	9	5	6	1	8	3	7
5	4	2	7	8	3	1	6	9
3	6	1	4	9	2	5	7	8
9	7	8	6	1	5	2	4	3

677

		5		7	3		8	
	9						5	
1	8	6	4	5		3	7	2
		4		3				7
8			1					
			8		7			
4	5				6			
6	7	8		2	1		3	
9		2	7			6	1	

678

2	1				6			
7	4	6		2			8	
		5		8				4
4	7		8			3		6
6	3	2	9	1	7	4		8
		9	4	6		1		7
	2				8	6	4	9
				9		8		

679

	1		6	7	5	4		2
	9	7	4					5
	7			9	2	5		
5		2		6		9		
	8				1	7		
7	6	3		5	4			
			2			3		6
2		1	9	3		8	7	4

680

	8	9		6	2			3
		2			8			9
	4			3		7		2
	5						2	1
1		8					3	5
			2	1	5	8		
2			6		7	5		
8	7			9		2	1	
6	9	5				3		7

677

2	4	5	6	7	3	1	8	9
7	9	3	2	1	8	4	5	6
1	8	6	4	5	9	3	7	2
5	1	4	9	3	2	8	6	7
8	6	7	1	4	5	2	9	3
3	2	9	8	6	7	5	4	1
4	5	1	3	9	6	7	2	8
6	7	8	5	2	1	9	3	4
9	3	2	7	8	4	6	1	5

678

2	1	8	5	4	6	9	7	3
7	4	6	3	2	9	5	8	1
3	9	5	7	8	1	2	6	4
4	7	1	8	5	2	3	9	6
6	3	2	9	1	7	4	5	8
8	5	9	4	6	3	1	2	7
5	2	3	1	7	8	6	4	9
9	8	4	6	3	5	7	1	2
1	6	7	2	9	4	8	3	5

679

4	2	5	1	8	9	6	3	7
3	1	8	6	7	5	4	9	2
6	9	7	4	2	3	1	8	5
1	7	4	3	9	2	5	6	8
5	3	2	7	6	8	9	4	1
9	8	6	5	4	1	7	2	3
7	6	3	8	5	4	2	1	9
8	4	9	2	1	7	3	5	6
2	5	1	9	3	6	8	7	4

680

7	8	9	4	6	2	1	5	3
3	1	2	7	5	8	4	6	9
5	4	6	1	3	9	7	8	2
4	5	7	3	8	6	9	2	1
1	2	8	9	7	4	6	3	5
9	6	3	2	1	5	8	7	4
2	3	1	6	4	7	5	9	8
8	7	4	5	9	3	2	1	6
6	9	5	8	2	1	3	4	7

681

7	9	4			1		3	6
	2		4	9		1	8	
	8		3		7		9	4
		2						9
	6	9		4			5	
			6			4		2
		7		6		8	4	5
	5			7				3
	4			5		9		

682

	5	9	7		3			
	3	8			9		2	5
	7				1		3	
7							9	
	9	6	1		2	5	4	8
	1		9			3		
	8			9		2	1	6
			6			4	5	
	6		3					7

683

						2		
1	2	6	4	7		5	3	
		9		5		7	4	
3				6	5	4	9	2
5			3				1	
	9	1			2		5	
				3				6
9	1	8	6		4		7	
			8	9	7			4

684

6		2		9	5	8	3	1
	8			4				
9		5					2	6
4				5		2	1	8
	2		8					7
7	1		4	6	2		9	
8							5	
						3		4
2	5	4			1		6	9

681

7	9	4	5	8	1	2	3	6
5	2	3	4	9	6	1	8	7
6	8	1	3	2	7	5	9	4
4	3	2	8	1	5	7	6	9
1	6	9	7	4	2	3	5	8
8	7	5	6	3	9	4	1	2
2	1	7	9	6	3	8	4	5
9	5	8	1	7	4	6	2	3
3	4	6	2	5	8	9	7	1

682

2	5	9	7	8	3	1	6	4
1	3	8	4	6	9	7	2	5
6	7	4	2	5	1	8	3	9
7	4	2	8	3	5	6	9	1
3	9	6	1	7	2	5	4	8
8	1	5	9	4	6	3	7	2
4	8	3	5	9	7	2	1	6
9	2	7	6	1	8	4	5	3
5	6	1	3	2	4	9	8	7

683

7	4	5	9	1	3	2	6	8
1	2	6	4	7	8	5	3	9
8	3	9	2	5	6	7	4	1
3	8	7	1	6	5	4	9	2
5	6	2	3	4	9	8	1	7
4	9	1	7	8	2	6	5	3
2	7	4	5	3	1	9	8	6
9	1	8	6	2	4	3	7	5
6	5	3	8	9	7	1	2	4

684

6	4	2	7	9	5	8	3	1
3	8	1	2	4	6	9	7	5
9	7	5	1	3	8	4	2	6
4	3	6	9	5	7	2	1	8
5	2	9	8	1	3	6	4	7
7	1	8	4	6	2	5	9	3
8	9	3	6	7	4	1	5	2
1	6	7	5	2	9	3	8	4
2	5	4	3	8	1	7	6	9

685

	6	4	8		7		3	1
	1							
2	3		5	1			6	7
1		6	3	9	5			
3		2	7				5	
5			2			6	4	3
8	2		4	3		7		5
4		3					1	
				7			8	

686

7	4	3	1		6	5		
	8	6						
5		9				4		
					3	2		
9	3				5	8	7	1
4	6			8	2			5
	1	4		2				7
	7		5			9		2
		5	6	4				3

687

	9	1					8	5
3					1			7
			2					
5		2		1	9			8
6		9			2	4		
8			7		4		2	
	8	4	9					6
9		6		3		7	5	
	3	5	4	7	6	8	9	

688

8		5	3	9		7		4
4		9	7	8			2	
		3					8	5
	8	2	4	1	7		3	
		1		3		2		9
		7			2			8
	5	4						
1				6	4	3		
	9			7	3	4		

688

8	2	5	3	9	6	7	1	4
4	1	9	7	8	5	6	2	3
7	6	3	2	4	1	9	8	5
9	8	2	4	1	7	5	3	6
5	4	1	6	3	8	2	7	9
6	3	7	9	5	2	1	4	8
3	5	4	1	2	9	8	6	7
1	7	8	5	6	4	3	9	2
2	9	6	8	7	3	4	5	1

687

2	9	1	6	4	7	3	8	5
3	6	8	5	9	1	2	4	7
4	5	7	2	8	3	9	6	1
5	4	2	3	1	9	6	7	8
6	7	9	8	5	2	4	1	3
8	1	3	7	6	4	5	2	9
7	8	4	9	2	5	1	3	6
9	2	6	1	3	8	7	5	4
1	3	5	4	7	6	8	9	2

686

7	4	3	1	9	6	5	2	8
1	8	6	2	5	4	7	3	9
5	2	9	3	7	8	4	1	6
8	5	7	9	1	3	2	6	4
9	3	2	4	6	5	8	7	1
4	6	1	7	8	2	3	9	5
3	1	4	8	2	9	6	5	7
6	7	8	5	3	1	9	4	2
2	9	5	6	4	7	1	8	3

685

9	6	4	8	2	7	5	3	1
7	1	5	6	4	3	9	2	8
2	3	8	5	1	9	4	6	7
1	4	6	3	9	5	8	7	2
3	8	2	7	6	4	1	5	9
5	9	7	2	8	1	6	4	3
8	2	1	4	3	6	7	9	5
4	7	3	9	5	8	2	1	6
6	5	9	1	7	2	3	8	4

689

9					2	7		
		1			3			
7		2				4	8	
		6		8		3		4
3	9		4				5	6
	7	4	2					8
6	4		5		1			2
	3	7	6		4	1		
	2	5				6	4	7

690

6		3	9					
						5	9	
	5	8	2					
	6		4		3		8	9
2	3				5	4	6	1
4			6		2	7	3	5
			3				5	
3	9		5		8		1	7
5			1	2		8	4	3

691

			6	3			1	
		7	2			9	4	6
					9	2		
					6		3	
		8				4		1
	2		8				6	9
3			4	9	2			7
8	1	2			5	6		4
	9	4				3	2	5

692

4	6			7		5		
7				5	9			2
2			6	1			4	
3	9		7		6		2	4
1			3	2				6
6				4	1	8		
9	3				7			
8		7			2	4	6	9
						3	1	

689

9	5	3	8	4	2	7	6	1
4	8	1	7	6	3	5	2	9
7	6	2	1	5	9	4	8	3
2	1	6	9	8	5	3	7	4
3	9	8	4	1	7	2	5	6
5	7	4	2	3	6	9	1	8
6	4	9	5	7	1	8	3	2
8	3	7	6	2	4	1	9	5
1	2	5	3	9	8	6	4	7

690

6	4	3	9	5	7	1	2	8
1	2	7	8	3	4	5	9	6
9	5	8	2	6	1	3	7	4
7	6	5	4	1	3	2	8	9
2	3	9	7	8	5	4	6	1
4	8	1	6	9	2	7	3	5
8	1	4	3	7	6	9	5	2
3	9	2	5	4	8	6	1	7
5	7	6	1	2	9	8	4	3

691

2	4	9	6	3	7	5	1	8
5	3	7	2	8	1	9	4	6
6	8	1	5	4	9	2	7	3
4	7	5	9	1	6	8	3	2
9	6	8	7	2	3	4	5	1
1	2	3	8	5	4	7	6	9
3	5	6	4	9	2	1	8	7
8	1	2	3	7	5	6	9	4
7	9	4	1	6	8	3	2	5

692

4	6	3	2	7	8	5	9	1
7	8	1	4	5	9	6	3	2
2	5	9	6	1	3	7	4	8
3	9	5	7	8	6	1	2	4
1	4	8	3	2	5	9	7	6
6	7	2	9	4	1	8	5	3
9	3	4	1	6	7	2	8	5
8	1	7	5	3	2	4	6	9
5	2	6	8	9	4	3	1	7

693

	4				1			9
9		5		3				
	8				5	6		
	1				3	9		
		8			9	3		7
3	9	4		7	2	1		6
	3	2		9				8
	6				7			2
		9	2	6	8		1	3

694

		5	7	6	1		4	
4	7	9						
							2	8
				4			6	
1	4	3		5		8	9	7
5	6	2					1	4
9		7		1		5		6
8				3				2
				8		4	3	

695

6	8			5		7	4	
2	9		8	7				
5		7		3				8
		2	6		7	8		
		8	2		5			
	6			8	1		2	
	2	1		6	3			7
3		6	5			9		
9	4				8	3		6

696

6	1			9				8
	3	5		1	8	4		9
		8	4			6	7	
		1	5	3		7	9	2
2			8		1			
	5	7	9	2	4	1	8	6
		3				8	1	
4		9					5	
1				8				

693

6	4	3	7	8	1	2	5	9
9	2	5	4	3	6	8	7	1
1	8	7	9	2	5	6	3	4
7	1	6	8	4	3	9	2	5
2	5	8	6	1	9	3	4	7
3	9	4	5	7	2	1	8	6
5	3	2	1	9	4	7	6	8
8	6	1	3	5	7	4	9	2
4	7	9	2	6	8	5	1	3

694

2	8	5	7	6	1	9	4	3
4	7	9	3	2	8	6	5	1
3	1	6	4	9	5	7	2	8
7	9	8	1	4	3	2	6	5
1	4	3	6	5	2	8	9	7
5	6	2	8	7	9	3	1	4
9	3	7	2	1	4	5	8	6
8	5	4	9	3	6	1	7	2
6	2	1	5	8	7	4	3	9

695

6	8	3	1	5	2	7	4	9
2	9	4	8	7	6	1	3	5
5	1	7	4	3	9	2	6	8
1	5	2	6	4	7	8	9	3
4	3	8	2	9	5	6	7	1
7	6	9	3	8	1	5	2	4
8	2	1	9	6	3	4	5	7
3	7	6	5	1	4	9	8	2
9	4	5	7	2	8	3	1	6

696

6	1	4	7	9	2	5	3	8
7	3	5	6	1	8	4	2	9
9	2	8	4	5	3	6	7	1
8	4	1	5	3	6	7	9	2
2	9	6	8	7	1	3	4	5
3	5	7	9	2	4	1	8	6
5	6	3	2	4	9	8	1	7
4	8	9	1	6	7	2	5	3
1	7	2	3	8	5	9	6	4

697

		8	7	1	4			
	3				2	6		
	7			5	6		4	
	2	5	8		3		9	
	6	9			5			
7		3			9	4		8
3	8		2		7	5	6	
9				6		3	1	
	4			3			8	

698

	1	2	5		3		4	7
			9					
6					2	5		
				3	1	6	7	9
3	7		6	5	9			
				8		1	5	3
						7	8	
		5		4	7	2	3	
4				2		9	1	

699

1				7			2	
7	6		8	2			9	
		4		1	9	8		
2	1	5		8			6	
		9		6	1	2	3	
			2			1		9
6	8	1	7	5				
3		7	4					2
				3				7

700

9	1		2	6			8	5
3			7					
6						4		7
	5	1			9		3	
	3	9		1		5	4	6
						9		1
		4	3	9	5			
	6	3	1		2		9	4
	9	2	4	8	6	1		

697

6	9	8	7	1	4	2	3	5
5	3	4	9	8	2	6	7	1
1	7	2	3	5	6	8	4	9
4	2	5	8	7	3	1	9	6
8	6	9	1	4	5	7	2	3
7	1	3	6	2	9	4	5	8
3	8	1	2	9	7	5	6	4
9	5	7	4	6	8	3	1	2
2	4	6	5	3	1	9	8	7

698

9	1	2	5	6	3	8	4	7
7	5	4	9	1	8	3	6	2
6	8	3	4	7	2	5	9	1
5	4	8	2	3	1	6	7	9
3	7	1	6	5	9	4	2	8
2	6	9	7	8	4	1	5	3
1	2	6	3	9	5	7	8	4
8	9	5	1	4	7	2	3	6
4	3	7	8	2	6	9	1	5

699

1	9	8	6	7	4	3	2	5
7	6	3	8	2	5	4	9	1
5	2	4	3	1	9	8	7	6
2	1	5	9	8	3	7	6	4
4	7	9	5	6	1	2	3	8
8	3	6	2	4	7	1	5	9
6	8	1	7	5	2	9	4	3
3	5	7	4	9	8	6	1	2
9	4	2	1	3	6	5	8	7

700

9	1	7	2	6	4	3	8	5
3	4	8	7	5	1	2	6	9
6	2	5	9	3	8	4	1	7
4	5	1	6	2	9	7	3	8
2	3	9	8	1	7	5	4	6
8	7	6	5	4	3	9	2	1
1	8	4	3	9	5	6	7	2
5	6	3	1	7	2	8	9	4
7	9	2	4	8	6	1	5	3

701

6		4	3	2		7	9	
7							4	3
	8		4				5	
	9			3	4		1	
3	4		5	6	1	8		9
					8			
5			9				3	7
	2				3		8	
	3	1	8			6	2	

702

3		4			8	5	6	
	6				1		4	8
1						2		
		5		1				7
4	3	1		8	7			5
			3		5	6		
8		3			9		5	2
	9					7		
2	4	7	8		3	1	9	

703

	8				6	7		
7		5	2		3		1	
		6		8		4		
9			5	6		3	7	4
	5						8	
	7			2			6	
8	4		6	7				1
3					2	8	5	6
5	6	2	3	1				

704

	5		7			1	4	3
		6		2				
3	9					2	7	6
	6		8	1	5	3		
5					6		1	
2	1							
	3	8	5	9				7
	2		6		4			
6	4		1		3	9	2	5

704

8	5	2	7	6	9	1	4	3
4	7	6	3	2	1	5	8	9
3	9	1	4	5	8	2	7	6
7	6	4	8	1	5	3	9	2
5	8	9	2	3	6	7	1	4
2	1	3	9	4	7	6	5	8
1	3	8	5	9	2	4	6	7
9	2	5	6	7	4	8	3	1
6	4	7	1	8	3	9	2	5

703

4	8	1	9	5	6	7	2	3
7	9	5	2	4	3	6	1	8
2	3	6	1	8	7	4	9	5
9	2	8	5	6	1	3	7	4
6	5	4	7	3	9	1	8	2
1	7	3	8	2	4	5	6	9
8	4	9	6	7	5	2	3	1
3	1	7	4	9	2	8	5	6
5	6	2	3	1	8	9	4	7

702

3	7	4	2	9	8	5	6	1
9	6	2	5	7	1	3	4	8
1	5	8	4	3	6	2	7	9
6	2	5	9	1	4	8	3	7
4	3	1	6	8	7	9	2	5
7	8	9	3	2	5	6	1	4
8	1	3	7	6	9	4	5	2
5	9	6	1	4	2	7	8	3
2	4	7	8	5	3	1	9	6

701

6	1	4	3	2	5	7	9	8
7	5	9	1	8	6	2	4	3
2	8	3	4	7	9	1	5	6
8	9	6	7	3	4	5	1	2
3	4	2	5	6	1	8	7	9
1	7	5	2	9	8	3	6	4
5	6	8	9	1	2	4	3	7
4	2	7	6	5	3	9	8	1
9	3	1	8	4	7	6	2	5

705

		7		9				
8	3	2		7	4	9	5	6
					8	2	7	
6		4	5	8		1		
	7			4			8	
1				6	7			5
	4			3	9	5		
							4	
3	9			2	5	7	6	

706

		8	9				7	5
5	1	3					8	9
2	9	7			3		1	
8	5	6				7	2	
3	2			7			9	4
				3				
1		2		9	6	8		
			7					1
9	7			8			5	

707

5	8				3			
		3		4			9	6
		9				5	3	
	6			3				
9			5	8		7	4	1
6	9		3	7		2	1	5
		4	6	5	2			9
2	5		1	9	8		6	

708

		7	6			5		2
6				5		3	1	9
			9			6		
				6	1			
1	4		3	9			6	
8			4					5
7			5	3	9		8	
2	6	3		8				
	8	9	2			7	3	1

705

5	1	7	6	9	2	8	3	4
8	3	2	1	7	4	9	5	6
4	6	9	3	5	8	2	7	1
6	2	4	5	8	3	1	9	7
9	7	5	2	4	1	6	8	3
1	8	3	9	6	7	4	2	5
7	4	6	8	3	9	5	1	2
2	5	8	7	1	6	3	4	9
3	9	1	4	2	5	7	6	8

706

4	6	8	9	1	2	3	7	5
5	1	3	4	6	7	2	8	9
2	9	7	8	5	3	4	1	6
8	5	6	1	4	9	7	2	3
3	2	1	6	7	8	5	9	4
7	4	9	2	3	5	1	6	8
1	3	2	5	9	6	8	4	7
6	8	5	7	2	4	9	3	1
9	7	4	3	8	1	6	5	2

707

5	8	6	9	1	3	4	2	7
7	2	3	8	4	5	1	9	6
1	4	9	2	6	7	5	3	8
8	7	1	4	2	9	6	5	3
4	6	5	7	3	1	9	8	2
9	3	2	5	8	6	7	4	1
6	9	8	3	7	4	2	1	5
3	1	4	6	5	2	8	7	9
2	5	7	1	9	8	3	6	4

708

3	9	7	6	1	8	5	4	2
6	2	8	7	5	4	3	1	9
4	5	1	9	2	3	6	7	8
9	7	5	8	6	1	4	2	3
1	4	2	3	9	5	8	6	7
8	3	6	4	7	2	1	9	5
7	1	4	5	3	9	2	8	6
2	6	3	1	8	7	9	5	4
5	8	9	2	4	6	7	3	1

709

6						4		
		2		1	6		7	
		1		3		6	5	
9	2			4		8	6	7
7		4	3	6		5		9
	6				7			
		7	6		3	1		8
5				2	4			
3					9	7		

710

3	5		6			7	1	2
			1		2			
	2	9		5		6		
5							4	
4	6		5	8	7	9		3
	3		4			1	5	
9	4							1
				1	9	5	8	
8	1			6		2		

711

					9			8
	7		2		5	1	9	
	1	6	7	4		3		
6			3		1			
2	3	7					1	
5	9	4	6				8	2
	6	1	4		2		3	9
8		3		5	7		6	

712

4		5		2		9		
				6			8	
6	2		8	5			3	
	1		5			6		
7			6			3	9	4
	6	2	4	9		1	5	7
	7	6		4				3
		9	3	7	1	2	6	
5		1				7		

709

6	3	9	2	7	5	4	8	1
8	5	2	4	1	6	9	7	3
4	7	1	9	3	8	6	5	2
9	2	3	5	4	1	8	6	7
7	8	4	3	6	2	5	1	9
1	6	5	8	9	7	2	3	4
2	9	7	6	5	3	1	4	8
5	1	8	7	2	4	3	9	6
3	4	6	1	8	9	7	2	5

710

3	5	4	6	9	8	7	1	2
7	8	6	1	3	2	4	9	5
1	2	9	7	5	4	6	3	8
5	9	7	3	2	1	8	4	6
4	6	1	5	8	7	9	2	3
2	3	8	9	4	6	1	5	7
9	4	2	8	7	5	3	6	1
6	7	3	2	1	9	5	8	4
8	1	5	4	6	3	2	7	9

711

4	5	2	1	3	9	6	7	8
3	7	8	2	6	5	1	9	4
9	1	6	7	4	8	3	2	5
6	8	5	3	2	1	9	4	7
1	4	9	8	7	6	2	5	3
2	3	7	5	9	4	8	1	6
5	9	4	6	1	3	7	8	2
7	6	1	4	8	2	5	3	9
8	2	3	9	5	7	4	6	1

712

4	8	5	1	2	3	9	7	6
1	9	3	7	6	4	5	8	2
6	2	7	8	5	9	4	3	1
9	1	4	5	3	7	6	2	8
7	5	8	6	1	2	3	9	4
3	6	2	4	9	8	1	5	7
2	7	6	9	4	5	8	1	3
8	4	9	3	7	1	2	6	5
5	3	1	2	8	6	7	4	9

713

		5	7		3		4	
4	1		8				3	6
7			2		4	9	8	5
	5				8	3	6	
		4		2		5		8
1								9
5		1		8	2	6		
6		8			1	2		7
			6				1	

714

9	4		2					1
8	3			9				
	1		7	5	8			9
4	5	1			9	6	7	
7				3			2	
		3			4			5
	7	4				5		6
	2	9	6				3	8
3	8	6				2	1	

715

			4				3	2
4	9	7	2				5	8
	6		5	9			1	
				3		5	9	1
1				8		2		
6			9					
		5	1	4			8	
8		6	3		7	1	2	
3	2		8			7	4	

716

	4	2		8				7
7	6	9					3	8
	3		5		7	6		
		5		4	3		7	
							2	9
3		6			9			4
	8		9	3	4	2		5
9	5		6	1			8	
6							9	1

716

5	4	2	3	8	6	9	1	7
7	6	9	4	2	1	5	3	8
8	3	1	5	9	7	6	4	2
2	9	5	8	4	3	1	7	6
4	7	8	1	6	5	3	2	9
3	1	6	2	7	9	8	5	4
1	8	7	9	3	4	2	6	5
9	5	4	6	1	2	7	8	3
6	2	3	7	5	8	4	9	1

715

5	1	8	4	7	6	9	3	2
4	9	7	2	1	3	6	5	8
2	6	3	5	9	8	4	1	7
7	8	2	6	3	4	5	9	1
1	3	9	7	8	5	2	6	4
6	5	4	9	2	1	8	7	3
9	7	5	1	4	2	3	8	6
8	4	6	3	5	7	1	2	9
3	2	1	8	6	9	7	4	5

714

9	4	7	2	6	3	8	5	1
8	3	5	4	9	1	7	6	2
6	1	2	7	5	8	3	4	9
4	5	1	8	2	9	6	7	3
7	9	8	5	3	6	1	2	4
2	6	3	1	7	4	9	8	5
1	7	4	3	8	2	5	9	6
5	2	9	6	1	7	4	3	8
3	8	6	9	4	5	2	1	7

713

8	9	5	7	6	3	1	4	2
4	1	2	8	5	9	7	3	6
7	6	3	2	1	4	9	8	5
2	5	7	9	4	8	3	6	1
9	3	4	1	2	6	5	7	8
1	8	6	5	3	7	4	2	9
5	7	1	4	8	2	6	9	3
6	4	8	3	9	1	2	5	7
3	2	9	6	7	5	8	1	4

717

			3			5	4	6
	1	7	2	4		3		
						1		
		6			2		3	5
3		8		5				1
	7	2	1			9	8	4
7	3		5		4	8		
	6	5			8		1	7
					1		5	

718

			7		6	1		3
9								8
4		7	1	3		9	5	
	5	8	2					6
			3	4	5			7
7	4				9		1	5
5	1		6	8				
8	7	3	4	5	1			
					3	5	8	

719

	3	2	8	1		5	9	
9	1						3	
	5	6				8	1	
		5	9			1		8
1				5				3
		3	6		1	7	5	
			2		8		4	1
8			1		6			
3	2		4		5		8	

720

6		9			4	7	2	
4	8				2			6
	7	2	9				4	8
				7		6	5	
7	2		3					
			4			8	3	7
1	4		5					
	6	3		8		9	7	4
	9	7	6				8	1

6	1	9	8	3	4	7	2	5
4	8	5	7	1	2	3	9	6
3	7	2	9	6	5	1	4	8
8	3	4	1	7	9	6	5	2
7	2	6	3	5	8	4	1	9
9	5	1	4	2	6	8	3	7
1	4	8	5	9	7	2	6	3
5	6	3	2	8	1	9	7	4
2	9	7	6	4	3	5	8	1

720

7	3	2	8	1	4	5	9	6
9	1	8	5	6	7	4	3	2
4	5	6	3	2	9	8	1	7
6	7	5	9	4	3	1	2	8
1	8	4	7	5	2	9	6	3
2	9	3	6	8	1	7	5	4
5	6	7	2	9	8	3	4	1
8	4	9	1	3	6	2	7	5
3	2	1	4	7	5	6	8	9

719

2	8	5	7	9	6	1	4	3
9	3	1	5	2	4	6	7	8
4	6	7	1	3	8	9	5	2
3	5	8	2	1	7	4	9	6
1	9	6	3	4	5	8	2	7
7	4	2	8	6	9	3	1	5
5	1	9	6	8	2	7	3	4
8	7	3	4	5	1	2	6	9
6	2	4	9	7	3	5	8	1

718

8	2	9	3	1	7	5	4	6
6	1	7	2	4	5	3	9	8
4	5	3	8	9	6	1	7	2
1	9	6	4	8	2	7	3	5
3	4	8	7	5	9	6	2	1
5	7	2	1	6	3	9	8	4
7	3	1	5	2	4	8	6	9
2	6	5	9	3	8	4	1	7
9	8	4	6	7	1	2	5	3

717

721

3			4			6	2	8
9				2	3	4		
	5	4		7	6		9	
		5	7	9			4	
7				4	8	1	5	
		2	5					7
	3		9	1				4
		7	3				1	9
			2					6

722

4	8		1	5		2		
3	6		2			1		
		7		9	6			
			9	1	5	7	4	
	7			4		8	1	5
	1				2		3	9
7	9					5		
2		1			9		8	
		3		2	8		7	

723

4	2	8	5		1			9
3	9		4	7	8	2		6
	6			3				
2		6			9	5	3	8
	8	4	3	5	7	6		1
	1							
		7	8					
	4	2			5	9		
	3			2		8		

724

		3	8	5		2		
		1						
	5	7	6	2	1	8		3
	3				8		4	
				1	5			2
6			2	3				9
	4		5	7	9			6
				4	2	3		8
1		5		8	6		7	

721

3	7	1	4	5	9	6	2	8
9	6	8	1	2	3	4	7	5
2	5	4	8	7	6	3	9	1
6	1	5	7	9	2	8	4	3
7	9	3	6	4	8	1	5	2
4	8	2	5	3	1	9	6	7
5	3	6	9	1	7	2	8	4
8	2	7	3	6	4	5	1	9
1	4	9	2	8	5	7	3	6

722

4	8	9	1	5	7	2	6	3
3	6	5	2	8	4	1	9	7
1	2	7	3	9	6	4	5	8
8	3	6	9	1	5	7	4	2
9	7	2	6	4	3	8	1	5
5	1	4	8	7	2	6	3	9
7	9	8	4	3	1	5	2	6
2	5	1	7	6	9	3	8	4
6	4	3	5	2	8	9	7	1

723

4	2	8	5	6	1	3	7	9
3	9	5	4	7	8	2	1	6
7	6	1	9	3	2	4	8	5
2	7	6	1	4	9	5	3	8
9	8	4	3	5	7	6	2	1
5	1	3	2	8	6	7	9	4
6	5	7	8	9	3	1	4	2
8	4	2	7	1	5	9	6	3
1	3	9	6	2	4	8	5	7

724

9	6	3	8	5	4	2	1	7
2	8	1	7	9	3	4	6	5
4	5	7	6	2	1	8	9	3
5	3	2	9	6	8	7	4	1
8	7	9	4	1	5	6	3	2
6	1	4	2	3	7	5	8	9
3	4	8	5	7	9	1	2	6
7	9	6	1	4	2	3	5	8
1	2	5	3	8	6	9	7	4

725

	6			5				2
						5	8	
8				7	2	9	1	6
3		5		4		7		9
2				1				
	7	4	9	3	5		2	
		8			3	1		4
7	3					2		
9		1		2		6	3	

726

				2	5			
		8	7	3				
3			1					4
7		5		8	4	2		
9				5	1	7	3	6
2	6	1				4	5	
4	5		8		7		2	1
1	2			4		3		7
	9	7			2	6		

727

5			3			4	6	
9						2	8	1
4		1		9			5	
		2				5	9	
						1	3	7
			1	8	5		2	4
2	1	8	5					6
6	7		8			9	1	2
3		4	6					

728

		3		1				
				5	4		2	
				7		3	4	9
				8				2
8	7		9	6	2	5		
2		5				8	1	6
	2		5	4			7	1
	4				1		8	
9		8		2		4	6	

725

1	6	7	8	5	9	3	4	2
4	9	2	3	6	1	5	8	7
8	5	3	4	7	2	9	1	6
3	1	5	2	4	8	7	6	9
2	8	9	7	1	6	4	5	3
6	7	4	9	3	5	8	2	1
5	2	8	6	9	3	1	7	4
7	3	6	1	8	4	2	9	5
9	4	1	5	2	7	6	3	8

726

6	1	9	4	2	5	8	7	3
5	4	8	7	3	6	1	9	2
3	7	2	1	9	8	5	6	4
7	3	5	6	8	4	2	1	9
9	8	4	2	5	1	7	3	6
2	6	1	9	7	3	4	5	8
4	5	3	8	6	7	9	2	1
1	2	6	5	4	9	3	8	7
8	9	7	3	1	2	6	4	5

727

5	2	7	3	1	8	4	6	9
9	6	3	4	5	7	2	8	1
4	8	1	2	9	6	7	5	3
1	4	2	7	6	3	5	9	8
8	5	6	9	4	2	1	3	7
7	3	9	1	8	5	6	2	4
2	1	8	5	7	9	3	4	6
6	7	5	8	3	4	9	1	2
3	9	4	6	2	1	8	7	5

728

4	8	3	2	1	9	6	5	7
7	6	9	3	5	4	1	2	8
1	5	2	8	7	6	3	4	9
6	3	4	1	8	5	7	9	2
8	7	1	9	6	2	5	3	4
2	9	5	4	3	7	8	1	6
3	2	6	5	4	8	9	7	1
5	4	7	6	9	1	2	8	3
9	1	8	7	2	3	4	6	5

729

9			4		7		6	1
						5		
	6				2	8	9	4
2	7	6		8	3			
	3		9			7		
	9		6		4		8	
3		2			9			
6		9		5	1	4	2	7
				4	8		3	9

730

8		9		5			4	6
	2				4		9	
3			6	1	9		2	8
			1				8	5
4	3	8	7	2			1	
	6	1		9			7	
2					7		3	
	7		3	6	1		5	
					2			

731

				2	5	8	9	3
	3		8		7			
2			6	3				1
					2			
		9					4	7
5		1	9	8	4	6	3	
	9	2	5	7	6			4
4	5				3	7		
3	6					1	5	9

732

5	6	2		7				
4							9	
3				8		5	2	
			6		2	1		
	5	3	8	1	4		7	
	1		7				8	9
1		5	9					8
8				6		9	5	4
6	4		2		8		1	

729

9	5	8	4	3	7	2	6	1
4	2	1	8	9	6	5	7	3
7	6	3	5	1	2	8	9	4
2	7	6	1	8	3	9	4	5
8	3	4	9	2	5	7	1	6
1	9	5	6	7	4	3	8	2
3	4	2	7	6	9	1	5	8
6	8	9	3	5	1	4	2	7
5	1	7	2	4	8	6	3	9

730

8	1	9	2	5	3	7	4	6
6	2	5	8	7	4	3	9	1
3	4	7	6	1	9	5	2	8
7	9	2	1	3	6	4	8	5
4	3	8	7	2	5	6	1	9
5	6	1	4	9	8	2	7	3
2	5	6	9	8	7	1	3	4
9	7	4	3	6	1	8	5	2
1	8	3	5	4	2	9	6	7

731

7	1	6	4	2	5	8	9	3
9	3	4	8	1	7	2	6	5
2	8	5	6	3	9	4	7	1
6	4	3	7	5	2	9	1	8
8	2	9	3	6	1	5	4	7
5	7	1	9	8	4	6	3	2
1	9	2	5	7	6	3	8	4
4	5	8	1	9	3	7	2	6
3	6	7	2	4	8	1	5	9

732

5	6	2	3	7	9	8	4	1
4	7	8	5	2	1	3	9	6
3	9	1	4	8	6	5	2	7
7	8	4	6	9	2	1	3	5
9	5	3	8	1	4	6	7	2
2	1	6	7	3	5	4	8	9
1	3	5	9	4	7	2	6	8
8	2	7	1	6	3	9	5	4
6	4	9	2	5	8	7	1	3

733

5	3	7				4		8
			4	7	3		9	
	4					7	2	
	6	8		4	1	9		
7				9	8	1		
1		4	6	5				
	8	6		1	4			9
	5				6		8	
			8	2			6	

734

2			7	3				
	4		2	6		5	3	
	6	7		4	5	1	2	8
		9				8		5
6	1	3		5		2	7	4
	7				2		6	
	9							
	5					6		1
1					7	9		

735

6	3				8	5	2	
	8	4	6	2		9	3	1
						4		
8	7	3	5					
	6					3	5	
	1	5			6	8		2
		7		5		6		3
1				9	3			
3	5		7	6		2	4	

736

				6		5		3
				8		1		7
1		5	9					
	6		7			8		
3		8	5			4	1	
9		4	8		6		7	
5	1		6		2		8	
7	4							
		9		7	4	2	3	5

733

5	3	7	9	6	2	4	1	8
8	1	2	4	7	3	6	9	5
6	4	9	1	8	5	7	2	3
3	6	8	2	4	1	9	5	7
7	2	5	3	9	8	1	4	6
1	9	4	6	5	7	8	3	2
2	8	6	5	1	4	3	7	9
9	5	1	7	3	6	2	8	4
4	7	3	8	2	9	5	6	1

734

2	8	5	7	3	1	4	9	6
9	4	1	2	6	8	5	3	7
3	6	7	9	4	5	1	2	8
4	2	9	6	7	3	8	1	5
6	1	3	8	5	9	2	7	4
5	7	8	4	1	2	3	6	9
8	9	4	1	2	6	7	5	3
7	5	2	3	9	4	6	8	1
1	3	6	5	8	7	9	4	2

735

6	3	9	4	1	8	5	2	7
7	8	4	6	2	5	9	3	1
5	2	1	3	7	9	4	6	8
8	7	3	5	4	2	1	9	6
9	6	2	1	8	7	3	5	4
4	1	5	9	3	6	8	7	2
2	9	7	8	5	4	6	1	3
1	4	6	2	9	3	7	8	5
3	5	8	7	6	1	2	4	9

736

8	9	7	4	6	1	5	2	3
4	3	6	2	8	5	1	9	7
1	2	5	9	3	7	6	4	8
2	6	1	7	4	3	8	5	9
3	7	8	5	2	9	4	1	6
9	5	4	8	1	6	3	7	2
5	1	3	6	9	2	7	8	4
7	4	2	3	5	8	9	6	1
6	8	9	1	7	4	2	3	5

737

2			8			7		3
8				7				
	7			5	2	8	9	1
		4		3	6	5		2
				1	4			
7	6		2	8	5			
9					7	1	5	
6	1	2				4		
5	3		4	6		9		

738

		4						
3	9		1	2		8	7	4
				6	9	5		
	8	5		9	4		3	
6	3			8			5	
	4	7	5		1	6		8
				1		3	4	2
			3			1	8	
7	1	3		4				

739

	3	5	9		1		7	
	9			3	2			
			7	6		9		
8	1	3	2	4		7	5	9
7		9	8			6	2	
						4		
				2				7
	5		6	7	4		9	
2	7		3			5		4

740

	6	2	9		7			
						4	6	5
	8						9	7
3		6		1		9		4
		9	6	8	2	5		
	7	5			3		1	
	1						5	9
9		7				3	4	6
6			5	4	9	7		

737

2	5	1	8	4	9	7	6	3
8	9	6	1	7	3	2	4	5
4	7	3	6	5	2	8	9	1
1	8	4	9	3	6	5	7	2
3	2	5	7	1	4	6	8	9
7	6	9	2	8	5	3	1	4
9	4	8	3	2	7	1	5	6
6	1	2	5	9	8	4	3	7
5	3	7	4	6	1	9	2	8

738

1	5	4	8	7	3	2	9	6
3	9	6	1	2	5	8	7	4
8	7	2	4	6	9	5	1	3
2	8	5	6	9	4	7	3	1
6	3	1	7	8	2	4	5	9
9	4	7	5	3	1	6	2	8
5	6	8	9	1	7	3	4	2
4	2	9	3	5	6	1	8	7
7	1	3	2	4	8	9	6	5

739

4	3	5	9	8	1	2	7	6
6	9	7	4	3	2	1	8	5
1	8	2	7	6	5	9	4	3
8	1	3	2	4	6	7	5	9
7	4	9	8	5	3	6	2	1
5	2	6	1	9	7	4	3	8
9	6	4	5	2	8	3	1	7
3	5	1	6	7	4	8	9	2
2	7	8	3	1	9	5	6	4

740

4	6	2	9	5	7	1	3	8
7	9	1	2	3	8	4	6	5
5	8	3	1	6	4	2	9	7
3	2	6	7	1	5	9	8	4
1	4	9	6	8	2	5	7	3
8	7	5	4	9	3	6	1	2
2	1	4	3	7	6	8	5	9
9	5	7	8	2	1	3	4	6
6	3	8	5	4	9	7	2	1

741

				3		2	5	
	2	5		7			4	1
1		8	5		4			
		1			8	7		
7			3	9		8	1	
9				1				5
		3	9	8		1	7	4
	1	9			3			
8				5			6	

742

8				6				2
	6	2	8			9	7	3
	3		5	7	2	1	6	
		9			8	3		4
7	2	1						
4				5	6	2		
			6		5		2	
1			2		4	7		
				9		8		

743

	9		3			7		
		5		1	9			
	8	7					3	
		3		9				
8	4		5	7		3		6
	5	6	1				4	
4	7	8	9	5	1			
5	6	2	8				1	4
3	1			2	6	8		5

744

	5	1			9	8		3
	3	9	7	5		6		
	4						9	
5	1	7	4					8
			1		6	4	5	
	6	4						
3			8	1			4	
	7	2	3				8	1
	8			7				6

741

4	9	7	6	3	1	2	5	8
3	2	5	8	7	9	6	4	1
1	6	8	5	2	4	3	9	7
5	3	1	4	6	8	7	2	9
7	4	2	3	9	5	8	1	6
9	8	6	2	1	7	4	3	5
2	5	3	9	8	6	1	7	4
6	1	9	7	4	3	5	8	2
8	7	4	1	5	2	9	6	3

742

8	1	7	9	6	3	5	4	2
5	6	2	8	4	1	9	7	3
9	3	4	5	7	2	1	6	8
6	5	9	7	2	8	3	1	4
7	2	1	4	3	9	6	8	5
4	8	3	1	5	6	2	9	7
3	7	8	6	1	5	4	2	9
1	9	5	2	8	4	7	3	6
2	4	6	3	9	7	8	5	1

743

1	9	4	3	6	8	7	5	2
2	3	5	7	1	9	4	6	8
6	8	7	2	4	5	1	3	9
7	2	3	6	9	4	5	8	1
8	4	1	5	7	2	3	9	6
9	5	6	1	8	3	2	4	7
4	7	8	9	5	1	6	2	3
5	6	2	8	3	7	9	1	4
3	1	9	4	2	6	8	7	5

744

6	5	1	2	4	9	8	7	3
2	3	9	7	5	8	6	1	4
7	4	8	6	3	1	5	9	2
5	1	7	4	9	3	2	6	8
9	2	3	1	8	6	4	5	7
8	6	4	5	2	7	1	3	9
3	9	6	8	1	2	7	4	5
4	7	2	3	6	5	9	8	1
1	8	5	9	7	4	3	2	6

745

9	1	3						4
8			4	2		7	3	9
7	4	2	6				5	8
	7	6	9				1	
	8	4		5	3			
			7					
4		9	5		8			7
1	3		2	6				
		8	3	9				

746

9				6				
8				9	4		3	5
3			8		2		6	9
2	4	3			6		7	8
5	8		4				2	
6		7			8	3		4
		6			9	1		
		9		4				7
4	5				1		9	

747

9	3			6				
		4				5	6	
		8	1			2		
1				7	6			4
				1		3		5
	7			5	9	6		
3					4		2	6
	5				8		9	1
4	9	6	7	2		8	5	3

748

	4		8	3		1	5	6
	6	8			7		9	2
5			6		9	7		
3	9							
6	5	1		4			7	
4		7			6			3
		6		7				8
	7	5			4			
9	3			2	8		6	

745

9	1	3	8	7	5	6	2	4
8	6	5	4	2	1	7	3	9
7	4	2	6	3	9	1	5	8
5	7	6	9	8	2	4	1	3
2	8	4	1	5	3	9	7	6
3	9	1	7	4	6	5	8	2
4	2	9	5	1	8	3	6	7
1	3	7	2	6	4	8	9	5
6	5	8	3	9	7	2	4	1

746

9	7	4	3	6	5	2	8	1
8	6	2	1	9	4	7	3	5
3	1	5	8	7	2	4	6	9
2	4	3	9	1	6	5	7	8
5	8	1	4	3	7	9	2	6
6	9	7	2	5	8	3	1	4
7	3	6	5	8	9	1	4	2
1	2	9	6	4	3	8	5	7
4	5	8	7	2	1	6	9	3

747

9	3	7	2	6	5	1	4	8
2	1	4	9	8	3	5	6	7
5	6	8	1	4	7	2	3	9
1	2	5	3	7	6	9	8	4
6	4	9	8	1	2	3	7	5
8	7	3	4	5	9	6	1	2
3	8	1	5	9	4	7	2	6
7	5	2	6	3	8	4	9	1
4	9	6	7	2	1	8	5	3

748

7	4	9	8	3	2	1	5	6
1	6	8	4	5	7	3	9	2
5	2	3	6	1	9	7	8	4
3	9	2	7	8	1	6	4	5
6	5	1	2	4	3	8	7	9
4	8	7	5	9	6	2	1	3
2	1	6	9	7	5	4	3	8
8	7	5	3	6	4	9	2	1
9	3	4	1	2	8	5	6	7

749

				6	4		1	
		2	8		5	3		
8	1	6	3		7			
	7		4	2				9
							6	
		4				2	5	3
		8		3			4	5
1	5	9	7	4	6			2
		3	5		2			

750

		2	9	8		5		
			5				4	3
						8	9	
9		1				7	3	5
5							6	2
2	6	7	4	3			8	
7	9				1		2	8
3	2	8		9	4			
		5			8		7	4

751

7			3					6
4							7	5
		6		4	8		3	
6	7		8		2		9	4
		2	4		7		5	8
3				9	5			
	3		9			5	1	
			5					3
5	6	1	2				4	9

752

	9		2	3	8		5	4
	3		5			9	6	
		8			6	2		3
		5			4	3		6
3			6	1		5	9	2
	6				2	4		1
		3	8			6	4	
2	5							
	4	9			3		2	

749

5	3	7	2	6	4	9	1	8
4	9	2	8	1	5	3	7	6
8	1	6	3	9	7	5	2	4
6	7	5	4	2	3	1	8	9
3	2	1	9	5	8	4	6	7
9	8	4	6	7	1	2	5	3
2	6	8	1	3	9	7	4	5
1	5	9	7	4	6	8	3	2
7	4	3	5	8	2	6	9	1

750

4	3	2	9	8	7	5	1	6
8	7	9	5	1	6	2	4	3
1	5	6	2	4	3	8	9	7
9	4	1	8	6	2	7	3	5
5	8	3	1	7	9	4	6	2
2	6	7	4	3	5	1	8	9
7	9	4	6	5	1	3	2	8
3	2	8	7	9	4	6	5	1
6	1	5	3	2	8	9	7	4

751

7	8	9	3	5	1	4	2	6
4	1	3	6	2	9	8	7	5
2	5	6	7	4	8	9	3	1
6	7	5	8	3	2	1	9	4
1	9	2	4	6	7	3	5	8
3	4	8	1	9	5	2	6	7
8	3	4	9	7	6	5	1	2
9	2	7	5	1	4	6	8	3
5	6	1	2	8	3	7	4	9

752

6	9	1	2	3	8	7	5	4
4	3	2	5	7	1	9	6	8
5	7	8	4	9	6	2	1	3
1	2	5	9	8	4	3	7	6
3	8	4	6	1	7	5	9	2
9	6	7	3	5	2	4	8	1
7	1	3	8	2	5	6	4	9
2	5	6	1	4	9	8	3	7
8	4	9	7	6	3	1	2	5

753

	8		5		7	9	4	1
				6		3		2
4				2	9		6	7
3			7	5				6
				4	2			
						1	3	4
1		9		7	8			5
		5	2	9	3			8
7			4					3

754

		7		4	8	5		2
5				9	7			
2			3					9
7				1		3		
	2			3	4	1		6
	3		6				2	8
		3	4	7		2		1
6	4		5			9		
		2	9	8	3			4

755

4							3	
3			8		1	4	9	
		9					1	7
			2	1		6		
8	6	3	9	7			2	5
					5			
	4				6	3	7	1
9			4	3	7		6	
6	3		1		2			4

756

2			7		5			9
			1					
				6	9	2		
5			2	1	7	4		6
7					6			3
	4	1			8			7
1	3		8	7	2		9	
			6		1	5	3	
	6	8	4		3		1	2

753

2	8	6	5	3	7	9	4	1
9	1	7	8	6	4	3	5	2
4	5	3	1	2	9	8	6	7
3	9	4	7	5	1	2	8	6
8	6	1	3	4	2	5	7	9
5	7	2	9	8	6	1	3	4
1	3	9	6	7	8	4	2	5
6	4	5	2	9	3	7	1	8
7	2	8	4	1	5	6	9	3

754

3	9	7	1	4	8	5	6	2
5	8	6	2	9	7	4	1	3
2	1	4	3	6	5	8	7	9
7	6	9	8	1	2	3	4	5
8	2	5	7	3	4	1	9	6
4	3	1	6	5	9	7	2	8
9	5	3	4	7	6	2	8	1
6	4	8	5	2	1	9	3	7
1	7	2	9	8	3	6	5	4

755

4	1	6	7	2	9	5	3	8
3	7	2	8	5	1	4	9	6
5	8	9	6	4	3	2	1	7
7	9	5	2	1	8	6	4	3
8	6	3	9	7	4	1	2	5
1	2	4	3	6	5	7	8	9
2	4	8	5	9	6	3	7	1
9	5	1	4	3	7	8	6	2
6	3	7	1	8	2	9	5	4

756

2	1	6	7	8	5	3	4	9
3	7	9	1	2	4	8	6	5
8	5	4	3	6	9	2	7	1
5	9	3	2	1	7	4	8	6
7	8	2	9	4	6	1	5	3
6	4	1	5	3	8	9	2	7
1	3	5	8	7	2	6	9	4
4	2	7	6	9	1	5	3	8
9	6	8	4	5	3	7	1	2

757

	2	7		6	8			
					2	6		1
			4		7			5
7	5		3	8				
3					6	7		4
6	4	1			9	2	8	
	7	5		9	1	3		8
			8	2	5	9		
	8				3	5	1	

758

7	2		5		9			
8		5		1	4		3	
9		1	2	3	6		8	
	7			4		8		
	9	8	6	7		1		
						6		3
6	5	9	4				1	8
		7			8	2	4	
			1	6	3			9

759

	1		6		3	4		
7		3	9				5	1
				1				
						9		2
		2	8			5	4	
1	9	5				3		8
4			5	2	8	1		9
	2		3	7	9			4
	3	9			4		2	

760

1			6	8		5		4
			2			1	7	6
7		3				9		
	3	1				8		7
9		7		1	6		5	2
	4			2	8		9	
3	2			6	9			
				7	5			
	7				2	6	8	9

757

5	2	7	1	6	8	4	3	9
8	3	4	9	5	2	6	7	1
1	6	9	4	3	7	8	2	5
7	5	2	3	8	4	1	9	6
3	9	8	2	1	6	7	5	4
6	4	1	5	7	9	2	8	3
2	7	5	6	9	1	3	4	8
4	1	3	8	2	5	9	6	7
9	8	6	7	4	3	5	1	2

758

7	2	3	5	8	9	4	6	1
8	6	5	7	1	4	9	3	2
9	4	1	2	3	6	5	8	7
2	7	6	3	4	1	8	9	5
3	9	8	6	7	5	1	2	4
5	1	4	8	9	2	6	7	3
6	5	9	4	2	7	3	1	8
1	3	7	9	5	8	2	4	6
4	8	2	1	6	3	7	5	9

759

2	1	8	6	5	3	4	9	7
7	4	3	9	8	2	6	5	1
9	5	6	4	1	7	2	8	3
6	8	4	7	3	5	9	1	2
3	7	2	8	9	1	5	4	6
1	9	5	2	4	6	3	7	8
4	6	7	5	2	8	1	3	9
5	2	1	3	7	9	8	6	4
8	3	9	1	6	4	7	2	5

760

1	9	2	6	8	7	5	3	4
8	5	4	2	9	3	1	7	6
7	6	3	5	4	1	9	2	8
2	3	1	9	5	4	8	6	7
9	8	7	3	1	6	4	5	2
5	4	6	7	2	8	3	9	1
3	2	8	4	6	9	7	1	5
6	1	9	8	7	5	2	4	3
4	7	5	1	3	2	6	8	9

761

		2	6	8	7	5		
	5				3	6	2	
	9			5				
6			1				3	2
	1	9	8		6			
5					2	1		6
		4	5		8	3	7	
			3				6	4
	6			2		9	5	

762

3	6	7			8	5		
	8	5			9		4	3
9	4	2			3	7		8
			3			4		2
		9	8				5	
	5					9	6	1
		6	2		7		9	
2	3		9	6		1	7	
					1	2	3	

763

				1	3	2	9	7
	9	1	4	2				
	2		5				4	3
5			7		6	9		
9		3				6	5	
	6			8		7		
4	3		6		8			2
	1		2	5	4		8	9
	8			9		4		

764

3	9	1						
				5	7		3	
		8			3			4
			5	7		2	8	
8	5	9					6	7
2			4				1	
7	1		6				2	9
			2		4	5		
9	2	5	7	3				6

761

4	3	2	6	8	7	5	1	9
1	5	8	9	4	3	6	2	7
7	9	6	2	5	1	4	8	3
6	4	7	1	9	5	8	3	2
2	1	9	8	3	6	7	4	5
5	8	3	4	7	2	1	9	6
9	2	4	5	6	8	3	7	1
8	7	5	3	1	9	2	6	4
3	6	1	7	2	4	9	5	8

762

3	6	7	1	4	8	5	2	9
1	8	5	7	2	9	6	4	3
9	4	2	6	5	3	7	1	8
6	7	1	3	9	5	4	8	2
4	2	9	8	1	6	3	5	7
8	5	3	4	7	2	9	6	1
5	1	6	2	3	7	8	9	4
2	3	8	9	6	4	1	7	5
7	9	4	5	8	1	2	3	6

763

6	5	4	8	1	3	2	9	7
3	9	1	4	2	7	8	6	5
8	2	7	5	6	9	1	4	3
5	4	8	7	3	6	9	2	1
9	7	3	1	4	2	6	5	8
1	6	2	9	8	5	7	3	4
4	3	9	6	7	8	5	1	2
7	1	6	2	5	4	3	8	9
2	8	5	3	9	1	4	7	6

764

3	9	1	8	4	6	7	5	2
4	6	2	9	5	7	1	3	8
5	7	8	1	2	3	6	9	4
1	4	6	5	7	9	2	8	3
8	5	9	3	1	2	4	6	7
2	3	7	4	6	8	9	1	5
7	1	4	6	8	5	3	2	9
6	8	3	2	9	4	5	7	1
9	2	5	7	3	1	8	4	6

765

5			4	2		9	8	
			7			6	3	4
	8	4						7
4	7				5			
	6			9			1	2
	2		6	4	1			5
1			5		2			8
		8		7	3	1	4	6
	9			8		5		3

766

9	8	3	7		4			
	6				1	2	4	9
4	1		6	5				
				8		9		3
			1			4		6
5						8	2	7
							8	4
8			9	1		6	3	2
3			5			7	9	

767

		4		9		3	2	8
			4		3	6	1	
						4		9
		7			2	1		
	6	2		7	4	8	3	
1		3	8		9		6	
	2			3	5	9	7	
		5	7	4				
3	7	1				5	4	6

768

	1	5		3			4	
			7					
		2		5	1		7	
1	9			8	4	7	2	
		7		2		8		
		4	5			1	3	6
5			4			3		
2	4	1					8	
9	6		8		5		1	2

765

5	3	7	4	2	6	9	8	1
9	1	2	7	5	8	6	3	4
6	8	4	3	1	9	2	5	7
4	7	1	2	3	5	8	6	9
3	6	5	8	9	7	4	1	2
8	2	9	6	4	1	3	7	5
1	4	3	5	6	2	7	9	8
2	5	8	9	7	3	1	4	6
7	9	6	1	8	4	5	2	3

766

9	8	3	7	2	4	1	6	5
7	6	5	8	3	1	2	4	9
4	1	2	6	5	9	3	7	8
6	4	7	2	8	5	9	1	3
2	9	8	1	7	3	4	5	6
5	3	1	4	9	6	8	2	7
1	7	9	3	6	2	5	8	4
8	5	4	9	1	7	6	3	2
3	2	6	5	4	8	7	9	1

767

7	1	4	5	9	6	3	2	8
2	5	9	4	8	3	6	1	7
8	3	6	2	1	7	4	5	9
5	8	7	3	6	2	1	9	4
9	6	2	1	7	4	8	3	5
1	4	3	8	5	9	7	6	2
4	2	8	6	3	5	9	7	1
6	9	5	7	4	1	2	8	3
3	7	1	9	2	8	5	4	6

768

7	1	5	2	3	9	6	4	8
6	3	9	7	4	8	2	5	1
4	8	2	6	5	1	9	7	3
1	9	6	3	8	4	7	2	5
3	5	7	1	2	6	8	9	4
8	2	4	5	9	7	1	3	6
5	7	8	4	1	2	3	6	9
2	4	1	9	6	3	5	8	7
9	6	3	8	7	5	4	1	2

769

	8	9	5	4	6			1
3			1		7			
		1						5
	9	5	3	7			4	
					2	5		
	2	7		5	8		9	
	4	6				7		
8			7			6	5	
	7	3		6	5		8	

770

	8	7			3			
3				6				
6	2			8		9	5	
7		3				5	6	2
	4					3		8
9		8		2				
8	3		5	9		2	7	
4	5	1		7	8		3	
	7	9			1	8		

771

				7			6	
4	6	7	9	8	1			3
3		9						1
		1		5				
2	7				3	1		
	3					4		5
			4	1	9	6		7
7	1	4		3	6	9		
8	9	6			7			

772

3	1			4	9	6		
	6		3			8		4
		7	6					1
6	5	2	4	3			8	9
	9							6
						2	3	
8	7		1		4			
9	3		2	6		1		
1		4	9	7				

769

7	8	9	5	4	6	2	3	1
3	5	4	1	2	7	9	6	8
2	6	1	9	8	3	4	7	5
6	9	5	3	7	1	8	4	2
4	3	8	6	9	2	5	1	7
1	2	7	4	5	8	3	9	6
5	4	6	8	1	9	7	2	3
8	1	2	7	3	4	6	5	9
9	7	3	2	6	5	1	8	4

770

1	8	7	9	5	3	4	2	6
3	9	5	4	6	2	1	8	7
6	2	4	1	8	7	9	5	3
7	1	3	8	4	9	5	6	2
5	4	2	7	1	6	3	9	8
9	6	8	3	2	5	7	1	4
8	3	6	5	9	4	2	7	1
4	5	1	2	7	8	6	3	9
2	7	9	6	3	1	8	4	5

771

1	5	2	3	7	4	8	6	9
4	6	7	9	8	1	5	2	3
3	8	9	2	6	5	7	4	1
9	4	1	7	5	8	2	3	6
2	7	5	6	4	3	1	9	8
6	3	8	1	9	2	4	7	5
5	2	3	4	1	9	6	8	7
7	1	4	8	3	6	9	5	2
8	9	6	5	2	7	3	1	4

772

3	1	8	5	4	9	6	7	2
2	6	9	3	1	7	8	5	4
5	4	7	6	8	2	3	9	1
6	5	2	4	3	1	7	8	9
7	9	3	8	2	5	4	1	6
4	8	1	7	9	6	2	3	5
8	7	6	1	5	4	9	2	3
9	3	5	2	6	8	1	4	7
1	2	4	9	7	3	5	6	8

773

	8	1		9		3	6	
	3	5	1		2	9	4	7
				5				
8					9	1		
	1		8			4		2
	4		3				9	8
1	9			2		7	8	
5				3			1	4
	2	8		6				

774

5			4	9		6	8	3
	4				6	7		5
	6			8				
			6	5			3	8
				7	3			1
1		5				9		6
6		4		1				
8	5	2	3				4	
7		3			9		6	

775

	7				2	9		
8			7	9	6	2		
	1		8					7
7				6	9			1
	6	9					2	3
1								6
			6		1		4	5
		1		7		8		
6	8	4		2	3	1		9

776

		8		6	3			
				4		3		1
			9		5	4		7
							3	
	1	5	3	7		9		6
3	8	4		5		1		2
		1	8	2	4	6		3
5		2					1	9
8			5			7		4

776

4	7	8	1	6	3	2	9	5
6	5	9	2	4	7	3	8	1
1	2	3	9	8	5	4	6	7
9	6	7	4	1	2	5	3	8
2	1	5	3	7	8	9	4	6
3	8	4	6	5	9	1	7	2
7	9	1	8	2	4	6	5	3
5	4	2	7	3	6	8	1	9
8	3	6	5	9	1	7	2	4

775

4	7	6	1	3	2	9	5	8
8	3	5	7	9	6	2	1	4
9	1	2	8	4	5	6	3	7
7	4	3	2	6	9	5	8	1
5	6	9	4	1	8	7	2	3
1	2	8	3	5	7	4	9	6
2	9	7	6	8	1	3	4	5
3	5	1	9	7	4	8	6	2
6	8	4	5	2	3	1	7	9

774

5	7	1	4	9	2	6	8	3
2	4	8	1	3	6	7	9	5
3	6	9	7	8	5	2	1	4
9	2	7	6	5	1	4	3	8
4	8	6	9	7	3	5	2	1
1	3	5	8	2	4	9	7	6
6	9	4	2	1	8	3	5	7
8	5	2	3	6	7	1	4	9
7	1	3	5	4	9	8	6	2

773

2	8	1	4	9	7	3	6	5
6	3	5	1	8	2	9	4	7
9	7	4	6	5	3	8	2	1
8	5	6	2	4	9	1	7	3
3	1	9	8	7	6	4	5	2
7	4	2	3	1	5	6	9	8
1	9	3	5	2	4	7	8	6
5	6	7	9	3	8	2	1	4
4	2	8	7	6	1	5	3	9

777

8		4	5			7	6	1
			7	3		9		4
	7		6	1	4	8		
2	5		4	6	9	1	8	
						3	4	
		7	8	5				2
	1					2	3	
7	9			8				6
	6					5		

778

3	2	7	8	1		4		9
9			5	3		8	1	
	8		4	9				7
4			9		3			
	5		1	7		9		
			2			3		
			6	8		7	9	5
		5						6
1		8		5	9			3

779

2	3	8			1	4		6
		5	8					
	9		6			8		3
8			9	4		6	7	
			3		8	5		9
4	7	9	1					
9	8		4					
	6	7	5		9	1	2	
5					6		8	

780

1			5	9				
3				2	7	9	1	
9	4	2	6	1		7		
8		9					5	2
5		3	9	4				6
6				5		3	9	
	3	1				5	2	
		8	7					9
	9			8				7

777

8	3	4	5	9	2	7	6	1
6	2	1	7	3	8	9	5	4
5	7	9	6	1	4	8	2	3
2	5	3	4	6	9	1	8	7
9	8	6	1	2	7	3	4	5
1	4	7	8	5	3	6	9	2
4	1	5	9	7	6	2	3	8
7	9	2	3	8	5	4	1	6
3	6	8	2	4	1	5	7	9

778

3	2	7	8	1	6	4	5	9
9	4	6	5	3	7	8	1	2
5	8	1	4	9	2	6	3	7
4	1	2	9	6	3	5	7	8
6	5	3	1	7	8	9	2	4
8	7	9	2	4	5	3	6	1
2	3	4	6	8	1	7	9	5
7	9	5	3	2	4	1	8	6
1	6	8	7	5	9	2	4	3

779

2	3	8	7	5	1	4	9	6
6	4	5	8	9	3	7	1	2
7	9	1	6	2	4	8	5	3
8	5	3	9	4	2	6	7	1
1	2	6	3	7	8	5	4	9
4	7	9	1	6	5	2	3	8
9	8	2	4	1	7	3	6	5
3	6	7	5	8	9	1	2	4
5	1	4	2	3	6	9	8	7

780

1	8	7	5	9	4	2	6	3
3	5	6	8	2	7	9	1	4
9	4	2	6	1	3	7	8	5
8	1	9	3	7	6	4	5	2
5	2	3	9	4	1	8	7	6
6	7	4	2	5	8	3	9	1
7	3	1	4	6	9	5	2	8
2	6	8	7	3	5	1	4	9
4	9	5	1	8	2	6	3	7

781

	3			2				
2	6		9	3				
5	1	9	7		6		3	8
					1	4		7
1				7	3		6	
	7	2		9		3		1
7				5	9	1		
4	2	1		8			9	
				1		7		

782

5			8	4				9
		1		5	2	6	8	
			6		3			5
1	5			3				
8				2		5	7	3
9		7	4		5	8		1
6		5			1			
4	8	3					9	
	1					7	5	

783

4				8			3	
7	5		4	3	1		9	2
8	1			2		6	4	
			9					6
2	9	5						
6	7	4	3	1	5	2		
9		8					6	
		2		9	3		7	5
	3			6			2	

784

				9	6	2	7	
					5	1		
8		2		3				
	6		9	1				
		9	6	5	3	7		1
		3		2	4		9	
7					2			3
9	3	8	5		1		2	
	2	5	3				1	4

8	3	4	1	2	5	9	7	6
2	6	7	9	3	8	5	1	4
5	1	9	7	4	6	2	3	8
3	9	8	5	6	1	4	2	7
1	4	5	2	7	3	8	6	9
6	7	2	8	9	4	3	5	1
7	8	3	6	5	9	1	4	2
4	2	1	3	8	7	6	9	5
9	5	6	4	1	2	7	8	3

781

5	2	6	8	4	7	3	1	9
3	4	1	9	5	2	6	8	7
7	9	8	6	1	3	2	4	5
1	5	2	7	3	8	9	6	4
8	6	4	1	2	9	5	7	3
9	3	7	4	6	5	8	2	1
6	7	5	2	9	1	4	3	8
4	8	3	5	7	6	1	9	2
2	1	9	3	8	4	7	5	6

782

4	2	9	7	8	6	5	3	1
7	5	6	4	3	1	8	9	2
8	1	3	5	2	9	6	4	7
3	8	1	9	4	2	7	5	6
2	9	5	6	7	8	3	1	4
6	7	4	3	1	5	2	8	9
9	4	8	2	5	7	1	6	3
1	6	2	8	9	3	4	7	5
5	3	7	1	6	4	9	2	8

783

3	5	1	4	9	6	2	7	8
4	7	6	2	8	5	1	3	9
8	9	2	1	3	7	4	6	5
5	6	7	9	1	8	3	4	2
2	4	9	6	5	3	7	8	1
1	8	3	7	2	4	5	9	6
7	1	4	8	6	2	9	5	3
9	3	8	5	4	1	6	2	7
6	2	5	3	7	9	8	1	4

784

785

1					6			
			4		9			
		2	3	1				8
			7	6	3	9	5	1
6	5			8	4	3	7	2
		1	5		2	4	8	
	9		2					
7		5	6	3	8		4	
8			9		5	6	2	

786

				1		8		4
	1				8		5	
7		6				1	3	
3	6	4	1	5			8	
	2		8			3	4	7
			3	2	4	6		
		8	6	4	3	7		
	9	7		8		4		
1				7		5	6	

787

5	2			6			8	7
	4		5				6	2
7	1				2	4		
	6	1						4
		9	2			8	7	6
				4	9			
1	3	7				6	5	9
6				5		3	2	
				9		7		1

788

	5		7			6	4	
6		3		1	2			
			5	4	6	1	9	3
	6	9						4
	7				8	3	5	
5					9			6
	3							5
7		5		2	4		3	
	9	6			5		2	1

785

1	3	7	8	5	6	2	9	4
5	6	8	4	2	9	7	1	3
9	4	2	3	1	7	5	6	8
2	8	4	7	6	3	9	5	1
6	5	9	1	8	4	3	7	2
3	7	1	5	9	2	4	8	6
4	9	6	2	7	1	8	3	5
7	2	5	6	3	8	1	4	9
8	1	3	9	4	5	6	2	7

786

9	3	5	2	1	6	8	7	4
4	1	2	7	3	8	9	5	6
7	8	6	4	9	5	1	3	2
3	6	4	1	5	7	2	8	9
5	2	1	8	6	9	3	4	7
8	7	9	3	2	4	6	1	5
2	5	8	6	4	3	7	9	1
6	9	7	5	8	1	4	2	3
1	4	3	9	7	2	5	6	8

787

5	2	3	1	6	4	9	8	7
9	4	8	5	3	7	1	6	2
7	1	6	9	8	2	4	3	5
3	6	1	8	7	5	2	9	4
4	5	9	2	1	3	8	7	6
8	7	2	6	4	9	5	1	3
1	3	7	4	2	8	6	5	9
6	9	4	7	5	1	3	2	8
2	8	5	3	9	6	7	4	1

788

9	5	1	7	8	3	6	4	2
6	4	3	9	1	2	5	8	7
8	2	7	5	4	6	1	9	3
3	6	9	2	5	1	8	7	4
1	7	2	4	6	8	3	5	9
5	8	4	3	7	9	2	1	6
2	3	8	1	9	7	4	6	5
7	1	5	6	2	4	9	3	8
4	9	6	8	3	5	7	2	1

789

	4		8	2	7	9	6	
6	7							
9			5		4			
						5		
7	8		3	5				
3						2		4
	1	7	2	3	5			
	3	9		4			5	7
8		5	9		1	3	4	2

790

4	2		6	7		9		8
	3	9	8		2	7	4	
	6			5		3		
3	1	8	5	4		2		
6		5						9
2		4	1					
	4						3	5
	8			3		6		4
9								

791

2			6					
			8	7	5	3		
		6	4					9
1	6		9		4	5		2
9		7		5				
	2	5	7	8		9	1	
			5	4			6	
7		4	3		2		9	
	5	2		9	8			

792

	8		5			3	9	
4				9	8	5	1	
1	9		4			7		8
9	6							
	7				1		5	3
	1		8		7			
	5	8	2			1	3	
3				7	5		8	9
				8			2	

792

2	8	7	5	1	6	3	9	4
4	3	6	7	9	8	5	1	2
1	9	5	4	3	2	7	6	8
9	6	2	3	5	4	8	7	1
8	7	4	9	6	1	2	5	3
5	1	3	8	2	7	9	4	6
6	5	8	2	4	9	1	3	7
3	2	1	6	7	5	4	8	9
7	4	9	1	8	3	6	2	5

791

2	8	3	6	1	9	4	5	7
4	9	1	8	7	5	3	2	6
5	7	6	4	2	3	1	8	9
1	6	8	9	3	4	5	7	2
9	4	7	2	5	1	6	3	8
3	2	5	7	8	6	9	1	4
8	3	9	5	4	7	2	6	1
7	1	4	3	6	2	8	9	5
6	5	2	1	9	8	7	4	3

790

4	2	1	6	7	3	9	5	8
5	3	9	8	1	2	7	4	6
8	6	7	9	5	4	3	2	1
3	1	8	5	4	9	2	6	7
6	7	5	3	2	8	4	1	9
2	9	4	1	6	7	5	8	3
7	4	6	2	9	1	8	3	5
1	8	2	7	3	5	6	9	4
9	5	3	4	8	6	1	7	2

789

5	4	3	8	2	7	9	6	1
6	7	8	1	9	3	4	2	5
9	2	1	5	6	4	7	3	8
1	9	2	4	8	6	5	7	3
7	8	4	3	5	2	6	1	9
3	5	6	7	1	9	2	8	4
4	1	7	2	3	5	8	9	6
2	3	9	6	4	8	1	5	7
8	6	5	9	7	1	3	4	2

793

3	6					8		9
9	4	7		6		2		5
			1	9		7	6	3
4		9	3			1		
		2	5	4	1		9	
			9	2		4	5	8
			4			5	7	
7			6		8	9		
2								4

794

	6							
9	7	5				1		4
	2	8			7	3		
8	9		6		5	4	2	7
3			2					5
		2		7				8
				4	2		6	3
2		4	7			5	9	1
7			9					2

795

			2	8	5	1		
		4				2		
	3	2					7	9
	9	7	5	1		6		
6	1	5	3	2	9	7		8
8		3		4		5		
	4		6			9		
2			1		4			
9				3			5	6

796

					1		5	2
2				8	3		6	1
		7	5					9
	7		1	5			2	3
	3			7		4	8	
8	2		3	6		9		7
5	8		2			1	7	6
			8	1			3	
1								8

793

3	6	1	2	7	5	8	4	9
9	4	7	8	6	3	2	1	5
5	2	8	1	9	4	7	6	3
4	5	9	3	8	7	1	2	6
6	8	2	5	4	1	3	9	7
1	7	3	9	2	6	4	5	8
8	9	6	4	3	2	5	7	1
7	1	4	6	5	8	9	3	2
2	3	5	7	1	9	6	8	4

794

4	6	3	5	1	8	2	7	9
9	7	5	3	2	6	1	8	4
1	2	8	4	9	7	3	5	6
8	9	1	6	3	5	4	2	7
3	4	7	2	8	9	6	1	5
6	5	2	1	7	4	9	3	8
5	1	9	8	4	2	7	6	3
2	8	4	7	6	3	5	9	1
7	3	6	9	5	1	8	4	2

795

7	6	9	2	8	5	1	3	4
1	8	4	9	7	3	2	6	5
5	3	2	4	6	1	8	7	9
4	9	7	5	1	8	6	2	3
6	1	5	3	2	9	7	4	8
8	2	3	7	4	6	5	9	1
3	4	8	6	5	7	9	1	2
2	5	6	1	9	4	3	8	7
9	7	1	8	3	2	4	5	6

796

4	6	8	7	9	1	3	5	2
2	5	9	4	8	3	7	6	1
3	1	7	5	2	6	8	4	9
9	7	4	1	5	8	6	2	3
6	3	1	9	7	2	4	8	5
8	2	5	3	6	4	9	1	7
5	8	3	2	4	9	1	7	6
7	9	6	8	1	5	2	3	4
1	4	2	6	3	7	5	9	8

797

		1						8
6		8	2	1		4		
	7	5					9	
	1	2		8	5	3	7	
	5	3		9	1	8	2	6
				6	2			
8	6	9	5	3	4		1	
	2		9			5	6	

798

1	7		5	2		9	4	8
				1				7
	5	8			7			
7		5	2	8	4	1		
	2			6	1			5
			3	7				9
			1			7		4
		9			6	3		2
		7			8			6

799

		5		8		6	9	
		9					3	
	8			2				5
5	1	3				9	6	
		2			7			
8	6						2	4
6		1	2			3	4	9
			9	1			5	
7	9	4	5		6	1	8	

800

		1		2	3			
2	8	5						
3			4	8			2	
7		6	3				1	2
1		4	7	6			5	
	2	9		5				3
	7				1	5		
5			6			7		1
		3	8	7				4

800

4	6	1	5	2	3	8	9	7
2	8	5	9	1	7	3	4	6
3	9	7	4	8	6	1	2	5
7	5	6	3	9	8	4	1	2
1	3	4	7	6	2	9	5	8
8	2	9	1	5	4	6	7	3
6	7	8	2	4	1	5	3	9
5	4	2	6	3	9	7	8	1
9	1	3	8	7	5	2	6	4

799

4	2	5	7	8	3	6	9	1
1	7	9	4	6	5	2	3	8
3	8	6	1	2	9	4	7	5
5	1	3	8	4	2	9	6	7
9	4	2	6	5	7	8	1	3
8	6	7	3	9	1	5	2	4
6	5	1	2	7	8	3	4	9
2	3	8	9	1	4	7	5	6
7	9	4	5	3	6	1	8	2

798

1	7	6	5	2	3	9	4	8
4	3	2	8	1	9	6	5	7
9	5	8	6	4	7	2	3	1
7	9	5	2	8	4	1	6	3
3	2	4	9	6	1	8	7	5
6	8	1	3	7	5	4	2	9
5	6	3	1	9	2	7	8	4
8	4	9	7	5	6	3	1	2
2	1	7	4	3	8	5	9	6

797

2	4	1	7	5	9	6	3	8
6	9	8	2	1	3	4	5	7
3	7	5	8	4	6	2	9	1
4	1	2	6	8	5	3	7	9
7	5	3	4	9	1	8	2	6
9	8	6	3	2	7	1	4	5
5	3	7	1	6	2	9	8	4
8	6	9	5	3	4	7	1	2
1	2	4	9	7	8	5	6	3

801

	2	7	6	1				9
				9	5	2		7
5		8	3		7			6
	5	4		7				3
		6		3	2			4
			5	4		6		
		5	2				7	
			7	6	4	3	2	5
			9			4		8

802

	1		6		7		2	
	9							1
3		7	1	9	2		8	
	8						3	
7	5	6	4		3	8	1	9
9		3		1		7		
		5		4				7
6			7		5		9	8
		9			8			5

803

			9	5	4			6
	2					9	7	5
9			7				1	
7	4		2	1	9		5	
1							9	7
5	9		8		6			
6					1	5		
4	8		5	2			6	
2				8		3	4	9

804

			8	4				
7	8	4	6			2	5	
						9	8	4
			7	1		5	6	2
	5	7			2	8		1
		1	4		8	7		9
4	7			8	5		2	6
	6	3						5
5				3			7	8

801

4	2	7	6	1	8	5	3	9
3	6	1	4	9	5	2	8	7
5	9	8	3	2	7	1	4	6
2	5	4	1	7	6	8	9	3
9	1	6	8	3	2	7	5	4
8	7	3	5	4	9	6	1	2
6	4	5	2	8	3	9	7	1
1	8	9	7	6	4	3	2	5
7	3	2	9	5	1	4	6	8

802

4	1	8	6	5	7	9	2	3
5	9	2	3	8	4	6	7	1
3	6	7	1	9	2	5	8	4
2	8	1	5	7	9	4	3	6
7	5	6	4	2	3	8	1	9
9	4	3	8	1	6	7	5	2
8	3	5	9	4	1	2	6	7
6	2	4	7	3	5	1	9	8
1	7	9	2	6	8	3	4	5

803

8	7	1	9	5	4	2	3	6
3	2	4	1	6	8	9	7	5
9	5	6	7	3	2	4	1	8
7	4	8	2	1	9	6	5	3
1	6	2	3	4	5	8	9	7
5	9	3	8	7	6	1	2	4
6	3	7	4	9	1	5	8	2
4	8	9	5	2	3	7	6	1
2	1	5	6	8	7	3	4	9

804

2	9	5	8	4	3	6	1	7
7	8	4	6	9	1	2	5	3
1	3	6	5	2	7	9	8	4
3	4	8	7	1	9	5	6	2
9	5	7	3	6	2	8	4	1
6	2	1	4	5	8	7	3	9
4	7	9	1	8	5	3	2	6
8	6	3	2	7	4	1	9	5
5	1	2	9	3	6	4	7	8

805

		6		7		2		4
1	5	2	4				7	3
	8				3		9	1
	7			1	9			6
6		4					5	
	1						2	
	4		1					5
	2	1		8		7	4	9
				5	4	8		2

806

			6		1	9		2
	2			4			8	1
8	9		2		7		3	
	6	8			3			5
9				6	4	2		8
	5			1				9
	1		4	3				
3	7	2		9				
	8	9	1		5	6		

807

7						3		
			3				4	
3	4	9			5			2
	3	7		6	4		1	8
	8						2	
9				2	3	7	5	
1	9		7	8		4	6	5
6	5						7	
			9	5	6	8	3	1

808

6	1						4	9
8	7	5	2	4	9			
9		4	1					8
5	4	8		1				
7						8		
	3			8			5	
3			6		4	7	9	2
		9			3	1	8	
	6				1		3	

805

9	3	6	5	7	1	2	8	4
1	5	2	4	9	8	6	7	3
4	8	7	2	6	3	5	9	1
2	7	5	8	1	9	4	3	6
6	9	4	7	3	2	1	5	8
3	1	8	6	4	5	9	2	7
8	4	9	1	2	7	3	6	5
5	2	1	3	8	6	7	4	9
7	6	3	9	5	4	8	1	2

806

5	4	3	6	8	1	9	7	2
7	2	6	3	4	9	5	8	1
8	9	1	2	5	7	4	3	6
1	6	8	9	2	3	7	4	5
9	3	7	5	6	4	2	1	8
2	5	4	7	1	8	3	6	9
6	1	5	4	3	2	8	9	7
3	7	2	8	9	6	1	5	4
4	8	9	1	7	5	6	2	3

807

7	1	5	2	4	8	3	9	6
8	2	6	3	1	9	5	4	7
3	4	9	6	7	5	1	8	2
2	3	7	5	6	4	9	1	8
5	8	4	1	9	7	6	2	3
9	6	1	8	2	3	7	5	4
1	9	3	7	8	2	4	6	5
6	5	8	4	3	1	2	7	9
4	7	2	9	5	6	8	3	1

808

6	1	3	5	7	8	2	4	9
8	7	5	2	4	9	3	6	1
9	2	4	1	3	6	5	7	8
5	4	8	9	1	7	6	2	3
7	9	2	3	6	5	8	1	4
1	3	6	4	8	2	9	5	7
3	8	1	6	5	4	7	9	2
4	5	9	7	2	3	1	8	6
2	6	7	8	9	1	4	3	5

809

	1			2	9	7	3	
2	3				6			9
		5	7	1				4
		8	3					
	5	3					8	
	9	2		5			6	
				3				
5		9	1		8	3		
3	7	6	9	4	5	2	1	

810

			9			4		
						8	9	2
5		8	4			7	3	
8	4	2		3	6		5	1
3					9	6		
			1	5				
9		5	8	6		2	4	
			3		2	5	7	9
7		3			4			

811

					2			
							3	6
9			7	6	3		2	8
5	2	8	4	7		6	9	
	6	3	5					
		9			6	5		
	5		9	1		8		2
2		1	6	3			5	
8	9	6		5				4

812

		5					4	
7	2		1					
8		4	2					6
	6		5		3			4
3		9		4		2	5	
			7			6		
	4		3	7	2	1	8	5
1				5	9	4		
5		7				9		3

809

8	1	4	5	2	9	7	3	6
2	3	7	4	8	6	1	5	9
9	6	5	7	1	3	8	2	4
6	4	8	3	9	2	5	7	1
1	5	3	6	7	4	9	8	2
7	9	2	8	5	1	4	6	3
4	8	1	2	3	7	6	9	5
5	2	9	1	6	8	3	4	7
3	7	6	9	4	5	2	1	8

810

2	6	7	9	8	3	4	1	5
1	3	4	6	7	5	8	9	2
5	9	8	4	2	1	7	3	6
8	4	2	7	3	6	9	5	1
3	5	1	2	4	9	6	8	7
6	7	9	1	5	8	3	2	4
9	1	5	8	6	7	2	4	3
4	8	6	3	1	2	5	7	9
7	2	3	5	9	4	1	6	8

811

6	3	4	8	9	2	1	7	5
7	8	2	1	4	5	9	3	6
9	1	5	7	6	3	4	2	8
5	2	8	4	7	1	6	9	3
1	6	3	5	8	9	2	4	7
4	7	9	3	2	6	5	8	1
3	5	7	9	1	4	8	6	2
2	4	1	6	3	8	7	5	9
8	9	6	2	5	7	3	1	4

812

6	1	5	9	8	7	3	4	2
7	2	3	1	6	4	5	9	8
8	9	4	2	3	5	7	1	6
2	6	1	5	9	3	8	7	4
3	7	9	6	4	8	2	5	1
4	5	8	7	2	1	6	3	9
9	4	6	3	7	2	1	8	5
1	3	2	8	5	9	4	6	7
5	8	7	4	1	6	9	2	3

813

	6			2	5	9	1	4
		3	6				8	
1			9			7		
8	7	6	2		9			
	3	4	8	1				7
2		1		5	7			
4	8	2	7	9	3	6		
					4	8		
6			5		2	4		

814

		9				6		
	4	5	8	9				
7	8		6		5			
3		7					8	
	2	8	3					6
5	6	1			8		7	2
	5	6			3		1	9
9	7	3		1	6	8	2	
	1		2					

815

3		5		8	7		2	9
	6	4	9				7	
	7	9	3	5				8
5	4	8		2	3	7	9	
		1		9	6			4
				4			8	
		2	5					
		7		6				
6			4		8	1		

816

	7	9	8			6	2	3
						8	5	4
	5		3			9	1	
			1		8		4	2
6			4		3			
		1	2				6	
3				9		2	8	
5	8	2			4	7	9	1
		7		8			3	6

813

7	6	8	3	2	5	9	1	4
9	4	3	6	7	1	5	8	2
1	2	5	9	4	8	7	3	6
8	7	6	2	3	9	1	4	5
5	3	4	8	1	6	2	9	7
2	9	1	4	5	7	3	6	8
4	8	2	7	9	3	6	5	1
3	5	7	1	6	4	8	2	9
6	1	9	5	8	2	4	7	3

814

1	3	9	7	2	4	6	5	8
6	4	5	8	9	1	2	3	7
7	8	2	6	3	5	9	4	1
3	9	7	1	6	2	4	8	5
4	2	8	3	5	7	1	9	6
5	6	1	9	4	8	3	7	2
2	5	6	4	8	3	7	1	9
9	7	3	5	1	6	8	2	4
8	1	4	2	7	9	5	6	3

815

3	1	5	6	8	7	4	2	9
8	6	4	9	1	2	3	7	5
2	7	9	3	5	4	6	1	8
5	4	8	1	2	3	7	9	6
7	2	1	8	9	6	5	3	4
9	3	6	7	4	5	2	8	1
4	8	2	5	3	1	9	6	7
1	5	7	2	6	9	8	4	3
6	9	3	4	7	8	1	5	2

816

1	7	9	8	4	5	6	2	3
2	6	3	9	1	7	8	5	4
8	5	4	3	2	6	9	1	7
7	9	5	1	6	8	3	4	2
6	2	8	4	5	3	1	7	9
4	3	1	2	7	9	5	6	8
3	4	6	7	9	1	2	8	5
5	8	2	6	3	4	7	9	1
9	1	7	5	8	2	4	3	6

817

8		5		2			9	4
	2		7	8		5		6
	3				5	8		1
3		7	9			4		2
	9	1	5	4	7			8
			2		3			
1		4		3				
9						6	4	5
			8					

818

3			2	7	4	6	5	1
	1			5		9		
	5		9		1			
7	3					5	9	
	2	1	5			3		
	4			2				
1	7	9		3				
				8	9	1	3	
			6	1		7	4	

819

6	7		5		3	2		
			4	7				6
2	5	3	8	9				1
		2			8			4
	4		9			5	8	3
5	8							9
	1	5	2	3	4			7
			1		9			
					5	4		2

820

	1	8		3	2			4
			8	1	5	2		
							5	8
		9		8	3			
	3			5	1	8	4	7
7	8	1			4	5	3	9
	7	4				3		
8								1
			5		7	9	8	

817

8	1	5	3	2	6	7	9	4
4	2	9	7	8	1	5	3	6
7	3	6	4	9	5	8	2	1
3	6	7	9	1	8	4	5	2
2	9	1	5	4	7	3	6	8
5	4	8	2	6	3	1	7	9
1	5	4	6	3	9	2	8	7
9	8	3	1	7	2	6	4	5
6	7	2	8	5	4	9	1	3

818

3	9	8	2	7	4	6	5	1
6	1	4	8	5	3	9	2	7
2	5	7	9	6	1	4	8	3
7	3	6	1	4	8	5	9	2
8	2	1	5	9	6	3	7	4
9	4	5	3	2	7	8	1	6
1	7	9	4	3	5	2	6	8
4	6	2	7	8	9	1	3	5
5	8	3	6	1	2	7	4	9

819

6	7	4	5	1	3	2	9	8
1	9	8	4	7	2	3	5	6
2	5	3	8	9	6	7	4	1
9	3	2	6	5	8	1	7	4
7	4	6	9	2	1	5	8	3
5	8	1	3	4	7	6	2	9
8	1	5	2	3	4	9	6	7
4	2	7	1	6	9	8	3	5
3	6	9	7	8	5	4	1	2

820

5	1	8	6	3	2	7	9	4
9	4	7	8	1	5	2	6	3
3	6	2	4	7	9	1	5	8
4	5	9	7	8	3	6	1	2
2	3	6	9	5	1	8	4	7
7	8	1	2	6	4	5	3	9
6	7	4	1	9	8	3	2	5
8	9	5	3	2	6	4	7	1
1	2	3	5	4	7	9	8	6

821

					5			
		5	6		9		2	1
6	3		4	7	1		9	
	8		2					6
5	2	4			8		7	3
	6			3			4	8
		1	7	5	2		3	
				4	3			
7	4	3	1				8	

822

8					5	2	3	
7	6		1					4
	5	4		3	8			1
	8	7		2		3	1	
9			5	7	3			
6		5		4				
			2		9			3
		8	6	5				
1		9			4	7		6

823

5	9	7	3		1	6	2	
	4				9			1
	6		4	7		8	9	
		4			8	5		9
			1		6	2		
	2	9			5		8	
		6			7	4		
2		5		1			7	
				6	3			2

824

3	9	5	1			2	6	8
6	1		2			9		
	8							
			3	2				6
				1	5		7	
	6				8	3	2	4
		2	4	7		6	9	3
							4	
1	4	6	5			7	8	2

821

9	1	8	3	2	5	4	6	7
4	7	5	6	8	9	3	2	1
6	3	2	4	7	1	8	9	5
3	8	7	2	1	4	9	5	6
5	2	4	9	6	8	1	7	3
1	6	9	5	3	7	2	4	8
8	9	1	7	5	2	6	3	4
2	5	6	8	4	3	7	1	9
7	4	3	1	9	6	5	8	2

822

8	9	1	4	6	5	2	3	7
7	6	3	1	9	2	5	8	4
2	5	4	7	3	8	6	9	1
4	8	7	9	2	6	3	1	5
9	1	2	5	7	3	4	6	8
6	3	5	8	4	1	9	7	2
5	7	6	2	1	9	8	4	3
3	4	8	6	5	7	1	2	9
1	2	9	3	8	4	7	5	6

823

5	9	7	3	8	1	6	2	4
8	4	2	6	5	9	7	3	1
1	6	3	4	7	2	8	9	5
7	1	4	2	3	8	5	6	9
3	5	8	1	9	6	2	4	7
6	2	9	7	4	5	1	8	3
9	3	6	5	2	7	4	1	8
2	8	5	9	1	4	3	7	6
4	7	1	8	6	3	9	5	2

824

3	9	5	1	4	7	2	6	8
6	1	4	2	8	3	9	5	7
2	8	7	9	5	6	4	3	1
9	7	8	3	2	4	5	1	6
4	2	3	6	1	5	8	7	9
5	6	1	7	9	8	3	2	4
8	5	2	4	7	1	6	9	3
7	3	9	8	6	2	1	4	5
1	4	6	5	3	9	7	8	2

825

1		9			6	4	3	7
3		7		5				
	4	2	7		9			
2		4	3			7		
9	3	8			7			1
	6	5		8				
	2		9		4	6	7	
	9	6	2					
4				6			2	

826

		7			4		5	3
3	4		5	2				
	6				3		4	2
	7	4				9		
6			7	4			2	
1		8	9			4		
	1		6			5		9
7		6				3		4
8	9		4		7		1	

827

		8	1			3	7	
9			6		7			5
	2	1		5		8	6	
	9		5				3	7
8	5	3		6				
		6	3	9				2
	8	7					5	3
3	1	5				2	9	
2		9		3	5		1	

828

			8					
5	7	3	1			4	8	2
8		6	2		7		3	5
2						8		1
3	8						2	
6			5	8				
				7	5	9	1	8
	3		9	2		5	6	4
	5	1		6				

825

1	5	9	8	2	6	4	3	7
3	8	7	4	5	1	9	6	2
6	4	2	7	3	9	5	1	8
2	1	4	3	9	5	7	8	6
9	3	8	6	4	7	2	5	1
7	6	5	1	8	2	3	9	4
8	2	3	9	1	4	6	7	5
5	9	6	2	7	8	1	4	3
4	7	1	5	6	3	8	2	9

826

2	8	7	1	9	4	6	5	3
3	4	1	5	2	6	7	9	8
9	6	5	8	7	3	1	4	2
5	7	4	3	8	2	9	6	1
6	3	9	7	4	1	8	2	5
1	2	8	9	6	5	4	3	7
4	1	2	6	3	8	5	7	9
7	5	6	2	1	9	3	8	4
8	9	3	4	5	7	2	1	6

827

5	6	8	1	2	4	3	7	9
9	3	4	6	8	7	1	2	5
7	2	1	9	5	3	8	6	4
1	9	2	5	4	8	6	3	7
8	5	3	7	6	2	9	4	1
4	7	6	3	9	1	5	8	2
6	8	7	2	1	9	4	5	3
3	1	5	4	7	6	2	9	8
2	4	9	8	3	5	7	1	6

828

1	2	4	8	5	3	7	9	6
5	7	3	1	9	6	4	8	2
8	9	6	2	4	7	1	3	5
2	4	7	6	3	9	8	5	1
3	8	5	7	1	4	6	2	9
6	1	9	5	8	2	3	4	7
4	6	2	3	7	5	9	1	8
7	3	8	9	2	1	5	6	4
9	5	1	4	6	8	2	7	3

829

6	1	9		7	2	3		
7	8		4		1		9	
			9	6		1	8	7
						4	6	1
	2	4						8
			5		4			
	3		7		8	5		6
8		6		2			3	
		1		5		8		

830

		6					2	
8	4					3		6
	2				6	5		
	7		5	1	3	8	4	
	5		6		4	9	3	
4			7	2			6	
2	6		3		1	4	7	8
			4		2	6		
			8		5	2		3

831

7	5	8	1			3		
3	9					1		
	6							
	7	9	2		8		1	3
		3			5	7		
8			7	1	3	9	6	
		4		7		6	3	
9	2	6				4		5
		7	4		9			

832

9	3		1	8		2	7	
1								3
6		7					4	
		3	7	4	6	1		5
7		6		5	3		9	8
			9			6		
4	8	2		3				
	6					5		
	7		6	2		3	8	

6	1	9	8	7	2	3	4	5
7	8	5	4	3	1	6	9	2
2	4	3	9	6	5	1	8	7
5	9	7	2	8	3	4	6	1
3	2	4	6	1	7	9	5	8
1	6	8	5	9	4	2	7	3
9	3	2	7	4	8	5	1	6
8	5	6	1	2	9	7	3	4
4	7	1	3	5	6	8	2	9

829

5	3	6	9	4	8	7	2	1
8	4	1	2	5	7	3	9	6
9	2	7	1	3	6	5	8	4
6	7	9	5	1	3	8	4	2
1	5	2	6	8	4	9	3	7
4	8	3	7	2	9	1	6	5
2	6	5	3	9	1	4	7	8
3	1	8	4	7	2	6	5	9
7	9	4	8	6	5	2	1	3

830

7	5	8	1	2	4	3	9	6
3	9	2	8	5	6	1	4	7
4	6	1	9	3	7	2	5	8
6	7	9	2	4	8	5	1	3
2	1	3	6	9	5	7	8	4
8	4	5	7	1	3	9	6	2
1	8	4	5	7	2	6	3	9
9	2	6	3	8	1	4	7	5
5	3	7	4	6	9	8	2	1

831

9	3	4	1	8	5	2	7	6
1	2	8	4	6	7	9	5	3
6	5	7	3	9	2	8	4	1
8	9	3	7	4	6	1	2	5
7	1	6	2	5	3	4	9	8
2	4	5	9	1	8	6	3	7
4	8	2	5	3	1	7	6	9
3	6	9	8	7	4	5	1	2
5	7	1	6	2	9	3	8	4

832

833

7				4	1	8	3	6
		6		5	8	9		7
8		3	6		9		2	4
6	7	5	1	2		4		
2				6				
		8				2		
	6					7		3
	4		9			1		2
		2			7		4	

834

6		4	8		7			
9	5	8					7	
1	2			9				3
2	4		1	5		7	9	
	9	3						2
8			2		9			
3				8		4		
		2	6				1	
	1		7			6	8	5

835

9			3					2
		6	1	5		3	8	9
			9		2			
	8		5			4	3	
	4	5		8	9	2	7	1
		2	7	3	4		9	
				1			2	7
	9	3		7		5		
		1	2			6		3

836

		7	1	3	4	2		8
	3		6	8	5			
	1	5		7				
				1	6	7		
5		6				8	3	
1		9						
4	9			5	7		8	3
7				6	3		1	
	8			9	1		2	7

833

7	5	9	2	4	1	8	3	6
4	2	6	3	5	8	9	1	7
8	1	3	6	7	9	5	2	4
6	7	5	1	2	3	4	9	8
2	9	4	8	6	5	3	7	1
1	3	8	7	9	4	2	6	5
9	6	1	4	8	2	7	5	3
5	4	7	9	3	6	1	8	2
3	8	2	5	1	7	6	4	9

834

6	3	4	8	2	7	9	5	1
9	5	8	3	1	4	2	7	6
1	2	7	5	9	6	8	4	3
2	4	6	1	5	3	7	9	8
5	9	3	4	7	8	1	6	2
8	7	1	2	6	9	5	3	4
3	6	5	9	8	1	4	2	7
7	8	2	6	4	5	3	1	9
4	1	9	7	3	2	6	8	5

835

9	5	7	3	4	8	1	6	2
4	2	6	1	5	7	3	8	9
1	3	8	9	6	2	7	5	4
7	8	9	5	2	1	4	3	6
3	4	5	6	8	9	2	7	1
6	1	2	7	3	4	8	9	5
5	6	4	8	1	3	9	2	7
2	9	3	4	7	6	5	1	8
8	7	1	2	9	5	6	4	3

836

9	6	7	1	3	4	2	5	8
2	3	4	6	8	5	1	7	9
8	1	5	9	7	2	3	4	6
3	4	8	5	1	6	7	9	2
5	2	6	7	4	9	8	3	1
1	7	9	3	2	8	4	6	5
4	9	1	2	5	7	6	8	3
7	5	2	8	6	3	9	1	4
6	8	3	4	9	1	5	2	7

837

		9						3
	3		7		4	5	6	
7		2	5				4	
			8				7	9
		7	1					5
6	8	5	9	3	7	1		4
3		4		5				
	2		3	7	8		5	
	1				9	2		

838

		4	7	3		2		
5							7	8
				5				6
9				7	5		2	1
			3	1	9		6	
					4	7	9	
		3		9	7	6		2
4			6		3	5		
2	6	7	5	8	1		4	

839

			5	4		9	2	
	2	7						
3						5		1
4			3	2	9		7	5
9	6			1	7		8	
2		3			5	4		9
				3		1		8
	3	1		5		2	4	
		9	2			7		3

840

8			1	3		4		2
9	5					7	8	
4	3			8		1	6	
1		3	8					
	2	8		9			3	
7	9					2		
3	8			2	1			4
5	1		3		6	8	2	
2	6		5	7				

837

4	5	9	6	8	2	7	1	3
8	3	1	7	9	4	5	6	2
7	6	2	5	1	3	9	4	8
1	4	3	8	2	5	6	7	9
2	9	7	1	4	6	3	8	5
6	8	5	9	3	7	1	2	4
3	7	4	2	5	1	8	9	6
9	2	6	3	7	8	4	5	1
5	1	8	4	6	9	2	3	7

838

6	1	4	7	3	8	2	5	9
5	3	2	9	4	6	1	7	8
8	7	9	1	5	2	4	3	6
9	4	6	8	7	5	3	2	1
7	2	5	3	1	9	8	6	4
3	8	1	2	6	4	7	9	5
1	5	3	4	9	7	6	8	2
4	9	8	6	2	3	5	1	7
2	6	7	5	8	1	9	4	3

839

1	8	6	5	4	3	9	2	7
5	2	7	1	9	6	8	3	4
3	9	4	8	7	2	5	6	1
4	1	8	3	2	9	6	7	5
9	6	5	4	1	7	3	8	2
2	7	3	6	8	5	4	1	9
6	5	2	7	3	4	1	9	8
7	3	1	9	5	8	2	4	6
8	4	9	2	6	1	7	5	3

840

8	7	6	1	3	5	4	9	2
9	5	1	2	6	4	7	8	3
4	3	2	7	8	9	1	6	5
1	4	3	8	5	2	9	7	6
6	2	8	4	9	7	5	3	1
7	9	5	6	1	3	2	4	8
3	8	7	9	2	1	6	5	4
5	1	9	3	4	6	8	2	7
2	6	4	5	7	8	3	1	9

841

8	6			7	3	9		4
		1						3
		7	9	8	1			6
			3	9	7	1		
1	8				4		7	
7				1				5
	7	9	5		6	8	3	
	3	8				5	4	
		4		3				

842

6					7	5	8	
8		7		9		1		
	5			8		4		7
				1	3			4
			8	5		3		6
4	3	8	6				5	1
5		6	9		8			
	9		7					
7		3	4		1			

843

	9			7		8	4	
	7	8			4		3	
6		4		2	1			9
9				4		6		
		2	1		9			
		7		6	5		9	
5		6			8	9	2	3
8			9	5			6	
7			4					8

844

				5	9		2	
	4		2	8	6	3	7	
		8		7	1	4	6	
5		4	7		8			
6					4		8	
8	9				5		3	4
		2	8	4		9	5	3
	3					8		6
	8	5		9				

841

8	6	5	2	7	3	9	1	4
9	2	1	4	6	5	7	8	3
3	4	7	9	8	1	2	5	6
4	5	6	3	9	7	1	2	8
1	8	2	6	5	4	3	7	9
7	9	3	8	1	2	4	6	5
2	7	9	5	4	6	8	3	1
6	3	8	1	2	9	5	4	7
5	1	4	7	3	8	6	9	2

842

6	2	1	3	4	7	5	8	9
8	4	7	5	9	6	1	3	2
3	5	9	1	8	2	4	6	7
9	6	5	2	1	3	8	7	4
1	7	2	8	5	4	3	9	6
4	3	8	6	7	9	2	5	1
5	1	6	9	2	8	7	4	3
2	9	4	7	3	5	6	1	8
7	8	3	4	6	1	9	2	5

843

2	9	5	6	7	3	8	4	1
1	7	8	5	9	4	2	3	6
6	3	4	8	2	1	7	5	9
9	5	1	3	4	7	6	8	2
4	6	2	1	8	9	3	7	5
3	8	7	2	6	5	1	9	4
5	4	6	7	1	8	9	2	3
8	1	3	9	5	2	4	6	7
7	2	9	4	3	6	5	1	8

844

3	7	6	4	5	9	1	2	8
9	4	1	2	8	6	3	7	5
2	5	8	3	7	1	4	6	9
5	2	4	7	3	8	6	9	1
6	1	3	9	2	4	5	8	7
8	9	7	1	6	5	2	3	4
1	6	2	8	4	7	9	5	3
7	3	9	5	1	2	8	4	6
4	8	5	6	9	3	7	1	2

845

	9				6	1		5
1	7						6	2
		5		4				
4	8			7		9		3
		7		3	4			8
2			8	5	9		4	6
5								1
		1				8	2	4
8				1	2	5	3	

846

3	1		2			9	4	
	6			3				
		8		9				6
			6	8		4	5	
			4					8
4		1	7	5	3			
7	3			1	2			
			3		6	5	2	1
1		6	8			3	9	

847

3	1	9						5
5					7			
8				5			6	
		3			1			8
2		7		3	6	5	9	1
		8		4	2		3	
	9		4		8		1	7
7	8			1	3	9		
	3	1			5		8	2

848

				6	5			
			7		1			8
1						4		
6		3	9	5	4	2		
		8	6	2	7			
	4	2	8	1	3		5	6
3		1					4	7
	6							9
4	5			7		6	2	3

845

3	9	4	7	2	6	1	8	5
1	7	8	5	9	3	4	6	2
6	2	5	1	4	8	3	7	9
4	8	6	2	7	1	9	5	3
9	5	7	6	3	4	2	1	8
2	1	3	8	5	9	7	4	6
5	4	2	3	8	7	6	9	1
7	3	1	9	6	5	8	2	4
8	6	9	4	1	2	5	3	7

846

3	1	7	2	6	8	9	4	5
5	6	9	1	3	4	8	7	2
2	4	8	5	9	7	1	3	6
9	7	2	6	8	1	4	5	3
6	5	3	4	2	9	7	1	8
4	8	1	7	5	3	2	6	9
7	3	5	9	1	2	6	8	4
8	9	4	3	7	6	5	2	1
1	2	6	8	4	5	3	9	7

847

3	1	9	2	6	4	8	7	5
5	2	6	3	8	7	1	4	9
8	7	4	1	5	9	2	6	3
9	6	3	5	7	1	4	2	8
2	4	7	8	3	6	5	9	1
1	5	8	9	4	2	7	3	6
6	9	5	4	2	8	3	1	7
7	8	2	6	1	3	9	5	4
4	3	1	7	9	5	6	8	2

848

7	8	4	3	6	5	1	9	2
2	9	5	7	4	1	3	6	8
1	3	6	2	8	9	4	7	5
6	7	3	9	5	4	2	8	1
5	1	8	6	2	7	9	3	4
9	4	2	8	1	3	7	5	6
3	2	1	5	9	6	8	4	7
8	6	7	4	3	2	5	1	9
4	5	9	1	7	8	6	2	3

849

		9				1	7	8
3		7		1	8		5	
		8			7		9	
		4	6	2	9	5	1	
	5		8	3	4	7	2	
				7	1		8	6
	9				2			
4		5				2	6	1
	6	3	1					

850

	1	8	7				4	
3		5		1				8
7	6			8				1
	5	7	1			4		
1	9					6		
6		4	2	9	8	1		
	8	6				2	1	4
	7			2			6	
	2			6	1		7	

851

							6	
7	6	8	5		4	3	9	2
9			2	6			5	
					5	7	3	6
8			7				1	4
3	7			4		9		5
	8		4	5	1			
	1	5			2			
4				9		5	2	

852

		5	1	7	9		8	
9	8	7	3	5		2	1	
8	7			4		5	2	
		6		9	3	1		8
			2		5			
		2			7		5	1
	1		4			7	6	3
		8		1	6	4		

5	2	9	3	4	6	1	7	8
3	4	7	9	1	8	6	5	2
6	1	8	2	5	7	3	9	4
8	7	4	6	2	9	5	1	3
1	5	6	8	3	4	7	2	9
9	3	2	5	7	1	4	8	6
7	9	1	4	6	2	8	3	5
4	8	5	7	9	3	2	6	1
2	6	3	1	8	5	9	4	7

849

2	1	8	7	5	3	9	4	6
3	4	5	6	1	9	7	2	8
7	6	9	4	8	2	5	3	1
8	5	7	1	3	6	4	9	2
1	9	2	5	4	7	6	8	3
6	3	4	2	9	8	1	5	7
9	8	6	3	7	5	2	1	4
5	7	1	8	2	4	3	6	9
4	2	3	9	6	1	8	7	5

850

5	2	1	9	8	3	4	6	7
7	6	8	5	1	4	3	9	2
9	4	3	2	6	7	1	5	8
1	9	4	8	2	5	7	3	6
8	5	6	7	3	9	2	1	4
3	7	2	1	4	6	9	8	5
2	8	9	4	5	1	6	7	3
6	1	5	3	7	2	8	4	9
4	3	7	6	9	8	5	2	1

851

3	4	1	8	6	2	9	7	5
6	2	5	1	7	9	3	8	4
9	8	7	3	5	4	2	1	6
8	7	3	6	4	1	5	2	9
2	5	6	7	9	3	1	4	8
1	9	4	2	8	5	6	3	7
4	6	2	9	3	7	8	5	1
5	1	9	4	2	8	7	6	3
7	3	8	5	1	6	4	9	2

852

853

	2	1		9	5	3	7	
8					6			
	7			1	2		6	9
	9	6		7	3	4	5	
	1		5	6				
		8	9	2		7		6
			2		1		3	
	8		3	5	9			
1	3			4			8	2

854

6			1		2	7		8
7	2		5			1		
1	3		9	4	7		2	
			3	1				
	1					2		9
9	4			7	8		5	1
5						8		2
2	7		8		1			
		3				9		6

855

	7		4		8		5	
9	4			5	2		3	7
1			7	9		4	2	
		2	3		9			5
		9		6		2		
	6	5	8	2		1		4
						3		
	3	7	2			8	1	9
					3			2

856

			1	3	9			
	6	9		7	8		1	
3		8	4	6	2	7		
4	7							2
9			3		1		6	7
6	8		2				9	
8	9		6			1		5
1				8				
7	3				4	2		6

853

6	2	1	8	9	5	3	7	4
8	4	9	7	3	6	1	2	5
5	7	3	4	1	2	8	6	9
2	9	6	1	7	3	4	5	8
4	1	7	5	6	8	2	9	3
3	5	8	9	2	4	7	1	6
9	6	4	2	8	1	5	3	7
7	8	2	3	5	9	6	4	1
1	3	5	6	4	7	9	8	2

854

6	9	5	1	3	2	7	4	8
7	2	4	5	8	6	1	9	3
1	3	8	9	4	7	6	2	5
8	5	2	3	1	9	4	6	7
3	1	7	6	5	4	2	8	9
9	4	6	2	7	8	3	5	1
5	6	1	4	9	3	8	7	2
2	7	9	8	6	1	5	3	4
4	8	3	7	2	5	9	1	6

855

2	7	6	4	3	8	9	5	1
9	4	8	1	5	2	6	3	7
1	5	3	7	9	6	4	2	8
4	8	2	3	1	9	7	6	5
7	1	9	5	6	4	2	8	3
3	6	5	8	2	7	1	9	4
5	2	4	9	8	1	3	7	6
6	3	7	2	4	5	8	1	9
8	9	1	6	7	3	5	4	2

856

5	4	7	1	3	9	6	2	8
2	6	9	5	7	8	3	1	4
3	1	8	4	6	2	7	5	9
4	7	1	8	9	6	5	3	2
9	5	2	3	4	1	8	6	7
6	8	3	2	5	7	4	9	1
8	9	4	6	2	3	1	7	5
1	2	6	7	8	5	9	4	3
7	3	5	9	1	4	2	8	6

857

	3		5			9	7	
					9		3	5
			2	7			6	4
4		7				5		1
8		5				7	9	
3	2			1	5		8	
					1			7
9	4			2			5	8
7		2		3		6	1	9

858

	4		8		9		2	
	1	5	4	2			8	6
8				6	3	9		
7			2				5	
		9	5			7	6	
	5			8		2	9	1
1					2			
6	9	2				4	7	
5			9			6		2

859

2						4		6
		7	2	4	9	8		3
	1				6	5		
7	4		6		2	1		
	6	2	1		7		3	
			4	9			6	
4				7		6		
		3		6	1			5
1		6	5					7

860

	6	9			4		7	1
8	4	7	3	6		9		
				9	7		6	4
1	7	3		4				
		4			5		9	3
5	9	8	7		3			
				7	6	2		
9				5		6	1	
								8

857

1	3	4	5	8	6	9	7	2
2	7	6	1	4	9	8	3	5
5	9	8	2	7	3	1	6	4
4	6	7	3	9	8	5	2	1
8	1	5	4	6	2	7	9	3
3	2	9	7	1	5	4	8	6
6	8	3	9	5	1	2	4	7
9	4	1	6	2	7	3	5	8
7	5	2	8	3	4	6	1	9

858

3	4	6	8	5	9	1	2	7
9	1	5	4	2	7	3	8	6
8	2	7	1	6	3	9	4	5
7	6	1	2	9	4	8	5	3
2	8	9	5	3	1	7	6	4
4	5	3	7	8	6	2	9	1
1	7	8	6	4	2	5	3	9
6	9	2	3	1	5	4	7	8
5	3	4	9	7	8	6	1	2

859

2	9	8	3	1	5	4	7	6
6	5	7	2	4	9	8	1	3
3	1	4	7	8	6	5	2	9
7	4	9	6	3	2	1	5	8
8	6	2	1	5	7	9	3	4
5	3	1	4	9	8	7	6	2
4	2	5	9	7	3	6	8	1
9	7	3	8	6	1	2	4	5
1	8	6	5	2	4	3	9	7

860

2	6	9	5	8	4	3	7	1
8	4	7	3	6	1	9	2	5
3	5	1	2	9	7	8	6	4
1	7	3	6	4	9	5	8	2
6	2	4	8	1	5	7	9	3
5	9	8	7	2	3	1	4	6
4	8	5	1	7	6	2	3	9
9	3	2	4	5	8	6	1	7
7	1	6	9	3	2	4	5	8

861

1			3	5	8			4
					7			3
	2		4				5	9
		4	1	8	2			6
2			7	9	3			8
9	3		5					
		2	8	7	4	1	3	
		7		3	5			2
	8						6	7

862

		5	2					
8					3	4		
6	3		5			2		
	5	8	3	6	9			
		7						
	4		8		7		9	2
	8	4	6	3			2	
5	6	2	9	4	8	7		
9		3			2		4	

863

8						3		
5							7	1
4	1	2			7		5	
	4	1		7	5	9	8	
			6	3	1			4
7							3	5
		3	7	4			1	
			9		3		6	
	7	8	5	2		4		3

864

6			5					
		1	7			5		
		7		1			8	3
	7	3	9			6		4
			2	3		9	7	1
	9		4		7			8
	3			4		1	9	
2		9			6	4		
4				9	2			7

861

1	7	9	3	5	8	6	2	4
5	4	6	9	2	7	8	1	3
8	2	3	4	6	1	7	5	9
7	5	4	1	8	2	3	9	6
2	6	1	7	9	3	5	4	8
9	3	8	5	4	6	2	7	1
6	9	2	8	7	4	1	3	5
4	1	7	6	3	5	9	8	2
3	8	5	2	1	9	4	6	7

862

4	7	5	2	8	6	3	1	9
8	2	9	1	7	3	4	5	6
6	3	1	5	9	4	2	8	7
2	5	8	3	6	9	1	7	4
1	9	7	4	2	5	8	6	3
3	4	6	8	1	7	5	9	2
7	8	4	6	3	1	9	2	5
5	6	2	9	4	8	7	3	1
9	1	3	7	5	2	6	4	8

863

8	6	7	1	5	2	3	4	9
5	3	9	8	6	4	2	7	1
4	1	2	3	9	7	6	5	8
3	4	1	2	7	5	9	8	6
9	8	5	6	3	1	7	2	4
7	2	6	4	8	9	1	3	5
6	9	3	7	4	8	5	1	2
2	5	4	9	1	3	8	6	7
1	7	8	5	2	6	4	9	3

864

6	4	8	5	2	3	7	1	9
3	2	1	7	8	9	5	4	6
9	5	7	6	1	4	2	8	3
8	7	3	9	5	1	6	2	4
5	6	4	2	3	8	9	7	1
1	9	2	4	6	7	3	5	8
7	3	6	8	4	5	1	9	2
2	8	9	1	7	6	4	3	5
4	1	5	3	9	2	8	6	7

865

				1	8		2	
		1	4			3	5	
	3			7				9
5		8			2			3
				3	5		4	
			1	8	4			
			8			4	3	1
	8		2	5		9	7	6
	9	7		4	1	5	8	2

866

8	7		9	3	2	1		
	6			1		2	4	9
2						7	3	
4		6		8	5	9		
		7				3	2	
			3	7	1			
6	4		5			8		2
5		3	7			4	6	
				4		5		3

867

								6
4	3		6	1	5			
9	2		8	3		5	1	
	8		5	4		1		
			1	9			8	
			3	6	8		2	
6			9		1	2		
		1		8	3	6		
2	7				6	9		1

868

9	4						6	
1	2		4		5	7		
		6	9				2	5
		1				9		
8	5	4	1			2	3	7
			5					
5		9			2		7	3
4	3			1		5		2
	7		3			1		

865

7	5	9	3	1	8	6	2	4
8	6	1	4	2	9	3	5	7
4	3	2	5	7	6	8	1	9
5	4	8	7	6	2	1	9	3
2	1	6	9	3	5	7	4	8
9	7	3	1	8	4	2	6	5
6	2	5	8	9	7	4	3	1
1	8	4	2	5	3	9	7	6
3	9	7	6	4	1	5	8	2

866

8	7	4	9	3	2	1	5	6
3	6	5	8	1	7	2	4	9
2	1	9	6	5	4	7	3	8
4	3	6	2	8	5	9	1	7
1	8	7	4	6	9	3	2	5
9	5	2	3	7	1	6	8	4
6	4	1	5	9	3	8	7	2
5	9	3	7	2	8	4	6	1
7	2	8	1	4	6	5	9	3

867

8	1	5	7	2	9	3	4	6
4	3	7	6	1	5	8	9	2
9	2	6	8	3	4	5	1	7
7	8	9	5	4	2	1	6	3
3	6	2	1	9	7	4	8	5
1	5	4	3	6	8	7	2	9
6	4	3	9	7	1	2	5	8
5	9	1	2	8	3	6	7	4
2	7	8	4	5	6	9	3	1

868

9	4	5	2	7	8	3	6	1
1	2	3	4	6	5	7	8	9
7	8	6	9	3	1	4	2	5
2	6	1	7	8	3	9	5	4
8	5	4	1	9	6	2	3	7
3	9	7	5	2	4	8	1	6
5	1	9	8	4	2	6	7	3
4	3	8	6	1	7	5	9	2
6	7	2	3	5	9	1	4	8

869

	2		5		4	1	9	3
	4				2	7		
		5	9		8			
				2	6			
			3	4		8	7	9
3	1		7		5	4		
6	7			5	3	2		1
		4		8		9		
2			1		9		4	

870

		1				8		
		2		7	4	5		
	5				8		2	
	2	8	7			9		5
5	3	4		1		6		2
7	1		5		6		8	4
4	7			9	1	2		
			4	8		1	5	
1			3					

871

	2	8				6		7
5	7		4				9	
1	3	9	7	6			8	5
		2			1	9		
			6		3		4	
		1						2
9	5			8		7		4
	8				9	5	3	
2					4	8	6	

872

1	3	5	7				9	8
2	9			8	5			
		4	9			2		5
	2					4	7	
	6	8		7			5	
	1	7		3	6	8		9
			3	4		5		7
7	5		6	9				2
		2						

869

8	2	6	5	7	4	1	9	3
9	4	1	6	3	2	7	5	8
7	3	5	9	1	8	6	2	4
4	9	7	8	2	6	3	1	5
5	6	2	3	4	1	8	7	9
3	1	8	7	9	5	4	6	2
6	7	9	4	5	3	2	8	1
1	5	4	2	8	7	9	3	6
2	8	3	1	6	9	5	4	7

870

9	4	1	2	3	5	8	6	7
8	6	2	1	7	4	5	9	3
3	5	7	9	6	8	4	2	1
6	2	8	7	4	3	9	1	5
5	3	4	8	1	9	6	7	2
7	1	9	5	2	6	3	8	4
4	7	5	6	9	1	2	3	8
2	9	3	4	8	7	1	5	6
1	8	6	3	5	2	7	4	9

871

4	2	8	3	9	5	6	1	7
5	7	6	4	1	8	2	9	3
1	3	9	7	6	2	4	8	5
3	4	2	8	5	1	9	7	6
7	9	5	6	2	3	1	4	8
8	6	1	9	4	7	3	5	2
9	5	3	1	8	6	7	2	4
6	8	4	2	7	9	5	3	1
2	1	7	5	3	4	8	6	9

872

1	3	5	7	2	4	6	9	8
2	9	6	1	8	5	7	3	4
8	7	4	9	6	3	2	1	5
3	2	9	8	5	1	4	7	6
4	6	8	2	7	9	3	5	1
5	1	7	4	3	6	8	2	9
9	8	1	3	4	2	5	6	7
7	5	3	6	9	8	1	4	2
6	4	2	5	1	7	9	8	3

873

	3	2		8	1		7	4
4			7	9	6		2	3
7	8				2		5	
2					8		3	
3	1			4	5	7	6	
		7			3	4		8
8					4			9
		6				3		
					7	5	4	

874

	9	1	4	3		6		
4	7	3				1		
				9	2			7
1	2	9					8	
	4	5	7		3			
		7			8	5	1	4
7	3	2	6	4				5
5					9			
9	8					3	4	

875

3		4	8					6
			4		7			8
8	2	7		6		1	5	4
						2	1	
1		8			5			3
	9				6			5
	3	6		7	1	5		
	5	2		8		9		
	8	1	5		3		4	

876

		2	4		5		7	
	7		2	1	3		8	4
	3						6	
4	5		1	8				6
	2	3	6		4			9
		6			9	8	4	
	4			5				7
	6	1	7			4		3
2		7		4	1			

873

6	3	2	5	8	1	9	7	4
4	5	1	7	9	6	8	2	3
7	8	9	4	3	2	6	5	1
2	9	4	6	7	8	1	3	5
3	1	8	9	4	5	7	6	2
5	6	7	1	2	3	4	9	8
8	7	5	3	6	4	2	1	9
1	4	6	2	5	9	3	8	7
9	2	3	8	1	7	5	4	6

874

2	9	1	4	3	7	6	5	8
4	7	3	8	5	6	1	2	9
6	5	8	1	9	2	4	3	7
1	2	9	5	6	4	7	8	3
8	4	5	7	1	3	9	6	2
3	6	7	9	2	8	5	1	4
7	3	2	6	4	1	8	9	5
5	1	4	3	8	9	2	7	6
9	8	6	2	7	5	3	4	1

875

3	1	4	8	5	2	7	9	6
5	6	9	4	1	7	3	2	8
8	2	7	3	6	9	1	5	4
6	4	5	7	3	8	2	1	9
1	7	8	2	9	5	4	6	3
2	9	3	1	4	6	8	7	5
4	3	6	9	7	1	5	8	2
7	5	2	6	8	4	9	3	1
9	8	1	5	2	3	6	4	7

876

9	8	2	4	6	5	3	7	1
6	7	5	2	1	3	9	8	4
1	3	4	8	9	7	2	6	5
4	5	9	1	8	2	7	3	6
8	2	3	6	7	4	5	1	9
7	1	6	5	3	9	8	4	2
3	4	8	9	5	6	1	2	7
5	6	1	7	2	8	4	9	3
2	9	7	3	4	1	6	5	8

877

6	3				1			2
	1	2	6				8	
5		7	8	2		6		
			2			9		
4				7	8		2	
2	9		3				4	
1		9				3		4
	7	4	1			2	6	9
3				9			7	8

878

7		9			4	5	2	3
			5	9		6	4	7
	5		7	3				
			1		8			6
	7					8		4
3		8			5	1	7	
5	6			8				
	9		2	1		7	8	
	8		9					

879

2			9	3	4			1
		9	6		1	5	8	
					5	9	4	3
4		7				2	5	
	9	5	4		2	7		
			8		7			
1	8	6		4		3		
					3	8		9
9		3			8			7

880

		5	1			2		
6			9			7		5
		7	6	5	3	4		
				6				7
	8	9	5	7	1	6	2	
1	7	6	8					
7	1	3				8		2
5		2			8		4	9
	9	8						

880

8	3	5	1	4	7	2	9	6
6	4	1	9	8	2	7	3	5
9	2	7	6	5	3	4	1	8
2	5	4	3	6	9	1	8	7
3	8	9	5	7	1	6	2	4
1	7	6	8	2	4	9	5	3
7	1	3	4	9	5	8	6	2
5	6	2	7	1	8	3	4	9
4	9	8	2	3	6	5	7	1

879

2	5	8	9	3	4	6	7	1
3	4	9	6	7	1	5	8	2
7	6	1	2	8	5	9	4	3
4	1	7	3	9	6	2	5	8
8	9	5	4	1	2	7	3	6
6	3	2	8	5	7	1	9	4
1	8	6	7	4	9	3	2	5
5	7	4	1	2	3	8	6	9
9	2	3	5	6	8	4	1	7

878

7	1	9	8	6	4	5	2	3
8	3	2	5	9	1	6	4	7
6	5	4	7	3	2	9	1	8
9	4	5	1	7	8	2	3	6
1	7	6	3	2	9	8	5	4
3	2	8	6	4	5	1	7	9
5	6	1	4	8	7	3	9	2
4	9	3	2	1	6	7	8	5
2	8	7	9	5	3	4	6	1

877

6	3	8	5	4	1	7	9	2
9	1	2	6	3	7	4	8	5
5	4	7	8	2	9	6	1	3
7	8	5	2	1	4	9	3	6
4	6	3	9	7	8	5	2	1
2	9	1	3	6	5	8	4	7
1	2	9	7	8	6	3	5	4
8	7	4	1	5	3	2	6	9
3	5	6	4	9	2	1	7	8

881

		1	7		6	8		3
6		2				1	7	5
			8		1			
7	6			1		3		
	1			7	4	5		6
		3	6			4	1	7
8	4				7			2
		7	5					
1		5					4	8

882

4				6	3		1	
1	9	7			8	2	6	
2					1	8		
5			8	1	9	6		4
	1				6		5	
6			7		5			
		1	3			5		
	5	2	6		7	4	8	
		4			2	7	3	

883

4		2			5		6	
	7		3					
	6							
	2	4	8		9	1		5
		7			1			6
6			7			8		3
7	9	6	4					2
5	4	1	6	2	8	7		9
	3			9		6	1	

884

4		8	7		2	6		
		3		6	1			5
7			3			1		8
	3	4	2	8		9		6
	2							1
8					7		5	2
3	4	2	1			5		9
				9				
9	7	5						4

881

4	5	1	7	2	6	8	9	3
6	8	2	4	9	3	1	7	5
3	7	9	8	5	1	2	6	4
7	6	4	2	1	5	3	8	9
9	1	8	3	7	4	5	2	6
5	2	3	6	8	9	4	1	7
8	4	6	1	3	7	9	5	2
2	9	7	5	4	8	6	3	1
1	3	5	9	6	2	7	4	8

882

4	8	5	2	6	3	9	1	7
1	9	7	5	4	8	2	6	3
2	3	6	9	7	1	8	4	5
5	2	3	8	1	9	6	7	4
7	1	9	4	2	6	3	5	8
6	4	8	7	3	5	1	9	2
9	7	1	3	8	4	5	2	6
3	5	2	6	9	7	4	8	1
8	6	4	1	5	2	7	3	9

883

4	8	2	9	7	5	3	6	1
1	7	5	3	4	6	2	9	8
9	6	3	1	8	2	4	5	7
3	2	4	8	6	9	1	7	5
8	5	7	2	3	1	9	4	6
6	1	9	7	5	4	8	2	3
7	9	6	4	1	3	5	8	2
5	4	1	6	2	8	7	3	9
2	3	8	5	9	7	6	1	4

884

4	1	8	7	5	2	6	9	3
2	9	3	8	6	1	7	4	5
7	5	6	3	4	9	1	2	8
1	3	4	2	8	5	9	7	6
5	2	7	9	3	6	4	8	1
8	6	9	4	1	7	3	5	2
3	4	2	1	7	8	5	6	9
6	8	1	5	9	4	2	3	7
9	7	5	6	2	3	8	1	4

885

	8				5	4		
	4			9		6	2	
		1		4	3			5
	1	7	9	3		2	5	6
6	5				1		4	9
			5		7		3	
			4					2
1	2			5			9	
		9	3	8			7	

886

	4		3	6	1	9		
1					5	8		3
9					8		7	1
	8	9			7	2		
		2				3		7
				4	2	5	9	8
	9		7	8	4	1	3	
	1	4		9	3		5	
	3		5					9

887

7			3	9		6		
2					4		1	9
				6				8
3	2	8	9	4	1	5		
					8			
1	7		6		5	8	2	
	3			2			5	1
	4	7		1		9		
9	1	2	4				8	7

888

4	8		7			6		
2		3			8		4	
				3	4	9		
		7	1			3	2	5
	1		4	9		8	7	
		8	3		5	4		9
			6				8	3
	3	2		1			6	
8	6			4		2		

885

9	8	6	2	7	5	4	1	3
3	4	5	1	9	8	6	2	7
2	7	1	6	4	3	9	8	5
8	1	7	9	3	4	2	5	6
6	5	3	8	2	1	7	4	9
4	9	2	5	6	7	8	3	1
7	3	8	4	1	9	5	6	2
1	2	4	7	5	6	3	9	8
5	6	9	3	8	2	1	7	4

886

7	4	8	3	6	1	9	2	5
1	2	6	9	7	5	8	4	3
9	5	3	4	2	8	6	7	1
5	8	9	1	3	7	2	6	4
4	6	2	8	5	9	3	1	7
3	7	1	6	4	2	5	9	8
6	9	5	7	8	4	1	3	2
8	1	4	2	9	3	7	5	6
2	3	7	5	1	6	4	8	9

887

7	8	1	3	9	2	6	4	5
2	6	3	5	8	4	7	1	9
4	9	5	1	6	7	2	3	8
3	2	8	9	4	1	5	7	6
6	5	4	2	7	8	1	9	3
1	7	9	6	3	5	8	2	4
8	3	6	7	2	9	4	5	1
5	4	7	8	1	3	9	6	2
9	1	2	4	5	6	3	8	7

888

4	8	9	7	5	1	6	3	2
2	5	3	9	6	8	7	4	1
1	7	6	2	3	4	9	5	8
9	4	7	1	8	6	3	2	5
3	1	5	4	9	2	8	7	6
6	2	8	3	7	5	4	1	9
5	9	4	6	2	7	1	8	3
7	3	2	8	1	9	5	6	4
8	6	1	5	4	3	2	9	7

889

3	9	8						
5	4	2		6		9		
6			9	2		3	5	8
	1			5			9	3
9	3	7		1				
			3			7	6	
			2				8	9
2	8		5	3			7	
		9	6		7	2		

890

					3	4		
	3				1			5
				6				
8			1	4	2			6
				3	7	2		9
	4	2	6	5				1
6	5			1	8		2	
		1	3	2		5	7	8
2	8	3		9	5	6	1	

891

4		7	2		3		8	9
	8							5
	9	3				2		
7	3			1				
9		5	7			4		1
8		1	5		6	9		3
2		9		8	4			
	1				5	8	9	
	6	8			2			4

892

	4		8	7		5		1
1	7				9		8	6
	9	5						
2	6	8				9	1	
9			6	2	1			
			5	9				7
7			4			1		
		3				7		9
		4		8	7	3	5	

889

3	9	8	1	7	5	6	4	2
5	4	2	8	6	3	9	1	7
6	7	1	9	2	4	3	5	8
8	1	6	7	5	2	4	9	3
9	3	7	4	1	6	8	2	5
4	2	5	3	9	8	7	6	1
7	6	3	2	4	1	5	8	9
2	8	4	5	3	9	1	7	6
1	5	9	6	8	7	2	3	4

890

7	1	6	5	8	3	4	9	2
9	3	4	2	7	1	8	6	5
5	2	8	9	6	4	1	3	7
8	7	9	1	4	2	3	5	6
1	6	5	8	3	7	2	4	9
3	4	2	6	5	9	7	8	1
6	5	7	4	1	8	9	2	3
4	9	1	3	2	6	5	7	8
2	8	3	7	9	5	6	1	4

891

4	5	7	2	6	3	1	8	9
1	8	2	9	4	7	6	3	5
6	9	3	8	5	1	2	4	7
7	3	6	4	1	9	5	2	8
9	2	5	7	3	8	4	6	1
8	4	1	5	2	6	9	7	3
2	7	9	1	8	4	3	5	6
3	1	4	6	7	5	8	9	2
5	6	8	3	9	2	7	1	4

892

3	4	6	8	7	2	5	9	1
1	7	2	3	5	9	4	8	6
8	9	5	1	6	4	2	7	3
2	6	8	7	4	3	9	1	5
9	5	7	6	2	1	8	3	4
4	3	1	5	9	8	6	2	7
7	2	9	4	3	5	1	6	8
5	8	3	2	1	6	7	4	9
6	1	4	9	8	7	3	5	2

893

			6	3		4	7	2
4	6	7				8		9
	9			8	4		6	
				4				
1				2	6		9	4
7	4			9		5	2	
9			4	6			1	7
6		2	9		5			
			2	7	3			

894

1	7				9	4	8	2
				1	4			5
3					2	6		
4		1	2		5	8		3
5			4		1			6
		7	9	3		1		4
		5	1			2		7
7			8			5	4	
2				4		3		

895

6		1			4	9		
				5	6			1
5	8	3	9	2	1			
			1			5		8
3	5							
	1	9	4	3	5	7	6	
1			7	4	2	8		3
	9			8				
7		8			9		4	

896

			6	7		1		
3	7	1				9		6
6	2	5	9			4	7	8
	6	4	2	8		3	9	
	5	2		4	1	6		7
			5	6			4	
		7						
			8	9	5			2
2				3			6	

893

5	8	1	6	3	9	4	7	2
4	6	7	1	5	2	8	3	9
2	9	3	7	8	4	1	6	5
3	2	9	5	4	7	6	8	1
1	5	8	3	2	6	7	9	4
7	4	6	8	9	1	5	2	3
9	3	5	4	6	8	2	1	7
6	7	2	9	1	5	3	4	8
8	1	4	2	7	3	9	5	6

894

1	7	6	3	5	9	4	8	2
9	8	2	6	1	4	7	3	5
3	5	4	7	8	2	6	9	1
4	9	1	2	6	5	8	7	3
5	3	8	4	7	1	9	2	6
6	2	7	9	3	8	1	5	4
8	4	5	1	9	3	2	6	7
7	1	3	8	2	6	5	4	9
2	6	9	5	4	7	3	1	8

895

6	2	1	3	7	4	9	8	5
9	7	4	8	5	6	3	2	1
5	8	3	9	2	1	6	7	4
2	4	6	1	9	7	5	3	8
3	5	7	2	6	8	4	1	9
8	1	9	4	3	5	7	6	2
1	6	5	7	4	2	8	9	3
4	9	2	6	8	3	1	5	7
7	3	8	5	1	9	2	4	6

896

8	4	9	6	7	2	1	5	3
3	7	1	4	5	8	9	2	6
6	2	5	9	1	3	4	7	8
1	6	4	2	8	7	3	9	5
9	5	2	3	4	1	6	8	7
7	8	3	5	6	9	2	4	1
5	9	7	1	2	6	8	3	4
4	3	6	8	9	5	7	1	2
2	1	8	7	3	4	5	6	9

897

	9					3		5
6		3	2		7			9
		7	3	9	5			
5	1		9	6	4			2
	6	4	7	3				8
		9						
		1		7	9			3
	4		5			9		
9	7						2	6

898

		7						
		6		4	7			
8	1		2	3		7	6	
		1	3	7	8		2	
6	2				4	3	1	7
5	7			2				8
1			7	8	6	4	9	
		2	5		3			6
7			4	1		8		

899

	7		4		9	2	5	
		6	2					
				6		8	7	1
4	5	2	7					
7						3		
1	9				8	7	6	
	4			9				
2	3	9	1	5		6	8	7
6	1					5	9	

900

4		3	1					8
9				4		1		5
				7		6	3	4
	3			5	6	8		7
7	4				2		1	6
	9	6			1	4	5	2
	1						6	9
	8	7	2					
	5				4			

897

4	9	2	1	8	6	3	7	5
6	5	3	2	4	7	1	8	9
1	8	7	3	9	5	2	6	4
5	1	8	9	6	4	7	3	2
2	6	4	7	3	1	5	9	8
7	3	9	8	5	2	6	4	1
8	2	1	6	7	9	4	5	3
3	4	6	5	2	8	9	1	7
9	7	5	4	1	3	8	2	6

898

3	5	7	1	6	9	2	8	4
2	9	6	8	4	7	5	3	1
8	1	4	2	3	5	7	6	9
9	4	1	3	7	8	6	2	5
6	2	8	9	5	4	3	1	7
5	7	3	6	2	1	9	4	8
1	3	5	7	8	6	4	9	2
4	8	2	5	9	3	1	7	6
7	6	9	4	1	2	8	5	3

899

3	7	1	4	8	9	2	5	6
5	8	6	2	7	1	4	3	9
9	2	4	3	6	5	8	7	1
4	5	2	7	3	6	9	1	8
7	6	8	9	1	2	3	4	5
1	9	3	5	4	8	7	6	2
8	4	5	6	9	7	1	2	3
2	3	9	1	5	4	6	8	7
6	1	7	8	2	3	5	9	4

900

4	6	3	1	2	5	9	7	8
9	7	8	6	4	3	1	2	5
5	2	1	9	7	8	6	3	4
1	3	2	4	5	6	8	9	7
7	4	5	8	9	2	3	1	6
8	9	6	7	3	1	4	5	2
3	1	4	5	8	7	2	6	9
6	8	7	2	1	9	5	4	3
2	5	9	3	6	4	7	8	1

901

	9					4		
5	8	4		2				1
3	6			8		5	7	9
	1	8	7	9	4		3	
				1				
	3			6		9	1	
8	4	3					9	
7	2	6		4		1		
		1			6		8	4

902

	7			8			1	2
	8	3					7	
				9	4			5
			1		3		9	8
	1	2				7		
8		5		4	7	2	3	
	3		4			1	5	
		4	5				2	
2	5		8	3			6	9

903

	7		1	4	3	8	5	
	4					2	7	
1		5				4		6
3							4	7
	9	7				1	8	2
		2	8	7		9		
8			7					
7			9		4	3		
			3		8	7	1	4

904

	3			1		4	5	
	9	4		2				8
5				4				9
3	7			9	5	8		4
			4		8	3	9	6
			3	6	2	5	7	
6							8	5
					4	2	1	
8							4	3

901

1	9	7	6	3	5	4	2	8
5	8	4	9	2	7	3	6	1
3	6	2	4	8	1	5	7	9
2	1	8	7	9	4	6	3	5
6	7	9	5	1	3	8	4	2
4	3	5	2	6	8	9	1	7
8	4	3	1	5	2	7	9	6
7	2	6	8	4	9	1	5	3
9	5	1	3	7	6	2	8	4

902

4	7	9	3	8	5	6	1	2
5	8	3	2	1	6	9	7	4
6	2	1	7	9	4	3	8	5
7	4	6	1	2	3	5	9	8
3	1	2	9	5	8	7	4	6
8	9	5	6	4	7	2	3	1
9	3	8	4	6	2	1	5	7
1	6	4	5	7	9	8	2	3
2	5	7	8	3	1	4	6	9

903

2	7	6	1	4	3	8	5	9
9	4	3	5	8	6	2	7	1
1	8	5	2	9	7	4	3	6
3	1	8	6	2	9	5	4	7
6	9	7	4	3	5	1	8	2
4	5	2	8	7	1	9	6	3
8	3	4	7	1	2	6	9	5
7	6	1	9	5	4	3	2	8
5	2	9	3	6	8	7	1	4

904

7	3	8	9	1	6	4	5	2
1	9	4	5	2	3	7	6	8
5	6	2	8	4	7	1	3	9
3	7	6	1	9	5	8	2	4
2	1	5	4	7	8	3	9	6
4	8	9	3	6	2	5	7	1
6	4	7	2	3	1	9	8	5
9	5	3	6	8	4	2	1	7
8	2	1	7	5	9	6	4	3

905

7				4				3
	1	8			3	2		
2						5	6	9
				8		6	7	
4		6			5		3	
8	2	9		6			5	
		2	5	3			1	
3		1	7	9			2	
5			4		2		9	

906

9					7			
	2	4				1	7	
			4	6	1	2		
4				3	2			8
	6		7	9				3
		2			8			
	1	3		7	5		9	6
2	7			4	6		5	1
			8	1	9		3	

907

				3				
	1	7			2	8		4
		9	4	7				6
	9	8		5	3	2	4	
7	2			9	4			5
3	5	4			7	1	8	9
				4	5			
							1	
2		6	3	1		4	5	8

908

9				5			7	
3		5		7		6		
2					4			5
	2	4	1	8		7		
1		7						
8	3		7	6	5	2	1	
4	8		5		7	9		
	9	3				5		2
5		2			8		4	

905

7	6	5	2	4	9	1	8	3
9	1	8	6	5	3	2	4	7
2	3	4	8	7	1	5	6	9
1	5	3	9	8	4	6	7	2
4	7	6	1	2	5	9	3	8
8	2	9	3	6	7	4	5	1
6	9	2	5	3	8	7	1	4
3	4	1	7	9	6	8	2	5
5	8	7	4	1	2	3	9	6

906

9	8	1	5	2	7	3	6	4
6	2	4	9	8	3	1	7	5
7	3	5	4	6	1	2	8	9
4	5	7	6	3	2	9	1	8
1	6	8	7	9	4	5	2	3
3	9	2	1	5	8	6	4	7
8	1	3	2	7	5	4	9	6
2	7	9	3	4	6	8	5	1
5	4	6	8	1	9	7	3	2

907

4	6	2	5	3	8	9	7	1
5	1	7	9	6	2	8	3	4
8	3	9	4	7	1	5	2	6
6	9	8	1	5	3	2	4	7
7	2	1	8	9	4	3	6	5
3	5	4	6	2	7	1	8	9
1	8	3	7	4	5	6	9	2
9	4	5	2	8	6	7	1	3
2	7	6	3	1	9	4	5	8

908

9	1	8	2	5	6	4	7	3
3	4	5	8	7	9	6	2	1
2	7	6	3	1	4	8	9	5
6	2	4	1	8	3	7	5	9
1	5	7	4	9	2	3	6	8
8	3	9	7	6	5	2	1	4
4	8	1	5	2	7	9	3	6
7	9	3	6	4	1	5	8	2
5	6	2	9	3	8	1	4	7

909

	6			1		3		8
			6	9			1	
				3		7	6	2
						5		9
9	3		2		7	8	4	1
		2					3	
8	7	1	3			9	5	
5	2		4		9			
6				7	1			3

910

			4	7				
4	9	1	5	2	8		3	
5	7			6	1			
	6	5						8
7				8	5	1	6	9
2			6		9	7		
			1			2		4
			8	4		9	1	
	4			9	2	8		6

911

3		7		6		4	2	
	1	6	7				3	
	2		5			7	6	1
	7	5			4		1	9
	4	3						6
				9		3	5	4
					3	5	9	7
	9			8				3
		4			6	1	8	

912

			8	4		3		
3			6			2	1	
2				3	5		7	4
9		2					8	6
	3				1	4		5
	4	6				1		2
1	9			2		8		
4		8	5				2	7
7	2					5	4	1

909

2	6	5	7	1	4	3	9	8
3	8	7	6	9	2	4	1	5
4	1	9	8	3	5	7	6	2
7	4	8	1	6	3	5	2	9
9	3	6	2	5	7	8	4	1
1	5	2	9	4	8	6	3	7
8	7	1	3	2	6	9	5	4
5	2	3	4	8	9	1	7	6
6	9	4	5	7	1	2	8	3

910

8	2	6	4	7	3	5	9	1
4	9	1	5	2	8	6	3	7
5	7	3	9	6	1	4	8	2
9	6	5	7	1	4	3	2	8
7	3	4	2	8	5	1	6	9
2	1	8	6	3	9	7	4	5
3	8	9	1	5	6	2	7	4
6	5	2	8	4	7	9	1	3
1	4	7	3	9	2	8	5	6

911

3	5	7	1	6	9	4	2	8
8	1	6	7	4	2	9	3	5
4	2	9	5	3	8	7	6	1
6	7	5	3	2	4	8	1	9
9	4	3	8	5	1	2	7	6
1	8	2	6	9	7	3	5	4
2	6	8	4	1	3	5	9	7
7	9	1	2	8	5	6	4	3
5	3	4	9	7	6	1	8	2

912

6	7	1	8	4	2	3	5	9
3	5	4	6	7	9	2	1	8
2	8	9	1	3	5	6	7	4
9	1	2	3	5	4	7	8	6
8	3	7	2	6	1	4	9	5
5	4	6	7	9	8	1	3	2
1	9	5	4	2	7	8	6	3
4	6	8	5	1	3	9	2	7
7	2	3	9	8	6	5	4	1

913

	6	7				2		
9			3	7	6		1	8
4				2	5	7		6
			4					
		2				6		3
	5		8	3	1	9		
6	8	1		4		3		9
5			6		3			4
	3						6	

914

		3				4	2	
8	1				3			
		2		7				1
			6	8	2		9	
5	7	8		4	1	3		2
9							8	4
		1		9	5			7
4			2		6	8		
2					4	6	1	

915

		5		7				9
3				2				
	6	1			4			
		6	7	9	8		4	3
8	2	3			5		9	7
7					2	5		6
1			6		7			
6	8					4	2	
		9	2	8	1			5

916

	4	1			3		8	
		2		4	1	9		
			6					1
3		4		9		7		2
6	1	9	2	5	7		4	8
			1			6		
4		7	3	8				5
			4	1	9			3
			7		5	2		4

916

7	4	1	9	2	3	5	8	6
8	6	2	5	4	1	9	3	7
9	3	5	6	7	8	4	2	1
3	5	4	8	9	6	7	1	2
6	1	9	2	5	7	3	4	8
2	7	8	1	3	4	6	5	9
4	9	7	3	8	2	1	6	5
5	2	6	4	1	9	8	7	3
1	8	3	7	6	5	2	9	4

915

2	4	5	8	7	6	3	1	9
3	7	8	1	2	9	6	5	4
9	6	1	5	3	4	8	7	2
5	1	6	7	9	8	2	4	3
8	2	3	4	6	5	1	9	7
7	9	4	3	1	2	5	8	6
1	5	2	6	4	7	9	3	8
6	8	7	9	5	3	4	2	1
4	3	9	2	8	1	7	6	5

914

7	5	3	1	6	9	4	2	8
8	1	9	4	2	3	5	7	6
6	4	2	5	7	8	9	3	1
1	3	4	6	8	2	7	9	5
5	7	8	9	4	1	3	6	2
9	2	6	3	5	7	1	8	4
3	6	1	8	9	5	2	4	7
4	9	7	2	1	6	8	5	3
2	8	5	7	3	4	6	1	9

913

3	6	7	1	8	4	2	9	5
9	2	5	3	7	6	4	1	8
4	1	8	9	2	5	7	3	6
8	9	3	4	6	2	5	7	1
1	4	2	7	5	9	6	8	3
7	5	6	8	3	1	9	4	2
6	8	1	2	4	7	3	5	9
5	7	9	6	1	3	8	2	4
2	3	4	5	9	8	1	6	7

917

1		8	6	2		5		7
		9			5	8	3	
4	2				8	6		
	9	6		5	2		8	
		1				3	7	
			4		1		6	9
	6	7						3
	5	2	9			4	1	8
9						7	2	

918

5		6		9		3	4	
	9	3		1				2
7	4					9		8
6				8	1	4		7
		8		7	9	5		
2	7		4	3	5		1	6
					2			
	5				3	2	6	
3			9	5				

919

	9	8		3		1	6	7
	3	6		1				9
				2	9		4	
	8		9		6	2		1
		1	3			4		6
	6						5	8
			1					5
	4					9	1	
	1			7	8		3	4

920

2	4		5	6				
		8	2		7			4
		1	4				6	
	1	7	3					9
5			9	4	6	1		
9		6	1					5
	7	4		2	9			3
6						2		1
			7	3	1	4		

917

1	3	8	6	2	9	5	4	7
6	7	9	1	4	5	8	3	2
4	2	5	7	3	8	6	9	1
7	9	6	3	5	2	1	8	4
2	4	1	8	9	6	3	7	5
5	8	3	4	7	1	2	6	9
8	6	7	2	1	4	9	5	3
3	5	2	9	6	7	4	1	8
9	1	4	5	8	3	7	2	6

918

5	2	6	7	9	8	3	4	1
8	9	3	5	1	4	6	7	2
7	4	1	3	2	6	9	5	8
6	3	5	2	8	1	4	9	7
4	1	8	6	7	9	5	2	3
2	7	9	4	3	5	8	1	6
9	8	4	1	6	2	7	3	5
1	5	7	8	4	3	2	6	9
3	6	2	9	5	7	1	8	4

919

2	9	8	4	3	5	1	6	7
4	3	6	8	1	7	5	2	9
1	7	5	6	2	9	8	4	3
3	8	4	9	5	6	2	7	1
7	5	1	3	8	2	4	9	6
9	6	2	7	4	1	3	5	8
6	2	3	1	9	4	7	8	5
8	4	7	5	6	3	9	1	2
5	1	9	2	7	8	6	3	4

920

2	4	9	5	6	3	7	1	8
3	6	8	2	1	7	9	5	4
7	5	1	4	9	8	3	6	2
4	1	7	3	8	5	6	2	9
5	8	2	9	4	6	1	3	7
9	3	6	1	7	2	8	4	5
1	7	4	6	2	9	5	8	3
6	9	3	8	5	4	2	7	1
8	2	5	7	3	1	4	9	6

921

6	4	3		9				
7		9		3			4	6
1	5			6	8			9
3		5			6	9		7
		7		1		4	5	
	9		2	5			6	
		1				7	9	
		4		2		6	3	
9		6			3		8	

922

	5	2		7				3
	4			1	6		8	9
6		9	2		4			1
			1		2	9	7	
				6				4
		8	4				3	2
5		1			9			
	2				1	5		6
9	7		6	5		1		

923

	2					7	9	
1		3						5
5		6	9	2				3
	3	2	5	7	6	1		
7		1	2				5	
4							7	6
		7	3		5			2
3	4		7	1	2			
	1	5			8			

924

1		8			5		7	9
2	4	9	1			5		6
						1	2	8
	1	4	6			7		
	2				9	6	4	
3					2			1
7							6	4
	8		5	2			1	
9		1		3	7			5

921

6	4	3	7	9	2	8	1	5
7	8	9	5	3	1	2	4	6
1	5	2	4	6	8	3	7	9
3	1	5	8	4	6	9	2	7
2	6	7	3	1	9	4	5	8
4	9	8	2	5	7	1	6	3
5	3	1	6	8	4	7	9	2
8	7	4	9	2	5	6	3	1
9	2	6	1	7	3	5	8	4

922

1	5	2	9	7	8	4	6	3
3	4	7	5	1	6	2	8	9
6	8	9	2	3	4	7	5	1
4	3	6	1	8	2	9	7	5
2	9	5	3	6	7	8	1	4
7	1	8	4	9	5	6	3	2
5	6	1	8	2	9	3	4	7
8	2	3	7	4	1	5	9	6
9	7	4	6	5	3	1	2	8

923

8	2	4	6	5	3	7	9	1
1	9	3	8	4	7	6	2	5
5	7	6	9	2	1	8	4	3
9	3	2	5	7	6	1	8	4
7	6	1	2	8	4	3	5	9
4	5	8	1	3	9	2	7	6
6	8	7	3	9	5	4	1	2
3	4	9	7	1	2	5	6	8
2	1	5	4	6	8	9	3	7

924

1	3	8	2	6	5	4	7	9
2	4	9	1	7	8	5	3	6
6	7	5	3	9	4	1	2	8
8	1	4	6	5	3	7	9	2
5	2	7	8	1	9	6	4	3
3	9	6	7	4	2	8	5	1
7	5	2	9	8	1	3	6	4
4	8	3	5	2	6	9	1	7
9	6	1	4	3	7	2	8	5

925

4		1	5	7			3	9
	7	6						
		8			2	7	4	6
2	6	3	8	5	4			
	1	4				5	2	8
	5				7			4
1		5	3				9	
					5			3
	9	7				6	8	

926

5				6			8	3
8			3		1	2		5
	9	1					4	
6	1			9		7	2	
		9				5		4
		4					6	1
1	2	5						6
9				1	8	4	5	
		8	2		5		1	

927

			9	1				
6	9		4	8	7			
8					2	4		
	7			2	8		9	
	3	8	7				2	1
	5			9	6	8	7	4
7	2	1		3				8
		4		6				
5			8			3	4	

928

	1		7			8		
8				2				
	7	3	4	9			2	
		1			4	9		8
3	9	8	6					
6			2		9			3
	8	5	9	3		6	7	1
	2			4				5
1	3	9				4		

928

9	1	2	7	5	6	8	3	4
8	6	4	1	2	3	7	5	9
5	7	3	4	9	8	1	2	6
2	5	1	3	7	4	9	6	8
3	9	8	6	1	5	2	4	7
6	4	7	2	8	9	5	1	3
4	8	5	9	3	2	6	7	1
7	2	6	8	4	1	3	9	5
1	3	9	5	6	7	4	8	2

927

2	4	5	9	1	3	7	8	6
6	9	3	4	8	7	2	1	5
8	1	7	6	5	2	4	3	9
4	7	6	1	2	8	5	9	3
9	3	8	7	4	5	6	2	1
1	5	2	3	9	6	8	7	4
7	2	1	5	3	4	9	6	8
3	8	4	2	6	9	1	5	7
5	6	9	8	7	1	3	4	2

926

5	4	2	9	6	7	1	8	3
8	7	6	3	4	1	2	9	5
3	9	1	8	5	2	6	4	7
6	1	3	5	9	4	7	2	8
7	8	9	1	2	6	5	3	4
2	5	4	7	8	3	9	6	1
1	2	5	4	3	9	8	7	6
9	3	7	6	1	8	4	5	2
4	6	8	2	7	5	3	1	9

925

4	2	1	5	7	6	8	3	9
9	7	6	4	8	3	1	5	2
5	3	8	9	1	2	7	4	6
2	6	3	8	5	4	9	7	1
7	1	4	6	3	9	5	2	8
8	5	9	1	2	7	3	6	4
1	4	5	3	6	8	2	9	7
6	8	2	7	9	5	4	1	3
3	9	7	2	4	1	6	8	5

929

8			1		3	7		2
3		6	4					1
4	2		9		8	6		3
			5		6		7	
	8	4			1			
							3	8
5		7			9	3		
6				1		4	2	5
			6	3		9	1	

930

2	9			4	5	6		
4	3	7				8		
	6		2		8		4	
	7				6	3		
9		3	8	5	7	4	6	1
6		4			9	7	8	2
		9		8	4			
	8			7		5	9	
	4		9					

931

3	2	6						7
9	1	8		2	6	5		
5								
	3	9	4	6		1	5	
	6		2	3	5	9	4	8
					9	3		
	8			7		4	9	1
1	9	3			2	7		
	7		5					

932

					6	7		
8		4	7	2	9	1	3	5
	2				1			4
7	8		1	3		4	5	9
4	3					2		
2			5			8		
5	4	2						6
		8	2	9				
	7	9	6					

929

8	5	9	1	6	3	7	4	2
3	7	6	4	5	2	8	9	1
4	2	1	9	7	8	6	5	3
9	3	2	5	8	6	1	7	4
7	8	4	3	2	1	5	6	9
1	6	5	7	9	4	2	3	8
5	1	7	2	4	9	3	8	6
6	9	3	8	1	7	4	2	5
2	4	8	6	3	5	9	1	7

930

2	9	8	7	4	5	6	1	3
4	3	7	6	9	1	8	2	5
1	6	5	2	3	8	9	4	7
8	7	1	4	2	6	3	5	9
9	2	3	8	5	7	4	6	1
6	5	4	3	1	9	7	8	2
7	1	9	5	8	4	2	3	6
3	8	6	1	7	2	5	9	4
5	4	2	9	6	3	1	7	8

931

3	2	6	9	5	4	8	1	7
9	1	8	7	2	6	5	3	4
5	4	7	3	1	8	6	2	9
8	3	9	4	6	7	1	5	2
7	6	1	2	3	5	9	4	8
4	5	2	1	8	9	3	7	6
2	8	5	6	7	3	4	9	1
1	9	3	8	4	2	7	6	5
6	7	4	5	9	1	2	8	3

932

1	5	3	4	8	6	7	9	2
8	6	4	7	2	9	1	3	5
9	2	7	3	5	1	6	8	4
7	8	6	1	3	2	4	5	9
4	3	5	9	6	8	2	7	1
2	9	1	5	4	7	8	6	3
5	4	2	8	7	3	9	1	6
6	1	8	2	9	5	3	4	7
3	7	9	6	1	4	5	2	8

933

4	7	5		1			2	
	6			7	9		1	8
			6			4	7	
6	8		2				5	7
				9	3	8		1
								4
		7	5	2		1	8	
					7			
	5	6	1	8	4			2

934

						4		
	1		4	3	9	5		6
7	6		8				2	
2		8		6			3	4
3				8	7		9	
				2	4	8	5	
			6		2	7	8	
		7		4		2		1
6		3	7				4	

935

	5			8	9	1	2	3
3		1	7	2		6		
2				5	3		8	
		2	8	7			3	9
		9	4	6	1	5		2
						8		
	6	3					5	
		5		1				6
9	4				6			7

936

	4				2			
	7		5			8	2	
	9				3		1	
		8		2		3		
7		9	1	3		2		5
	3		7			6	8	
3	8	7			1		6	
		6	3	4			5	8
1					6	9		3

936

5	4	1	8	6	2	7	3	9
6	7	3	5	1	9	8	2	4
8	9	2	4	7	3	5	1	6
4	1	8	6	2	5	3	9	7
7	6	9	1	3	8	2	4	5
2	3	5	7	9	4	6	8	1
3	8	7	9	5	1	4	6	2
9	2	6	3	4	7	1	5	8
1	5	4	2	8	6	9	7	3

935

4	5	7	6	8	9	1	2	3
3	8	1	7	2	4	6	9	5
2	9	6	1	5	3	7	8	4
6	1	2	8	7	5	4	3	9
8	3	9	4	6	1	5	7	2
5	7	4	3	9	2	8	6	1
1	6	3	2	4	7	9	5	8
7	2	5	9	1	8	3	4	6
9	4	8	5	3	6	2	1	7

934

5	3	9	2	7	6	4	1	8
8	1	2	4	3	9	5	7	6
7	6	4	8	5	1	3	2	9
2	7	8	9	6	5	1	3	4
3	4	5	1	8	7	6	9	2
1	9	6	3	2	4	8	5	7
4	5	1	6	9	2	7	8	3
9	8	7	5	4	3	2	6	1
6	2	3	7	1	8	9	4	5

933

4	7	5	3	1	8	9	2	6
2	6	3	4	7	9	5	1	8
1	9	8	6	5	2	4	7	3
6	8	9	2	4	1	3	5	7
5	2	4	7	9	3	8	6	1
7	3	1	8	6	5	2	9	4
3	4	7	5	2	6	1	8	9
8	1	2	9	3	7	6	4	5
9	5	6	1	8	4	7	3	2

937

7	8					1		
	9	6	1	3			8	
1		4	5	7	8		9	
8	6	3					5	
5	7		9		3	8	6	
								7
		8		1				
9	4	2				6	7	
3			2	6				8

938

1	8	6		9	2		7	4
		4			7		3	
			4				9	
			7	2	3			6
2			1		8	7		3
	3					1		8
	4		5	7			1	9
5		1		3				
6			2		1			5

939

		6		2		3		4
		4			9		1	
8		2	4			6		
4		1	8		2	9		5
9	6			1		7	8	
			6	9	5			3
6	4							
5								6
	8	7	5		6			9

940

2			7		3	9		
					1			7
7			8		6		2	
		3	4				7	9
4					5		6	2
		7			2		5	
9	8		6		4	7	3	5
	7		3	8				
		1		5	7			6

937

7	8	5	6	9	2	1	3	4
2	9	6	1	3	4	7	8	5
1	3	4	5	7	8	2	9	6
8	6	3	7	2	1	4	5	9
5	7	1	9	4	3	8	6	2
4	2	9	8	5	6	3	1	7
6	5	8	4	1	7	9	2	3
9	4	2	3	8	5	6	7	1
3	1	7	2	6	9	5	4	8

938

1	8	6	3	9	2	5	7	4
9	5	4	6	1	7	8	3	2
3	7	2	4	8	5	6	9	1
4	1	8	7	2	3	9	5	6
2	6	9	1	5	8	7	4	3
7	3	5	9	6	4	1	2	8
8	4	3	5	7	6	2	1	9
5	2	1	8	3	9	4	6	7
6	9	7	2	4	1	3	8	5

939

7	9	6	1	2	8	3	5	4
3	5	4	7	6	9	2	1	8
8	1	2	4	5	3	6	9	7
4	3	1	8	7	2	9	6	5
9	6	5	3	1	4	7	8	2
2	7	8	6	9	5	1	4	3
6	4	9	2	8	7	5	3	1
5	2	3	9	4	1	8	7	6
1	8	7	5	3	6	4	2	9

940

2	5	6	7	4	3	9	8	1
8	3	9	5	2	1	6	4	7
7	1	4	8	9	6	5	2	3
5	2	3	4	6	8	1	7	9
4	9	8	1	7	5	3	6	2
1	6	7	9	3	2	4	5	8
9	8	2	6	1	4	7	3	5
6	7	5	3	8	9	2	1	4
3	4	1	2	5	7	8	9	6

941

6	7					4		
2		1		4	8	3		
4		5	2		1	9	8	
	2				5	7		3
5	6						4	2
				3				9
7	8	9			6	1		
		6	5			2	3	8
3			1					

942

5	7			6		2		
	9	6	2	4			7	8
			7		9	1	4	6
8	4		6		7			
	1	5	9	8	4	6	2	
7		2		1	5	4		9
			4	3		7		
	2		1	7				

943

5	1		7		6	2	9	3
		2			4	7	1	8
	3					6		
3					7		4	2
		9				1		
	2	8						9
		5			2			
2		6	1	7	9	3	8	5
				4				7

944

					7			3
6			4	1	5	9	7	8
	8		3			4		5
	1		5		4	2		
	7		9	6				
	4			3	8		9	1
	9	5	1		2	6	3	7
3								
7		1	6		3	5		

941

6	7	8	9	5	3	4	2	1
2	9	1	6	4	8	3	7	5
4	3	5	2	7	1	9	8	6
9	2	4	8	6	5	7	1	3
5	6	3	7	1	9	8	4	2
8	1	7	4	3	2	5	6	9
7	8	9	3	2	6	1	5	4
1	4	6	5	9	7	2	3	8
3	5	2	1	8	4	6	9	7

942

5	7	4	8	6	1	2	9	3
1	9	6	2	4	3	5	7	8
2	8	3	7	5	9	1	4	6
8	4	9	6	2	7	3	5	1
3	1	5	9	8	4	6	2	7
7	6	2	3	1	5	4	8	9
9	5	1	4	3	8	7	6	2
4	2	8	1	7	6	9	3	5
6	3	7	5	9	2	8	1	4

943

5	1	4	7	8	6	2	9	3
9	6	2	3	5	4	7	1	8
8	3	7	2	9	1	6	5	4
3	5	1	9	6	7	8	4	2
4	7	9	5	2	8	1	3	6
6	2	8	4	1	3	5	7	9
7	9	5	8	3	2	4	6	1
2	4	6	1	7	9	3	8	5
1	8	3	6	4	5	9	2	7

944

4	5	9	8	2	7	1	6	3
6	3	2	4	1	5	9	7	8
1	8	7	3	9	6	4	2	5
9	1	3	5	7	4	2	8	6
2	7	8	9	6	1	3	5	4
5	4	6	2	3	8	7	9	1
8	9	5	1	4	2	6	3	7
3	6	4	7	5	9	8	1	2
7	2	1	6	8	3	5	4	9

945

3			5			1	4	
5	4	6	8			9		
7	9		6				8	5
	2	7	9	1	6			
8	3	9			7			1
1		5			4	7		9
						3	9	
		3					7	2
	5					6		8

946

6		1	9	7				2
7		8	1	2				4
9	5	2		3	4	1	6	
	2		6			4		8
4	6		5	8		2		
8					2		3	5
5	1				9			
			3	5			9	
	7							

947

4		3	5	1			8	6
8		5				4		
	2						5	9
	8	1	6			9	4	7
	7		4		9			2
2		9		3				
	5				6		2	
			3	7		5	9	
	3			2	5			8

948

2	9	8	1			6		7
	5						3	
7		3		6	2			5
6			4	5	1	7	8	
			3	8	6	4		9
		4	9			5		
4						9		
9		2		4			7	
8	3	5						

945

3	8	2	5	7	9	1	4	6
5	4	6	8	2	1	9	3	7
7	9	1	6	4	3	2	8	5
4	2	7	9	1	6	8	5	3
8	3	9	2	5	7	4	6	1
1	6	5	3	8	4	7	2	9
2	7	8	1	6	5	3	9	4
6	1	3	4	9	8	5	7	2
9	5	4	7	3	2	6	1	8

946

6	4	1	9	7	5	3	8	2
7	3	8	1	2	6	9	5	4
9	5	2	8	3	4	1	6	7
1	2	5	6	9	3	4	7	8
4	6	3	5	8	7	2	1	9
8	9	7	4	1	2	6	3	5
5	1	6	7	4	9	8	2	3
2	8	4	3	5	1	7	9	6
3	7	9	2	6	8	5	4	1

947

4	9	3	5	1	7	2	8	6
8	6	5	2	9	3	4	7	1
1	2	7	8	6	4	3	5	9
3	8	1	6	5	2	9	4	7
5	7	6	4	8	9	1	3	2
2	4	9	7	3	1	8	6	5
9	5	8	1	4	6	7	2	3
6	1	2	3	7	8	5	9	4
7	3	4	9	2	5	6	1	8

948

2	9	8	1	3	5	6	4	7
1	5	6	7	9	4	8	3	2
7	4	3	8	6	2	1	9	5
6	2	9	4	5	1	7	8	3
5	7	1	3	8	6	4	2	9
3	8	4	9	2	7	5	6	1
4	6	7	2	1	3	9	5	8
9	1	2	5	4	8	3	7	6
8	3	5	6	7	9	2	1	4

949

			2				8	9
2		6	8	9				
	8		5				6	4
1			3		9			
		3	7				4	1
5			1		8		3	
	4		6	3	7		5	8
	6	5		2	1			7
	1		9			4		

950

5	4		6					
		1		8				
8			4			1	2	
7		2	8		1		6	
6	1	9			5	3		7
4	3	8	7			2		1
	6	4		7	3	5	9	
	9					4		
1				2		7		

951

8	3		9	7	4	1		6
		4		3	1			
	9	6						4
4		8	2	5			6	7
			1	8	9	5		
	2	9						
2	4			6	5	7		9
	7	5						
6	8	1				4		5

952

								8
		3	9	7	1		6	4
1	4	6			5			
9			8		4		5	2
4	3	2				6		
	7	5				3	4	9
				9		4	1	
	1	4	6	2	8	9		
		7	1	4				5

949

4	3	1	2	7	6	5	8	9
2	5	6	8	9	4	7	1	3
7	8	9	5	1	3	2	6	4
1	2	8	3	4	9	6	7	5
6	9	3	7	5	2	8	4	1
5	7	4	1	6	8	9	3	2
9	4	2	6	3	7	1	5	8
8	6	5	4	2	1	3	9	7
3	1	7	9	8	5	4	2	6

950

5	4	3	6	1	2	8	7	9
9	2	1	3	8	7	6	4	5
8	7	6	4	5	9	1	2	3
7	5	2	8	3	1	9	6	4
6	1	9	2	4	5	3	8	7
4	3	8	7	9	6	2	5	1
2	6	4	1	7	3	5	9	8
3	9	7	5	6	8	4	1	2
1	8	5	9	2	4	7	3	6

951

8	3	2	9	7	4	1	5	6
7	5	4	6	3	1	2	9	8
1	9	6	5	2	8	3	7	4
4	1	8	2	5	3	9	6	7
3	6	7	1	8	9	5	4	2
5	2	9	7	4	6	8	3	1
2	4	3	8	6	5	7	1	9
9	7	5	4	1	2	6	8	3
6	8	1	3	9	7	4	2	5

952

7	5	9	4	6	2	1	3	8
2	8	3	9	7	1	5	6	4
1	4	6	3	8	5	2	9	7
9	6	1	8	3	4	7	5	2
4	3	2	7	5	9	6	8	1
8	7	5	2	1	6	3	4	9
3	2	8	5	9	7	4	1	6
5	1	4	6	2	8	9	7	3
6	9	7	1	4	3	8	2	5

953

		7		6		5		8
	2	8		1				
5				8	9			3
	5				8	1	2	4
8		2					9	
	3	9			2			
		5		7	4			2
				2	6	8		
2	1	3	8	9		4	6	

954

2			3	8		4	7	
		1	7		6	5	8	
	8		2	4			3	9
1					8	9		
6	2		9		7			4
	9		4		3	1		5
5	1	4			2	7		
	7			5		8		

955

			2	6		4	3	9
				7	3			
	8			4	9	2		5
8	4	7	9				2	6
	5			2				3
2		3		8	5		4	
6	7		8			3	5	
		8	4	5			9	
	2							7

956

2					7	8		
1		8	6	5			3	9
9	6				1		7	
		2			3		9	
8	9		5		2	7		
6	3		1		9			
4	8	9		3			6	2
	1		2		8			
			9		6			

953

4	9	7	2	6	3	5	1	8
3	2	8	5	1	7	6	4	9
5	6	1	4	8	9	2	7	3
7	5	6	9	3	8	1	2	4
8	4	2	7	5	1	3	9	6
1	3	9	6	4	2	7	8	5
6	8	5	1	7	4	9	3	2
9	7	4	3	2	6	8	5	1
2	1	3	8	9	5	4	6	7

954

2	6	9	3	8	5	4	7	1
4	3	1	7	9	6	5	8	2
7	8	5	2	4	1	6	3	9
1	4	3	5	2	8	9	6	7
6	2	8	9	1	7	3	5	4
9	5	7	6	3	4	2	1	8
8	9	6	4	7	3	1	2	5
5	1	4	8	6	2	7	9	3
3	7	2	1	5	9	8	4	6

955

7	1	5	2	6	8	4	3	9
4	9	2	5	7	3	1	6	8
3	8	6	1	4	9	2	7	5
8	4	7	9	3	1	5	2	6
9	5	1	6	2	4	7	8	3
2	6	3	7	8	5	9	4	1
6	7	9	8	1	2	3	5	4
1	3	8	4	5	7	6	9	2
5	2	4	3	9	6	8	1	7

956

2	4	5	3	9	7	8	1	6
1	7	8	6	5	4	2	3	9
9	6	3	8	2	1	4	7	5
7	5	2	4	8	3	6	9	1
8	9	1	5	6	2	7	4	3
6	3	4	1	7	9	5	2	8
4	8	9	7	3	5	1	6	2
3	1	6	2	4	8	9	5	7
5	2	7	9	1	6	3	8	4

957

9				7	6		8	
				3	4	1	9	6
	4			9	8		7	3
2	5		4		9	7		1
7	1		3	5				
		4	7				2	5
4					3	8	5	
		7				3	6	
		6						

958

	5	2	9					
3	8		4				7	
		7	1			2	3	
	2		8	7	9	4		
			5		3	9		1
	3	9	6				8	
		5	7	1				8
		4	3					2
		3		6	5	7		

959

		1	9		6		3	2
			4	1		9		7
	5		2	7	8			
2		8			1	5		
1		9	8	3	5		2	
		7	6	2				
3			5		7		8	1
8		6			4			
			3	8		6		

960

		1	6				4	8
4		7				3		
	5		9	4				1
		5	4	2	9		1	
1	4							
	6	3		7	5	2	8	
6				1				2
3	2	4						
	1	8	3	9				6

957

9	2	3	1	7	6	5	8	4
8	7	5	2	3	4	1	9	6
6	4	1	5	9	8	2	7	3
2	5	8	4	6	9	7	3	1
7	1	9	3	5	2	6	4	8
3	6	4	7	8	1	9	2	5
4	9	2	6	1	3	8	5	7
1	8	7	9	4	5	3	6	2
5	3	6	8	2	7	4	1	9

958

1	5	2	9	3	7	8	4	6
3	8	6	4	5	2	1	7	9
9	4	7	1	8	6	2	3	5
5	2	1	8	7	9	4	6	3
6	7	8	5	4	3	9	2	1
4	3	9	6	2	1	5	8	7
2	6	5	7	1	4	3	9	8
7	1	4	3	9	8	6	5	2
8	9	3	2	6	5	7	1	4

959

4	7	1	9	5	6	8	3	2
6	8	2	4	1	3	9	5	7
9	5	3	2	7	8	1	6	4
2	6	8	7	4	1	5	9	3
1	4	9	8	3	5	7	2	6
5	3	7	6	2	9	4	1	8
3	9	4	5	6	7	2	8	1
8	2	6	1	9	4	3	7	5
7	1	5	3	8	2	6	4	9

960

2	3	1	6	5	7	9	4	8
4	9	7	2	8	1	3	6	5
8	5	6	9	4	3	7	2	1
7	8	5	4	2	9	6	1	3
1	4	2	8	3	6	5	9	7
9	6	3	1	7	5	2	8	4
6	7	9	5	1	4	8	3	2
3	2	4	7	6	8	1	5	9
5	1	8	3	9	2	4	7	6

961

3	5	7						
1	4	8	3			6	7	
	9			8	4			
		9			6		8	1
8		6	2		3			
7	2			1	8		6	
	8	3	5		9			2
							9	4
9		5	1	4	2	8		6

962

7	1		2	6			3	
6			1				2	8
2				7	3		6	
		7	5				4	2
		1	9	8			7	6
8		3				5		1
			3	4		9		
4	8		7	5				3
3	7	9				6	5	

963

					8	5		
		5	7	6			1	2
1	2		9			4		6
2	7			4			5	
	8	6				3		
			6	9	2			
7	5				6	2	9	
9		8		2				5
3	6			7	9		4	

964

	9	8	4			5		6
	4	5	6			7	1	
3								8
	3	9		5	7		8	2
4	8		9				5	
1		7	8			6	3	
	6			1	2		7	
				4	6	3	9	
5		4		8				

961

3	5	7	6	9	1	4	2	8
1	4	8	3	2	5	6	7	9
6	9	2	7	8	4	1	5	3
5	3	9	4	7	6	2	8	1
8	1	6	2	5	3	9	4	7
7	2	4	9	1	8	3	6	5
4	8	3	5	6	9	7	1	2
2	6	1	8	3	7	5	9	4
9	7	5	1	4	2	8	3	6

962

7	1	5	2	6	8	4	3	9
6	3	4	1	9	5	7	2	8
2	9	8	4	7	3	1	6	5
9	6	7	5	3	1	8	4	2
5	2	1	9	8	4	3	7	6
8	4	3	6	2	7	5	9	1
1	5	2	3	4	6	9	8	7
4	8	6	7	5	9	2	1	3
3	7	9	8	1	2	6	5	4

963

6	9	4	2	1	8	5	3	7
8	3	5	7	6	4	9	1	2
1	2	7	9	3	5	4	8	6
2	7	9	8	4	3	6	5	1
4	8	6	1	5	7	3	2	9
5	1	3	6	9	2	8	7	4
7	5	1	4	8	6	2	9	3
9	4	8	3	2	1	7	6	5
3	6	2	5	7	9	1	4	8

964

7	9	8	4	3	1	5	2	6
2	4	5	6	9	8	7	1	3
3	1	6	2	7	5	9	4	8
6	3	9	1	5	7	4	8	2
4	8	2	9	6	3	1	5	7
1	5	7	8	2	4	6	3	9
9	6	3	5	1	2	8	7	4
8	2	1	7	4	6	3	9	5
5	7	4	3	8	9	2	6	1

965

	2	5			1	7		6
1	9			3		4		8
	7	3						1
	3		4	7				
	8	7	2	1		3		4
6	4	9		8			7	
		4			7		6	
		8			3	5	4	9
3							1	7

966

4					7			5
			3			1		
7	1	6		2		3		9
1		5	9				6	8
3	6		1	4	8		9	
	2							
6		9				2		1
2		1	5		9			
		4	2	6	1	9	5	7

967

4				7		6		8
	6	7	3				9	4
9	8	1		5		2	7	
2					6	8		
		4						5
8			5	9				
3	2	8		6		9		
			2		9			1
1	4			3	8	5	2	

968

	3					6		7
6	5				7		4	2
		2				3	8	9
			3	7	1	5	9	
7		5	4			8		
				8				
5		4			8			3
		8	7	2				5
	6	7	5	1		4		

965

8	2	5	9	4	1	7	3	6
1	9	6	7	3	2	4	5	8
4	7	3	5	6	8	9	2	1
2	3	1	4	7	9	6	8	5
5	8	7	2	1	6	3	9	4
6	4	9	3	8	5	1	7	2
9	1	4	8	5	7	2	6	3
7	6	8	1	2	3	5	4	9
3	5	2	6	9	4	8	1	7

966

4	9	3	6	1	7	8	2	5
5	8	2	3	9	4	1	7	6
7	1	6	8	2	5	3	4	9
1	4	5	9	3	2	7	6	8
3	6	7	1	4	8	5	9	2
9	2	8	7	5	6	4	1	3
6	5	9	4	7	3	2	8	1
2	7	1	5	8	9	6	3	4
8	3	4	2	6	1	9	5	7

967

4	3	2	9	7	1	6	5	8
5	6	7	3	8	2	1	9	4
9	8	1	6	5	4	2	7	3
2	7	5	4	1	6	8	3	9
6	9	4	8	2	3	7	1	5
8	1	3	5	9	7	4	6	2
3	2	8	1	6	5	9	4	7
7	5	6	2	4	9	3	8	1
1	4	9	7	3	8	5	2	6

968

8	3	1	2	4	9	6	5	7
6	5	9	8	3	7	1	4	2
4	7	2	1	5	6	3	8	9
2	8	6	3	7	1	5	9	4
7	9	5	4	6	2	8	3	1
1	4	3	9	8	5	2	7	6
5	2	4	6	9	8	7	1	3
3	1	8	7	2	4	9	6	5
9	6	7	5	1	3	4	2	8

969

								2
3		1	8	5		7		6
6	4	9			1	3	5	8
	7	6		9		4		
				8	7	9	6	
	9		6					
9	3		2					4
7			5			6	3	
4		5	3			2		7

970

	6				5		1	4
5			4	9				
4				7	1		6	3
9	7	4		5	8			
1	2	5	6		4	7		
3	8					1		
	3							2
							7	1
6	5				3	4	9	

971

6					7	2		
	4	2	3	6			7	8
3			2			6		4
5	3	1	7					
4	7		5	2				1
8		3	9	5				6
7		4	6	1	3	5		
2		5		7				

972

4	9				2	8		7
2				3	9			6
6			4					2
			2	8	5			
1		4		7	6		8	9
				4		6	2	
		1		9	7			8
8		9	6	2		4	7	1
7			8	1	4	9		

Lösung 969

5	8	7	9	6	3	1	4	2
3	2	1	8	5	4	7	9	6
6	4	9	7	2	1	3	5	8
8	7	6	1	9	5	4	2	3
2	5	3	4	8	7	9	6	1
1	9	4	6	3	2	8	7	5
9	3	8	2	7	6	5	1	4
7	1	2	5	4	8	6	3	9
4	6	5	3	1	9	2	8	7

Lösung 970

2	6	7	3	8	5	9	1	4
5	1	3	4	9	6	8	2	7
4	9	8	2	7	1	5	6	3
9	7	4	1	5	8	2	3	6
1	2	5	6	3	4	7	8	9
3	8	6	9	2	7	1	4	5
7	3	1	8	4	9	6	5	2
8	4	9	5	6	2	3	7	1
6	5	2	7	1	3	4	9	8

Lösung 971

6	8	9	1	4	7	2	3	5
1	4	2	3	6	5	9	7	8
3	5	7	2	9	8	6	1	4
5	3	1	7	8	6	4	2	9
4	7	8	5	2	9	3	6	1
9	2	6	4	3	1	8	5	7
8	1	3	9	5	2	7	4	6
7	9	4	6	1	3	5	8	2
2	6	5	8	7	4	1	9	3

Lösung 972

4	9	3	1	6	2	8	5	7
2	8	5	7	3	9	1	4	6
6	1	7	4	5	8	3	9	2
9	3	6	2	8	5	7	1	4
1	2	4	3	7	6	5	8	9
5	7	8	9	4	1	6	2	3
3	4	1	5	9	7	2	6	8
8	5	9	6	2	3	4	7	1
7	6	2	8	1	4	9	3	5

973

3	2		6					
	4	9	7	1				
1	6	8	4			2		7
		2				7	5	4
9	7		5		8		2	
						3	8	
8			9		7	5	1	6
	9			6		4	3	
2				3			7	

974

						2		
		5		9	2	8		4
			3			5		
2				1				6
6	5				8	1		
1		9	6				7	5
5		1		4			2	
4	2		1		9		3	8
9	6	8		3	7	4		

975

	1	6	2		7	4		
		7			9	5		
		4		6			2	1
		1		5	2	6	9	
			6	9	1	8		
					3		5	2
	5		3		6	9	1	
1	6	8						5
9			5		8	2	4	

976

		5		4	3		6	2
3	9	2			6			8
	6		2	5		9	3	
		9			1		7	6
		7					4	
	1		4	6				9
4			6	9				3
9		6					1	5
			8	1	2			

973

3	2	7	6	8	9	1	4	5
5	4	9	7	1	2	8	6	3
1	6	8	4	5	3	2	9	7
6	8	2	3	9	1	7	5	4
9	7	3	5	4	8	6	2	1
4	1	5	2	7	6	3	8	9
8	3	4	9	2	7	5	1	6
7	9	1	8	6	5	4	3	2
2	5	6	1	3	4	9	7	8

974

7	9	6	4	8	5	2	1	3
3	1	5	7	9	2	8	6	4
8	4	2	3	6	1	5	9	7
2	7	4	5	1	3	9	8	6
6	5	3	9	7	8	1	4	2
1	8	9	6	2	4	3	7	5
5	3	1	8	4	6	7	2	9
4	2	7	1	5	9	6	3	8
9	6	8	2	3	7	4	5	1

975

5	1	6	2	3	7	4	8	9
2	8	7	1	4	9	5	6	3
3	9	4	8	6	5	7	2	1
8	3	1	4	5	2	6	9	7
7	2	5	6	9	1	8	3	4
6	4	9	7	8	3	1	5	2
4	5	2	3	7	6	9	1	8
1	6	8	9	2	4	3	7	5
9	7	3	5	1	8	2	4	6

976

8	7	5	9	4	3	1	6	2
3	9	2	1	7	6	4	5	8
1	6	4	2	5	8	9	3	7
2	4	9	3	8	1	5	7	6
6	3	7	5	2	9	8	4	1
5	1	8	4	6	7	3	2	9
4	2	1	6	9	5	7	8	3
9	8	6	7	3	4	2	1	5
7	5	3	8	1	2	6	9	4

977

	8	3	1				6	2
			6	3		9	4	
7					2			1
6	5	7	8			4	9	
				9			2	8
	9			6			7	
8				1			3	
	2			4		8		6
3	7	5	9	8				

978

	3	2	1	7	9	8		
1			6		8			3
					3			
3			8			4		
	1	6		5		2	3	
5		4	3		7		8	
9	8	1				5	2	
		3			5		7	8
2		7		8				6

979

8	5			4		6	7	1
1		9			6			8
	2	6		8		9		
				3			1	7
		7			2	4		
	9					2	3	
9	7		6	2	8	1		
4		1	3		7			
	3				1			

980

5			7	9	1	3		4
	2							
	1	7	6	3			9	
1	5		3		7	9	8	6
		2						3
9	7		4	8				1
	9	8	2		3			
		1	5			6		9
6				4				2

977

4	8	3	1	7	9	5	6	2
5	1	2	6	3	8	9	4	7
7	6	9	4	5	2	3	8	1
6	5	7	8	2	1	4	9	3
1	3	4	5	9	7	6	2	8
2	9	8	3	6	4	1	7	5
8	4	6	2	1	5	7	3	9
9	2	1	7	4	3	8	5	6
3	7	5	9	8	6	2	1	4

978

4	3	2	1	7	9	8	6	5
1	9	5	6	2	8	7	4	3
7	6	8	5	4	3	9	1	2
3	7	9	8	6	2	4	5	1
8	1	6	9	5	4	2	3	7
5	2	4	3	1	7	6	8	9
9	8	1	7	3	6	5	2	4
6	4	3	2	9	5	1	7	8
2	5	7	4	8	1	3	9	6

979

8	5	3	2	4	9	6	7	1
1	4	9	5	7	6	3	2	8
7	2	6	1	8	3	9	5	4
2	6	4	9	3	5	8	1	7
3	1	7	8	6	2	4	9	5
5	9	8	7	1	4	2	3	6
9	7	5	6	2	8	1	4	3
4	8	1	3	9	7	5	6	2
6	3	2	4	5	1	7	8	9

980

5	8	6	7	9	1	3	2	4
3	2	9	8	5	4	1	6	7
4	1	7	6	3	2	5	9	8
1	5	4	3	2	7	9	8	6
8	6	2	9	1	5	7	4	3
9	7	3	4	8	6	2	5	1
7	9	8	2	6	3	4	1	5
2	4	1	5	7	8	6	3	9
6	3	5	1	4	9	8	7	2

981

		3		4		8	9	
			9	7	1		3	
	2			3	6	5	1	
8		6		2			5	
9	4	7			5			
	3	5						
7	5		6	9	8		2	4
		2	4	1				
		4	2		7	6	8	

982

3							8	4
8			4	5		7	2	
	4	2	7	9	8	6		3
			9	8	2		1	7
	8	7		4	6		9	2
	1	8	6	2	7			
	5	3					6	
4						1	7	

983

6	3		8			5	7	
8		4	9			6		2
5			2	7		3		
3	1	9		8				6
7		5	1	6	9			
		8	5	4		1	9	
	2		6		7			
	5					9		1
				5				

984

			1				3	9
6	4			9		8		7
8	9		5	7				
		6	9		4	2		
3	2		7				4	
9	5			8	3			6
		7		2		1	6	
			6	1	5		7	2
		2	8	3				

981

1	7	3	5	4	2	8	9	6
5	6	8	9	7	1	4	3	2
4	2	9	8	3	6	5	1	7
8	1	6	3	2	4	7	5	9
9	4	7	1	8	5	2	6	3
2	3	5	7	6	9	1	4	8
7	5	1	6	9	8	3	2	4
6	8	2	4	1	3	9	7	5
3	9	4	2	5	7	6	8	1

982

3	7	5	2	6	1	9	8	4
8	6	9	4	5	3	7	2	1
1	4	2	7	9	8	6	5	3
6	3	4	9	8	2	5	1	7
2	9	1	3	7	5	8	4	6
5	8	7	1	4	6	3	9	2
9	1	8	6	2	7	4	3	5
7	5	3	8	1	4	2	6	9
4	2	6	5	3	9	1	7	8

983

6	3	2	8	1	4	5	7	9
8	7	4	9	3	5	6	1	2
5	9	1	2	7	6	3	8	4
3	1	9	7	8	2	4	5	6
7	4	5	1	6	9	2	3	8
2	6	8	5	4	3	1	9	7
1	2	3	6	9	7	8	4	5
4	5	7	3	2	8	9	6	1
9	8	6	4	5	1	7	2	3

984

2	7	5	1	4	8	6	3	9
6	4	1	3	9	2	8	5	7
8	9	3	5	7	6	4	2	1
7	1	6	9	5	4	2	8	3
3	2	8	7	6	1	9	4	5
9	5	4	2	8	3	7	1	6
5	3	7	4	2	9	1	6	8
4	8	9	6	1	5	3	7	2
1	6	2	8	3	7	5	9	4

985

2		8		6	7		5	9
7		4				6	3	1
	1		5			2		7
1			7		9		6	
	9				6			
8	6			3				
	8			7	4	3	2	6
9	2	3			1	7	4	8
		6	3		2		9	

986

	5					9	3	4
3		7						
		9			5	7	6	1
8		5					2	9
			5			8	1	3
	2	1	3	4		5		6
		2	9					5
		6	2	5		3		7
		3	7		1		4	2

987

3	9			2			1	
	5			9		6		
			5	4	1	9		
		3	4	7	5		6	
			2				4	
5	4		9			1	7	
		1	7	5	2	3	8	
	3			8	4	2		
			1		9	7	5	

988

				6	1		2	
6	1					4		5
			4	5	8		7	
8			1	4			3	7
1			3	8			9	
2					5		1	
	2		8	1	4			3
7	3					1	4	
	8	1		3	7	9	5	2

988

5	4	8	7	6	1	3	2	9
6	1	7	2	9	3	4	8	5
3	9	2	4	5	8	6	7	1
8	5	9	1	4	6	2	3	7
1	7	4	3	8	2	5	9	6
2	6	3	9	7	5	8	1	4
9	2	5	8	1	4	7	6	3
7	3	6	5	2	9	1	4	8
4	8	1	6	3	7	9	5	2

987

3	9	7	8	2	6	4	1	5
1	5	4	3	9	7	6	2	8
8	2	6	5	4	1	9	3	7
2	1	3	4	7	5	8	6	9
6	7	9	2	1	8	5	4	3
5	4	8	9	6	3	1	7	2
9	6	1	7	5	2	3	8	4
7	3	5	6	8	4	2	9	1
4	8	2	1	3	9	7	5	6

986

6	5	8	1	7	2	9	3	4
3	1	7	4	9	6	2	5	8
2	4	9	8	3	5	7	6	1
8	3	5	6	1	7	4	2	9
7	6	4	5	2	9	8	1	3
9	2	1	3	4	8	5	7	6
4	7	2	9	6	3	1	8	5
1	8	6	2	5	4	3	9	7
5	9	3	7	8	1	6	4	2

985

2	3	8	1	6	7	4	5	9
7	5	4	2	9	8	6	3	1
6	1	9	5	4	3	2	8	7
1	4	5	7	2	9	8	6	3
3	9	2	8	1	6	5	7	4
8	6	7	4	3	5	9	1	2
5	8	1	9	7	4	3	2	6
9	2	3	6	5	1	7	4	8
4	7	6	3	8	2	1	9	5

989

9				5			1	7
				6	1		5	
	5			9		2	3	6
		2	8	7				
5	6		2			7		8
7	4	8						
			1	8	4		7	
	1		5			3	6	
4	2		9	3				5

990

		7			5	8		
			1		6		4	9
	6		8			7		3
7	4				8			
6	8			1	4	3	5	
2					9	1	8	4
	1		5			4	7	8
5			9				2	1
		2			1			

991

9						3	6	
6		3		5			8	
		7	6	3		9	2	1
	9			4				
		1	8	2	5	4		
		5			7		1	
		9	5	7			4	
		4			2	1		
8			4	9	1	5	3	7

992

		7						
4		6					2	
3		8	2	9	1			
			1	8				
9			3		5	6		
			6	4	2	9		
	6				4			3
7		4		3	6	8	9	2
		5	9	2	7	1	4	

989

9	8	6	3	5	2	4	1	7
2	7	3	4	6	1	8	5	9
1	5	4	7	9	8	2	3	6
3	9	2	8	7	5	6	4	1
5	6	1	2	4	3	7	9	8
7	4	8	6	1	9	5	2	3
6	3	5	1	8	4	9	7	2
8	1	9	5	2	7	3	6	4
4	2	7	9	3	6	1	8	5

990

1	9	7	4	3	5	8	6	2
3	2	8	1	7	6	5	4	9
4	6	5	8	9	2	7	1	3
7	4	1	3	5	8	2	9	6
6	8	9	2	1	4	3	5	7
2	5	3	7	6	9	1	8	4
9	1	6	5	2	3	4	7	8
5	3	4	9	8	7	6	2	1
8	7	2	6	4	1	9	3	5

991

9	8	2	7	1	4	3	6	5
6	1	3	2	5	9	7	8	4
4	5	7	6	3	8	9	2	1
7	9	8	1	4	3	6	5	2
3	6	1	8	2	5	4	7	9
2	4	5	9	6	7	8	1	3
1	3	9	5	7	6	2	4	8
5	7	4	3	8	2	1	9	6
8	2	6	4	9	1	5	3	7

992

1	2	7	4	6	3	5	8	9
4	9	6	7	5	8	3	2	1
3	5	8	2	9	1	4	6	7
6	4	3	1	8	9	2	7	5
9	8	2	3	7	5	6	1	4
5	7	1	6	4	2	9	3	8
2	6	9	8	1	4	7	5	3
7	1	4	5	3	6	8	9	2
8	3	5	9	2	7	1	4	6

993

4				6		1		
		7	2	4		9		
2	6		7	3			4	
	8		6		9	7	5	
5	7			8	3	2		
		2			4	3		
		6						
1		3		9	6	4	2	
9	2	8	4	1				

994

7				5	6		1	
4	9					6	5	7
1		6				3	4	8
	7	9	2			4		1
2	3			9	4			
6	4		1					9
					9	8		
	6					1		5
	1		7	8	5	2		

995

9		3	1					
	1	7	6		2			
5	2	6	3		4	1	8	7
7			2	3		6		4
		8			6			1
		5	9			7		8
			4					
	7	9	8				6	
	8	4			9		1	

996

9	5	4		2		1	7	8
		2					9	4
7					4			6
	4			7	2			
	6	9			3			
2					5		8	
		7	8	6		9	2	
	9	5		3	7	4		
	2	6					3	7

993

4	3	5	9	6	8	1	7	2
8	1	7	2	4	5	9	6	3
2	6	9	7	3	1	5	4	8
3	8	1	6	2	9	7	5	4
5	7	4	1	8	3	2	9	6
6	9	2	5	7	4	3	8	1
7	4	6	3	5	2	8	1	9
1	5	3	8	9	6	4	2	7
9	2	8	4	1	7	6	3	5

994

7	8	3	4	5	6	9	1	2
4	9	2	8	3	1	6	5	7
1	5	6	9	2	7	3	4	8
5	7	9	2	6	8	4	3	1
2	3	1	5	9	4	7	8	6
6	4	8	1	7	3	5	2	9
3	2	5	6	1	9	8	7	4
8	6	7	3	4	2	1	9	5
9	1	4	7	8	5	2	6	3

995

9	4	3	1	8	7	5	2	6
8	1	7	6	5	2	9	4	3
5	2	6	3	9	4	1	8	7
7	9	1	2	3	8	6	5	4
4	3	8	5	7	6	2	9	1
2	6	5	9	4	1	7	3	8
1	5	2	4	6	3	8	7	9
3	7	9	8	1	5	4	6	2
6	8	4	7	2	9	3	1	5

996

9	5	4	3	2	6	1	7	8
6	1	2	7	5	8	3	9	4
7	8	3	9	1	4	2	5	6
3	4	8	6	7	2	5	1	9
5	6	9	1	8	3	7	4	2
2	7	1	4	9	5	6	8	3
4	3	7	8	6	1	9	2	5
8	9	5	2	3	7	4	6	1
1	2	6	5	4	9	8	3	7

997

	6	2		5		1	4	3
5			6					
	4		2		7	5	8	
		6						
		3		2			7	9
8	5			9		2		4
			1	6			9	5
6		5	9				1	2
1			4					8

998

8	7		1	3		6		
	9	2		6	8			
		4			9	3		
	8				2	7	1	3
		7			3	4	9	
4		3		1			8	6
	4			7			3	
6					1	5	7	
		1	8	4	5	9	6	

999

	9						3	
				1		2	5	
2	1		6	7	5			
			8	5		3	1	4
9	5		2	3		6	8	7
		4	7	6				5
	4	9		2				3
			5		8			2
	6	2			7			8

1000

4		2	1					
7	5	8	4		6		1	2
	1		7		5			
3	4	6		1		9		7
			9		3	1		6
1					4			3
	3		2		4	8	6	
		1					7	
2		4		6		5		

997

7	6	2	8	5	9	1	4	3
5	3	8	6	1	4	9	2	7
9	4	1	2	3	7	5	8	6
2	9	6	7	4	8	3	5	1
4	1	3	5	2	6	8	7	9
8	5	7	3	9	1	2	6	4
3	8	4	1	6	2	7	9	5
6	7	5	9	8	3	4	1	2
1	2	9	4	7	5	6	3	8

998

8	7	5	1	3	4	6	2	9
3	9	2	5	6	8	1	4	7
1	6	4	7	2	9	3	5	8
9	8	6	4	5	2	7	1	3
2	1	7	6	8	3	4	9	5
4	5	3	9	1	7	2	8	6
5	4	9	2	7	6	8	3	1
6	2	8	3	9	1	5	7	4
7	3	1	8	4	5	9	6	2

999

6	9	5	4	8	2	7	3	1
4	7	8	9	1	3	2	5	6
2	1	3	6	7	5	8	4	9
7	2	6	8	5	9	3	1	4
9	5	1	2	3	4	6	8	7
3	8	4	7	6	1	9	2	5
8	4	9	1	2	6	5	7	3
1	3	7	5	9	8	4	6	2
5	6	2	3	4	7	1	9	8

1000

4	6	2	1	3	8	7	9	5
7	5	8	4	9	6	3	1	2
9	1	3	7	2	5	6	4	8
3	4	6	5	1	2	9	8	7
8	2	7	9	4	3	1	5	6
1	9	5	6	8	7	4	2	3
5	3	9	2	7	4	8	6	1
6	8	1	3	5	9	2	7	4
2	7	4	8	6	1	5	3	9